普通高等教育机电类专业系列教材

CAXA 制造工程师 2013r2 实用案例教程

主　编　关雄飞
副主编　王可心
参　编　史卫朝　淮文博
　　　　杨　鹏　呼刚义
主　审　卢文澈

机械工业出版社

本书以 CAXA 制造工程师 2013r2 软件为教学对象，内容包括软件的基本操作、线架构建、曲面造型、实体造型、数控加工自动编程五个模块。教材选题经典，内容精练，深入浅出，触类旁通，启发性强，采用案例式教程，项目引领，任务驱动，读者可在学习中体验成功，提高兴趣。

本书可作为职业院校机械制造类和机电一体化类专业教材，也可作为相关企业工程技术人员、本科生、研究生等的参考资料。

本书配有所有案例和课后练习题解题过程视频，凡使用本书作教材的教师可登录机械工业出版社教育服务网（http://www.cmpedu.com）下载，或发送电子邮件至 cmpgaozhi@sina.com 索取。咨询电话：010-88379375。

图书在版编目（CIP）数据

CAXA 制造工程师 2013r2 实用案例教程/关雄飞主编. —北京：机械工业出版社，2014.5（2022.8 重印）

普通高等教育机电类专业系列教材
ISBN 978-7-111-46579-9

Ⅰ.①C… Ⅱ.①关… Ⅲ.①数控机床-计算机辅助设计-应用软件-高等学校-教材 Ⅳ.①TG659

中国版本图书馆 CIP 数据核字（2014）第 087693 号

机械工业出版社（北京市百万庄大街 22 号　邮政编码 100037）
策划编辑：王英杰　责任编辑：王英杰　责任校对：申春香
封面设计：陈　沛　责任印制：单爱军
北京虎彩文化传播有限公司印刷
2022 年 8 月第 1 版第 9 次印刷
184mm×260mm・14.5 印张・356 千字
标准书号：ISBN 978-7-111-46579-9
定价：44.80 元

电话服务　　　　　　　　　网络服务
客服电话：010-88361066　　机　工　官　网：www.cmpbook.com
　　　　　010-88379833　　机　工　官　博：weibo.com/cmp1952
　　　　　010-68326294　　金　书　网：www.golden-book.com
封底无防伪标均为盗版　　　机工教育服务网：www.cmpedu.com

前　言

CAD/CAM 技术是先进制造技术的重要组成部分，随着 CAD/CAM 技术的高速发展和推广应用，为机械制造带来了突破性的、前所未有的全新技术手段和解决方案，在竞争日益激烈的机械制造行业，CAD/CAM 技术应用的重要性日益突显。为了适应我国高等职业技术教育的改革与发展，培养社会需要的应用型技术人才，我们总结多年教学与实践经验，编写了这本教材。

CAXA 制造工程师 2013r2 是由北航海尔软件有限公司自主研发的 CAD/CAM 一体化数控加工编程软件，在多年的实践中，版本不断改进升级，尤其在加工方式上，新增了轮廓偏置加工、平面精加工、曲线投影等。完善了多轴加工功能，增加了五轴平行线加工、五轴限制线加工、五轴平行面加工、五轴限制面加工、五轴曲线投影加工、五轴平行加工、五轴沿曲线加工功能。目前已广泛应用于各类机械制造行业的零件加工。该软件是全国数控技能大赛指定软件之一，在历届全国数控技能大赛中，绝大多数参赛选手均使用 CAXA 制造工程师软件，在各类职业技术院校中此软件的应用也非常普遍。

本书的特点是：1）由易到难、由简到繁、再到综合应用。2）概念清晰、强调基本功扎实的同时，又将理论与应用示例相结合，特别契合高职教育的教学特色。3）选题经典，内容精练，点面结合，深入浅出，启发性强，触类旁通。4）教材形式上采用了案例式模式，项目引领，任务驱动，体验成功，提高兴趣。

本书由关雄飞主编，王可心任副主编。具体编写分工如下：模块一由王可心、呼义刚编写，模块二由王可心、杨鹏编写，模块三由关雄飞、淮文博编写，模块四由关雄飞、史卫朝编写，模块五由关雄飞编写。关雄飞、呼义刚、杨鹏、淮文博、史朝卫均为西安理工大学高等技术学院教师。全书由陕西工业职业技术学院卢文澈担任主审。

本书在总结了多年教学以及我院在历届数控技能大赛前集训的实践经验基础上编写而成，限于编者的水平有限，书中难免有缺点或错误之处，恳请读者批评指正。Email：383406741@qq.com。

编　者
2014 年 3 月

目 录

前言
模块一 软件的基本操作 …………………… 1
   任务一　飞机模型文件的显示操作 ………… 1
   任务二　吊钩模型颜色与背景的变换操作 … 4
   知识点拓展 …………………………………… 5
     一、界面介绍 ……………………………… 5
     二、常用键功能 …………………………… 9
     三、显示效果 ……………………………… 10
     四、工具 …………………………………… 11
     五、设置 …………………………………… 14
     六、帮助 …………………………………… 18
   思考与练习题 ………………………………… 19
模块二 线架构建 ……………………………… 20
   任务一　平面曲线图形的绘制 ……………… 20
   任务二　挡块的线架造型 …………………… 24
   任务三　支架的线架造型 …………………… 26
   知识点拓展 …………………………………… 28
     一、曲线生成 ……………………………… 28
     二、曲线编辑 ……………………………… 36
     三、几何变换 ……………………………… 39
   思考与练习题 ………………………………… 42
模块三 曲面造型 ……………………………… 45
   任务一　五角星的曲面造型 ………………… 45
   任务二　灰斗的曲面造型 …………………… 47
   任务三　可乐瓶底的曲面造型 ……………… 53
   任务四　吊钩的曲面造型 …………………… 56
   知识点拓展 …………………………………… 60
     一、曲面的生成 …………………………… 60
     二、曲面的编辑 …………………………… 68
   思考与练习题 ………………………………… 81
模块四 实体造型 ……………………………… 83
   任务一　蜡烛灯的实体造型 ………………… 83

   任务二　轴承盖的实体造型 ………………… 86
   任务三　弯管的实体造型 …………………… 91
   任务四　叶轮的实体造型 …………………… 94
   任务五　支架的实体造型 …………………… 97
   任务六　铰链的实体造型 …………………… 102
   任务七　鼠标的模具生成 …………………… 104
   任务八　椭圆盘环的实体造型 ……………… 108
   任务九　侧凹壳体的实体造型 ……………… 113
   知识点拓展 …………………………………… 121
     一、草图 …………………………………… 121
     二、轮廓特征 ……………………………… 124
     三、特征处理 ……………………………… 130
     四、阵列特征 ……………………………… 135
     五、模具生成 ……………………………… 136
     六、实体布尔运算 ………………………… 139
   思考与练习题 ………………………………… 139
模块五 数控加工自动编程 …………………… 148
   任务一　盘体零件的加工编程 ……………… 148
   任务二　底座零件的加工编程 ……………… 158
   任务三　锻模电极的加工编程 ……………… 166
   任务四　圆柱凸轮槽的四轴加工编程 ……… 171
   任务五　异形截面柱体的四轴加工编程 …… 173
   任务六　滑杆支架的五轴钻孔加工编程 …… 176
   任务七　叶轮的造型与多轴加工编程 ……… 181
   任务八　吊钩模型的五轴加工编程 ………… 189
   知识点拓展 …………………………………… 193
     一、数控加工自动编程概述 ……………… 193
     二、通用参数设置功能介绍 ……………… 196
     三、加工功能介绍 ………………………… 199
     四、多轴加工 ……………………………… 210
   思考与练习题 ………………………………… 223
参考文献 ……………………………………… 227

模块一　软件的基本操作

● 知识能力目标
1. 认识操作界面以及各种菜单、工具条项目组成。
2. 掌握打开文件、保存文件等命令的使用。
3. 掌握显示缩放、旋转、平移和视向等命令的使用。
4. 掌握显示视图平面及当前作图平面快捷键的使用。
5. 掌握颜色、图层、系统的设置方法。

任务一　飞机模型文件的显示操作

◎ 任务背景

CAXA 制造工程师 2013 软件提供了图形文件的显示操作命令，这些命令只改变图形在屏幕上的显示位置、比例、范围等，不改变原图形的实际尺寸。图形的显示控制对复杂图形和较大图形的绘制具有重要作用。

◎ 任务要求

（1）利用"视向定位"命令显示飞机模型的主视图、正等侧视图等操作。
（2）使用工具"　"、"　"等进行飞机模型的旋转、平移、放大和缩小等操作。
（3）利用"快捷键"显示图形视向和当前作图平面的变换。
（4）文件的存储。

◎ 任务解析

（1）双击软件图标，进入 CAXA 制造工程师 2013 绘图界面。
（2）点击菜单"文件"→"打开"命令，打开 CAXA 制造工程师 2013 安装目录下"samples"（例如：C:\Program Files\CAXA\CAXACAM\11.1\samples）文件夹里的"飞机模型"文件。
（3）使用"　"（视向定位）命令来显示飞机模型不同的视图方向。
（4）使用工具"　"、"　"等进行飞机模型的旋转、平移、放大和缩小等变换显示操作。
（5）使用快捷键 F3～F9 显示视图方向和当前绘图平面变换。

☆ 本案例的重点、难点

（1）如何打开和保存文件。
（2）如何利用"视向定位"命令来显示图形的不同视向。
（3）如何对图形进行放大、缩小、旋转和平移等显示变换操作。
（4）如何利用快捷键切换当前作图平面。

【操作步骤详解】

打开文件

（1）单击"打开"按钮" "，弹出打开文件对话框，按照安装目录路径，找到"samples"文件夹，打开"飞机模型"文件，如图 1-1 所示。

视向定位

（2）单击"视向定位"按钮" "，弹出"视向定位"对话框，如图 1-2 所示。

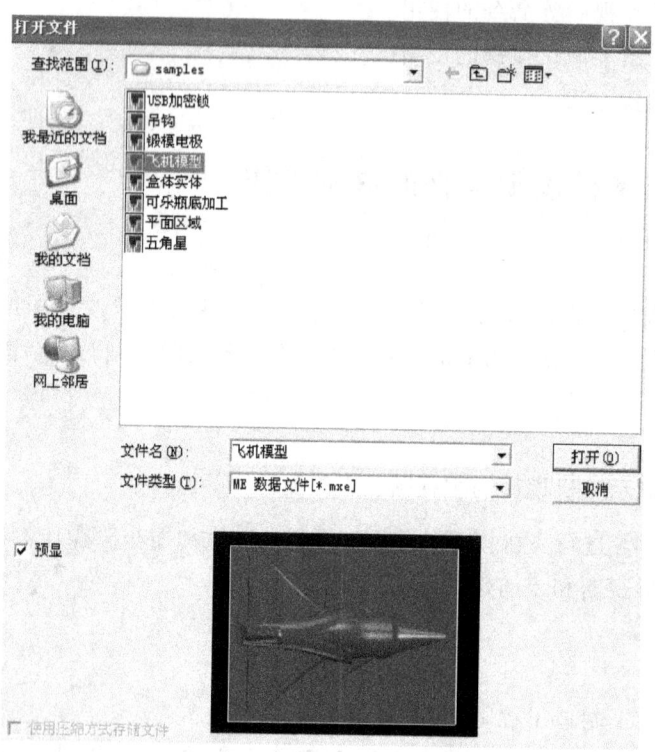
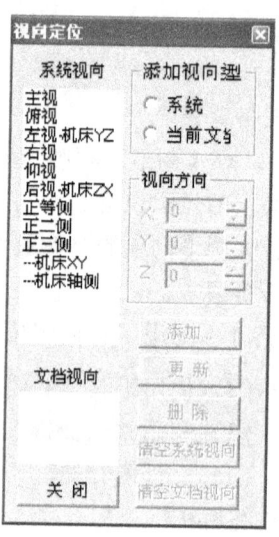

图 1-1 "打开文件"对话框　　　　　　图 1-2 "视向定位"对话框

（3）双击"系统视向"列表中"主视"，得到显示结果如图 1-3 所示。

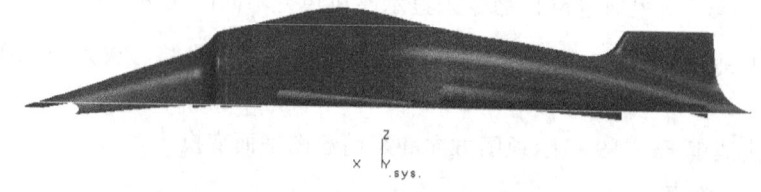

图 1-3 主视图

（4）双击"系统视向"列表中"正等侧"，得到显示结果如图 1-4 所示。

（5）选择"添加视向类型"中的"当前文档"，在视向方向中输入 X、Y、Z 的数值分别为 10、3、3，显示结果如图 1-5 所示。

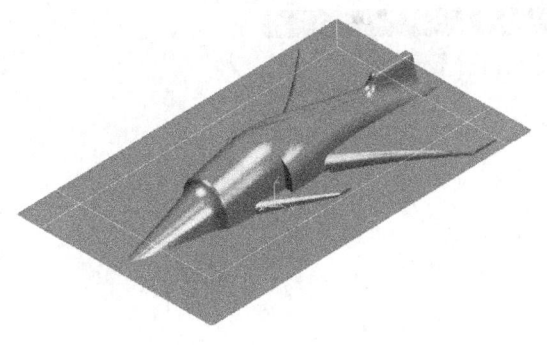
图1-4 正等侧视图

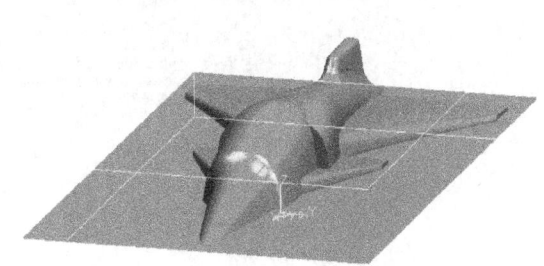
图1-5 定位视图

（6）单击"添加"按钮，弹出"显示命名"对话框，如图1-6所示，确定系统默认的命名"视图0"，在"文档视向"列表中加入"视图0"。

显示变换

（7）连续拖动显示变换。

1）选择主菜单"显示"→"显示变换"→"显示旋转"，或单击"🔄"按钮，然后按住鼠标左键拖动，则飞机模型视图转动。

2）选择主菜单"显示"→"显示变换"→"显示平移"，或单击"✥"按钮，然后按住鼠标左键拖动，则飞机模型视图平移。

3）选择主菜单"显示"→"显示变换"→"显示缩放"，或单击"🔍"按钮，然后按住鼠标左键向内或向外拖动，则飞机模型视图显示缩小或放大。

4）选择主菜单"显示"→"显示变换"→"显示窗口"，或单击"🔍"按钮，然后按住鼠标左键拖动框选需要放大的局部，则将选中部分局部全屏显示。

5）选择主菜单"显示"→"显示变换"→"显示全部"，或单击"🔍"按钮，则图形以最适当的大小显示。

（8）在键盘上分别按F3、F4、F5、F6、F7、F8、F9各键，观察视图及坐标系变化。

提示：

1）F3键：显示全部图形（全屏显示）。

2）F4键：重画（刷新）图形，绘图时才可以观察到。

3）F5键：选择"XOY"平面显示，且"XOY"平面为当前作图平面。

4）F6键：选择"YOZ"平面显示，且"YOZ"平面为当前作图平面。

5）F7键：选择"XOZ"平面显示，且"XOZ"平面为当前作图平面。

6）F8键：显示轴测图。

7）F9键：重复按F9键，可以切换作图平面，注意观察坐标系间的斜线变化。

保存文件

（9）选择"文件"→"另存为"命令，弹出"存储文件"对话框，输入文件名"飞机模型"，保存在"桌面"，单击"保存"如图1-6所示。

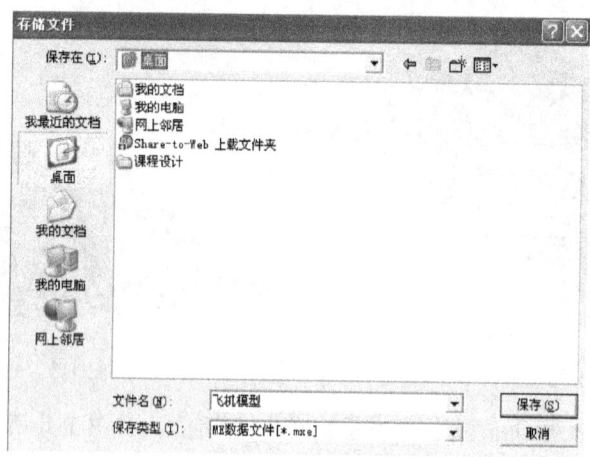

图1-6 "存储文件"对话框

任务二 吊钩模型颜色与背景的变换操作

◎ **任务背景**

CAXA制造工程师2013提供了图形文件的各种设置操作命令,这些命令包括层设置、拾取过滤设置、系统设置、光源设置和材质设置等。通过设置可以改变绘图、显示的操作环境与效果。

◎ **任务要求**

(1) 利用"颜色修改"命令改变吊钩模型整体为深绿色,矩形平台为粉色。
(2) 利用"颜色设置"命令将背景设置为白色。

◎ **任务解析**

(1) 选择主菜单"编辑"→"颜色修改"命令,框选吊钩体曲面,单击鼠标右键,弹出"颜色管理"对话框,选择深绿色,确定。
(2) 按下键盘上"Ctrl"键不松(可进行多选),分别点击拾取矩形平台的5个平面(拾取不到时旋转图形),单击鼠标右键,弹出快捷菜单,选择"颜色"命令,则弹出"颜色管理"对话框,选择粉色,确定。
(3) 选择主菜单"设置"→"系统设置"→"颜色设置"→"修改背景颜色"→"使用单一颜色"→"背景颜色",弹出"颜色管理"对话框,选择白色,确定。

☆ **本案例的重点、难点**

(1) 对图素的单选、多选和框选。
(2) 图素颜色的改变。
(3) 背景颜色的改变。

【操作步骤详解】

变吊钩体曲面为深绿色

(1) 单击主菜单"编辑"→"颜色修改"命令,框选吊钩体曲面(注意不要选矩形平台），单击鼠标右键，弹出"颜色管理"对话框，选择深绿色，确定，结果如图1-7所示。提示：框选时，只有被选择线框完全框住的图素才会被选中，如图1-8所示。

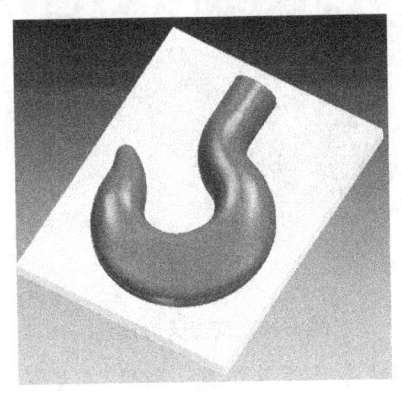 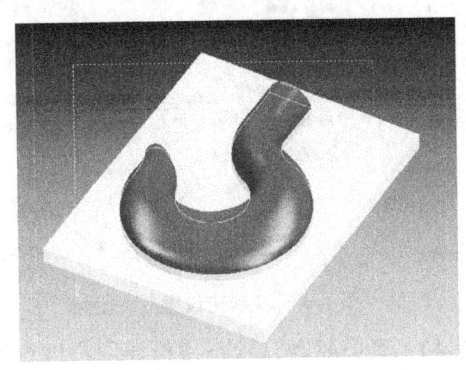

图1-7 吊钩体曲面变深绿色　　　　　　图1-8 框选吊钩体曲面

变矩形平台为粉色

（2）按住"Ctrl"键不松，依次用鼠标点击矩形平台各个表面，选好5各表面后，松开"Ctrl"键，点击鼠标右键，弹出快捷菜单如图1-9所示，选择"颜色"，则弹出"颜色管理"对话框，选择粉色，确定，结果如图1-10所示。

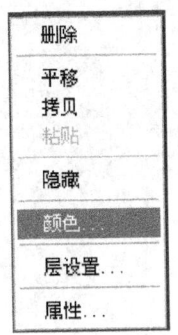 

图1-9 快捷菜单　　　　　　　　　　图1-10 矩形平台变为粉色

变背景为白色

（3）单击主菜单"设置"→"系统设置"，弹出"系统设置"对话框，在"系统设置"特征树中选择"颜色设置"，在"修改背景颜色"项目中点选"使用单一颜色"，如图1-11所示，单击"背景颜色（上）"按钮，弹出"颜色管理"对话框，选择白色，确定，结果如图1-12所示。

知识点拓展

一、界面介绍

界面是交互式CAD/CAM软件与用户进行信息交流的中介。系统通过界面反映当前信息状态及将要执行的操作，用户按照界面提供的信息作出判断，并经由输入设备进行下一步的操作。CAXA制造工程师的用户界面，和其他Windows风格的软件一样，各种应用功能通过

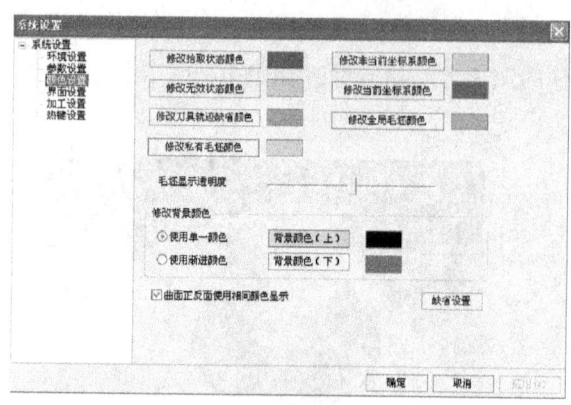

图 1-11 "系统设置"对话框

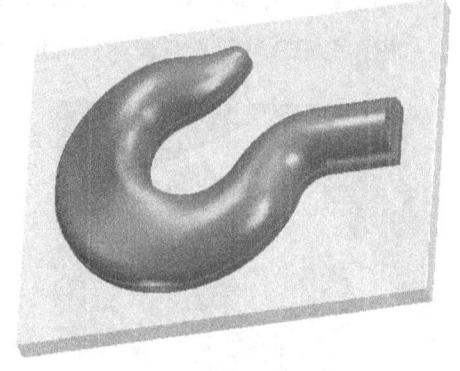

图 1-12 变背景为白色

菜单和工具条驱动；状态栏指导用户进行操作并提示当前状态和所处位置；特征/轨迹树记录了历史操作和相互关系；绘图区显示各种功能操作的结果；同时，绘图区和特征/轨迹树为用户提供了数据的交互功能，如图 1-13 所示。CAXA 制造工程师 2013 软件的工具条中，每一个按钮都对应一个菜单命令，单击按钮和单击菜单命令的操作是同效的。

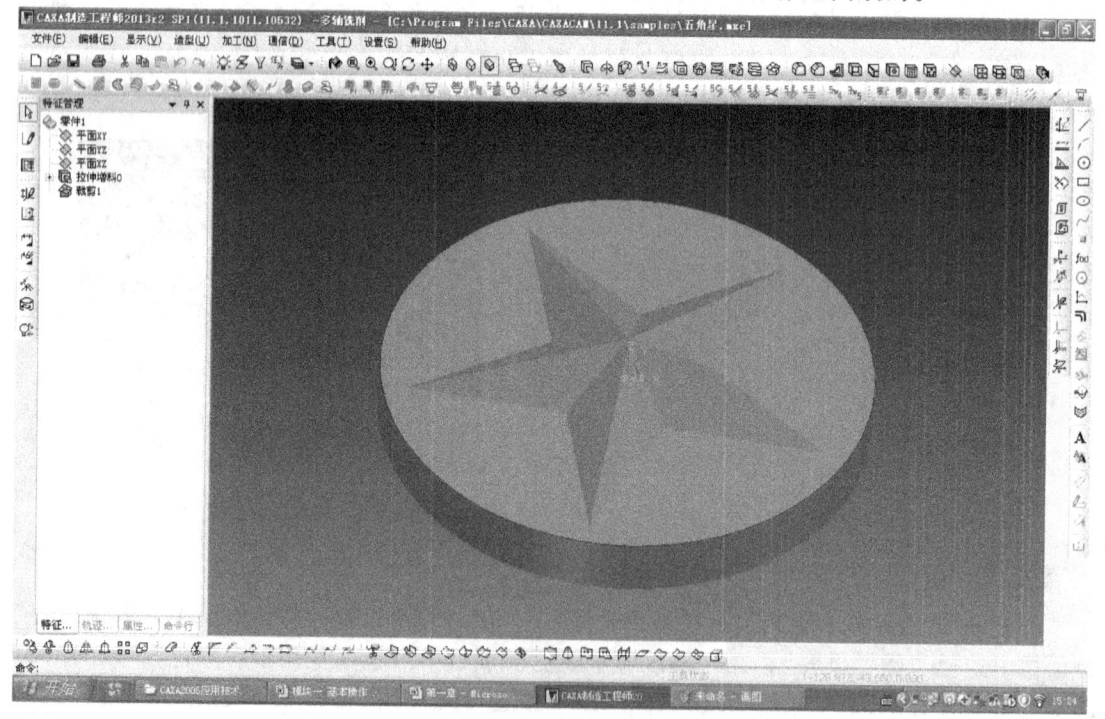

图 1-13 CAXA 制造工程师 2013 软件的操作界面

1. 绘图区

绘图区是进行绘图设计的工作区域，如图 1-13 所示的空白区域。它们位于屏幕的中心，并占据了屏幕的大部分面积。在绘图区的中央设置了一个三维直角坐标系，该坐标系称为世界坐标系。它的坐标原点为 (0.0000, 0.0000, 0.0000)。在操作过程中的所有坐标均以此坐标系的原点为基准。

2. 主菜单

主菜单是位于界面最上方，单击菜单条中的任意一个菜单项，都会弹出一个下拉式菜单，鼠标指向某一个菜单项会弹出其子菜单，如图1-14所示。主菜单包括文件、编辑、显示、造型、加工、通信、工具、设置和帮助。

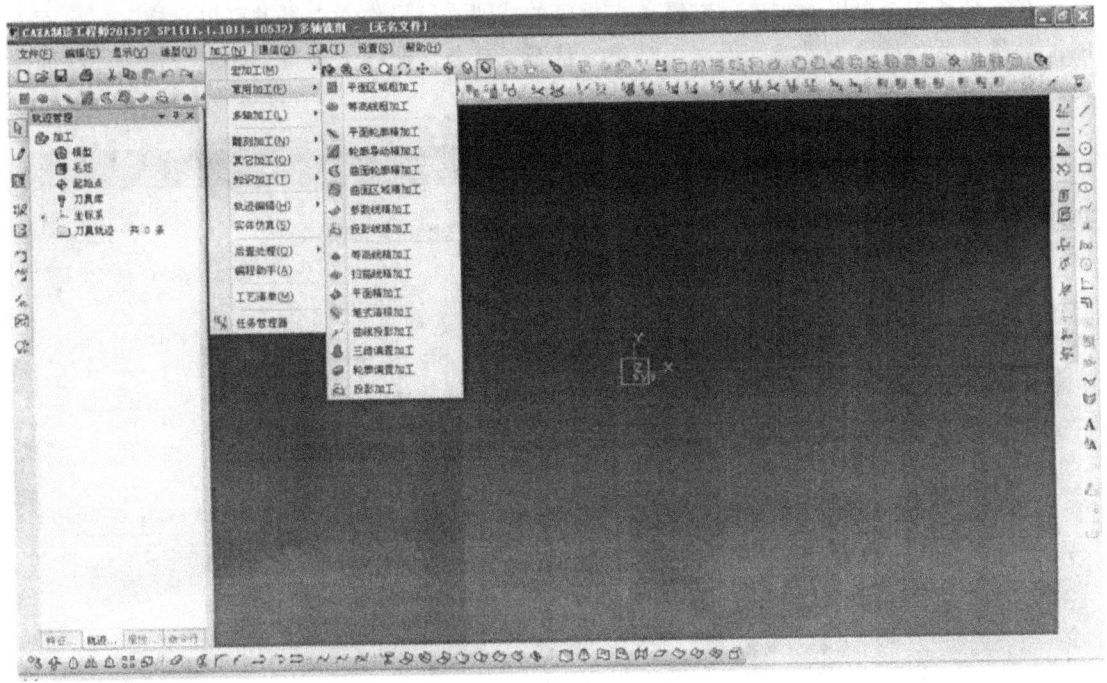

图1-14 主菜单与子菜单

3. 立即菜单

立即菜单描述了该项命令执行的各种情况和使用条件。根据当前的作图要求，正确地选择某一选项，即可得到准确的响应。例如，选择"直线"按钮，便出现画直线的立即菜单，在立即菜单中，用鼠标选取其中的某一项（例如"两点线"），便会在下方出现一个选项菜单或者改变该项的内容。如图1-15所示。

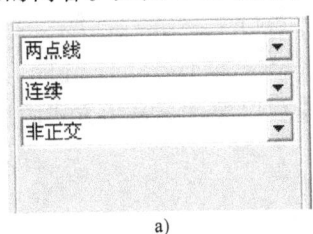
a)

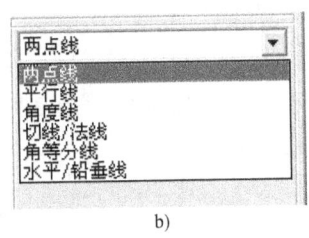
b)

图1-15 直线立即菜单

4. 快捷菜单

光标处于不同的位置或选中不同的对象，单击鼠标右键会弹出不同的快捷菜单。熟练使用快捷菜单，可以提高绘图速度。

例如，用鼠标选中零件上表面一条中心线（变为红色），单击鼠标右键，则显示出一快捷菜单，见图1-16所示。

5. 对话框

某些菜单选项要求用户以对话的形式予以回答,单击这些菜单时,系统会弹出一个对话框,如图 1-17 所示,用户可根据当前操作作出响应。

6. 工具条

在工具条中,可以通过鼠标左键单击相应的按钮进行操作。工具条可以自定义,界面上的工具条包括:标准工具条、显示工具条、状态工具条、曲线工具条、几何变换条、线面编辑条、曲面工具条和特征工具条等。

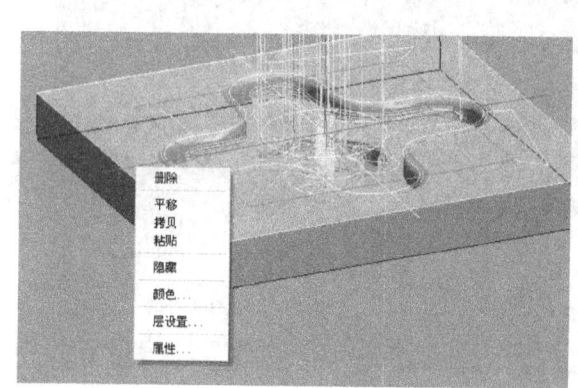

图 1-16 快捷菜单

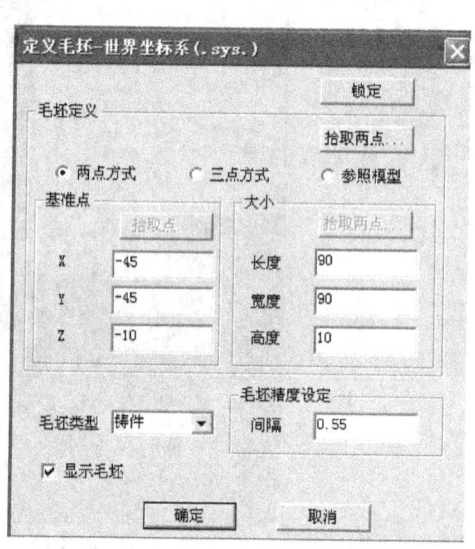

图 1-17 对话框

(1) 标准工具条如下:

标准工具条包含了标准的"打开文件"、"打印文件"等 Windows 按钮,也有制造工程师的"线面可见"、"层设置"、"拾取过滤设置"、"当前颜色"等按钮。

(2) 显示工具条如下:

显示工具条包含了"缩放"、"移动"、"视向定位"等选择显示方式的按钮。

(3) 状态工具条如下:

状态工具条包含了"终止当前命令"、"草图状态开关"、"启动电子图板"、"数据接口"等功能。

(4) 曲线工具条如下:

曲线工具条包含了"直线"、"圆弧"、"公式曲线"等丰富的曲线绘制工具。

(5) 几何变换条如下:

几何变换包含了"平移"、"镜像"、"旋转"、"阵列"等几何变换工具。
(6) 线面编辑条如下：

线面编辑条包含了曲线的"裁剪"、"过渡"、"拉伸"和"曲面的裁剪"、"缝合"等编辑工具。
(7) 曲面工具条如下：

曲面工具条包含了"直纹面"、"旋转面"、"扫描面"等曲面生成工具。
(8) 特征工具条如下：

特征工具条包含了"拉伸"、"导动"、"过渡"、"阵列"等丰富的特征造型手段。
(9) 加工工具条如下：

加工工具条包含了"粗加工"、"精加工"、"补加工"、"多轴加工"等40多种加工功能。
(10) 坐标系工具条如下：

坐标系工具包含了"创建坐标系"、"激活坐标系"、"删除坐标系"、"隐藏坐标系"等功能。
(11) 三维尺寸标注工具条如下：

尺寸标注工具条中包含了"尺寸标注"、"尺寸编辑"等功能。
(12) 查询工具条如下：

查询工具条中包含了"坐标查询"、"距离查询"、"角度查询"、"属性查询"等功能。

二、常用键功能

1. 鼠标键

单击鼠标左键可以用来激活菜单、确定位置点、拾取元素等；单击鼠标右键用来确认拾取、结束操作和终止命令。

例如，要运行画直线功能应先把光标移动到直线图标上，然后单击鼠标左键，激活画直线功能，这时，在命令提示区出现下一步操作的提示；把光标移动到绘图区内，单击鼠标左键，输入一个位置点，再根据提示输入第二个位置点，就生成了一条直线。

又如，在删除几何元素时，当拾取完毕要删除的元素，单击鼠标右键就可以结束拾取，被拾取到的元素就被删除掉了。

文中单（左）击一般指按鼠标左键，右击为按鼠标右键。

2. 回车键和数值键

回车键和数值键在系统要求输入点时，可以激活一个坐标输入条，在输入条中可以输入坐标值。如果坐标值以@开始，表示是相对于前一个输入点的相对坐标；在某些情况下也可以输入字符串。

3. 空格键

空格键可以配合系统的当前操作，产生不同的快捷菜单。例如，当系统要求输入点时，按空格键弹出"点工具"菜单，如图1-18所示。

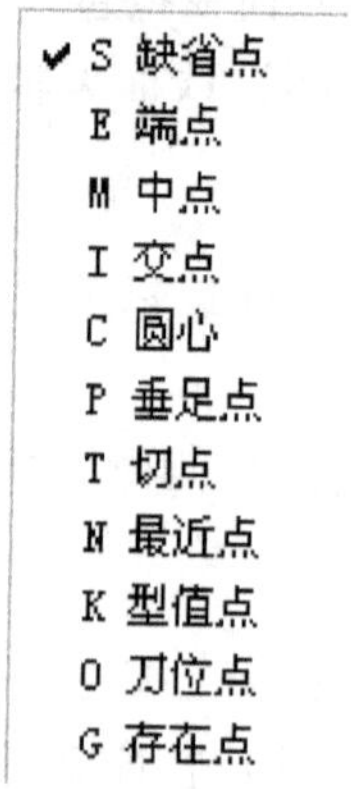

【注意】
① 当使用空格键进行类型设置，在拾取操作完成后，建议重新按空格键，选中弹出菜单中的第一个选项（默认选项），让其回到系统的默认状态下，以便下一步的选取。
② 用窗口拾取元素时，若是由左上角向右下角开窗口，窗口要包容整个元素对象，才能被拾取到，若是从右下角向左上角拉时，只要元素对象的一部分在窗口内，就可以拾取到。

图1-18 "点工具"菜单

4. 功能热键

为了方便操作，系统还提供了一些功能热键，在相应的菜单项后表示出来，用户可以根据自己的习惯记忆并使用。例如：F2 键可以进行"绘制草图"操作，如图1-19 所示。另外，还有 F3 ~ F9 前面已经介绍，不再重述。

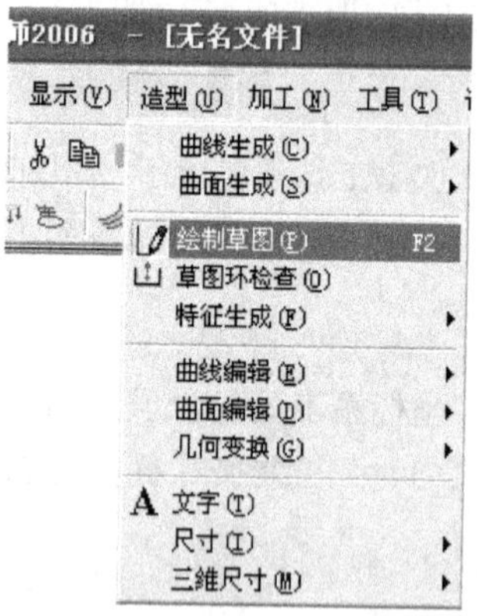

方向键（↑、↓、←、→）：显示平移，可以使图形在屏幕上上下左右移动。

Shift + 方向键：显示旋转，可以使图形在屏幕上旋转。

Ctrl +（↑、↓）：显示放大或缩小。

Shift + 鼠标左键：显示旋转。

Shift + 鼠标右键：显示缩放。

Shift + 鼠标（左键 + 右击）：显示平移。

按住鼠标中键，拖动：显示旋转。

图1-19 菜单项与功能热键

三、显示效果

1. 线架显示

将零部件采用线架的显示效果进行显示，如图1-20 所示。

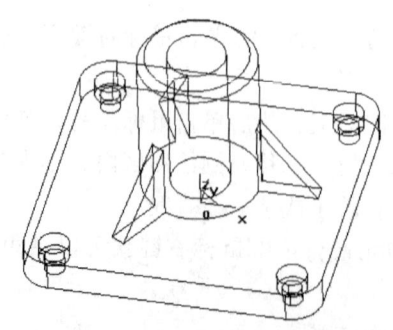

图1-20 "底座"的线架显示

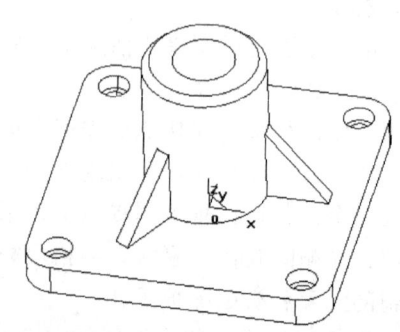

图1-21 "底座"的消隐显示

【操作】

单击"显示"→"显示变换"→"线架显示",或者直接单击"◇"按钮。
线架显示时,可以直接拾取被曲面挡住的另一个曲面(这里的曲面不包括实体表面)。

2. 消隐显示

将零部件采用消隐的显示效果进行显示,如图 1-21 所示。本功能只对实体的消隐显示起作用。对线架造型和曲面造型消隐显示不起作用。

【操作】 单击"显示"→"显示变换"→"消隐显示",或者直接单击"◇"按钮。

3. 真实感显示

零部件采用真实感的显示效果进行显示,如图 1-22 所示。

【操作】

单击"显示"→"显示变换"→"真实感显示",或者直接单击"◇"按钮。

4. 显示上一页

取消当前显示,返回显示变换前的状态。

【操作】

单击"查看"→"显示变换"→"显示上一页",或者直接单击"◻"按钮。

图 1-22 "底座"的真实感显示

5. 显示下一页

【功能】

返回下一次显示的状态(同显示上一页配套使用)。

【操作】

单击"查看"→"显示变换"→"显示下一页",或者直接单击"◻"按钮。

四、工具

(一)坐标系

为了方便用户作图,坐标系功能有创建坐标系、激活坐标系、删除坐标系、隐藏坐标系和显示所有坐标系。

【操作】

单击"工具"→"坐标系",在该菜单中的右侧弹出下一级菜单选择项。

【说明】

系统默认坐标系叫做"世界坐标系"。系统允许用户同时存在多个坐标系,其中正在使用的坐标系叫做"当前坐标系",其坐标架为红色,其他坐标架为白色(坐标架的颜色可以在"设置"菜单下修改)。在实际使用中,用户可以根据自己的实际需要,创建新的坐标系,在特定的坐标系中操作。

1. 创建坐标系

创建坐标系就是建立一个新的坐标系。有五种方式:单点、三点、两相交直线、圆或圆弧以及曲线切法线,如图 1-23 所示。

(1)单点法:输入一个坐标原点确定新的(平移)坐标系,坐标系名为给定名称。

【操作】

① 单击"工具"→"坐标系"→"创建坐标系",在立即菜单中选择"单点",如图

1-24所示。

图1-23 创建坐标系的五种方式

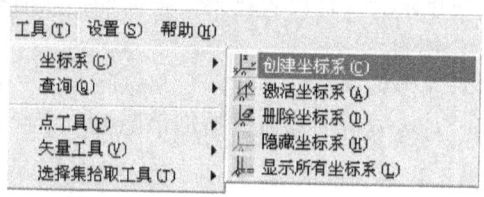

图1-24 创建坐标系

② 给出坐标原点。

③ 弹出输入条，输入坐标系名称，按回车键确定。

（2）三点法：给出新坐标系坐标原点、X轴正方向上一点和Y轴正方向上一点生成新坐标系，坐标系名为给定名称。

【操作】

① 单击"工具"→"坐标系"→"创建坐标系"，在立即菜单中选择"三点"。

② 给出新坐标系坐标原点、X+方向上一点和确定XOY面及Y+轴方向的一点。

③ 弹出输入条，输入坐标系名称，按回车键确定。

（3）两相交直线法：拾取直线作为X轴，给出正方向，再拾取直线作为Y轴，给出正方向，生成新坐标系，坐标系名为指定名称。

【操作】

① 单击"工具"→"坐标系"→"创建坐标系"，在立即菜单中选择"两相交直线"。

② 拾取第一条直线作为X轴，选择方向。

③ 拾取第二条直线，选择方向。

④ 弹出输入条，输入坐标系名称，按回车键确定。

（4）圆或圆弧法：以指定圆或圆弧的圆心为坐标原点，以圆的端点方向或指定圆弧端点方向为X轴正方向，生成新坐标系，坐标系名为给定名称。

【操作】

① 单击"工具"→"坐标系"→"创建坐标系"，在立即菜单中选择"圆或圆弧"。

② 拾取圆或圆弧，选择X轴位置（圆弧起点或终点位置）。

③ 弹出输入条，输入坐标系名称，按回车键确定。

（5）曲线切线法

以指定曲线上的点为坐标原点，以过切点的切线为选定坐标轴，选择同向或反向，生成新坐标系，坐标系名为给定名称。

【操作】

① 单击"工具"，指向"坐标系"，单击"创建坐标系"，在立即菜单中选择"曲线切线法"。

② 拾取曲线，选择曲线上点作为坐标原点。

③ 弹出输入条，输入坐标系名称，按回车键确定。

2. 激活坐标系

有多个坐标系时，激活某一坐标系就是将这一坐标系设为当前坐标系。

【操作】

① 单击"工具"→"坐标系"→"激活坐标系"，弹出"激活坐标系"对话框，如图 1-25 所示。

② 拾取坐标系列表中的某一坐标系，单击"激活"按钮，可见该坐标系已激活，变为红色。单击"激活结束"按钮，对话框关闭。

③ 单击"手动激活"按钮，对话框关闭，拾取要激活的坐标系，该坐标系变为红色，表明已激活。

3. 删除坐标系

【功能】

删除用户创建的坐标系。

【操作】

① 单击"工具"→"坐标系"→"删除坐标系"，弹出"坐标系编辑"对话框，如图 1-26 所示。

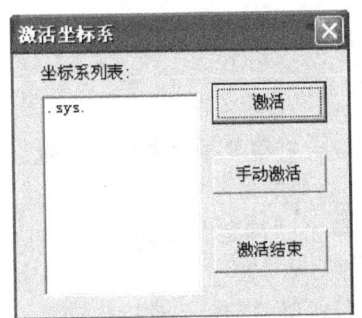
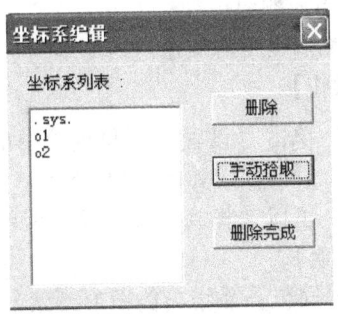

图 1-25 "激活坐标系"对话框　　　　图 1-26 "坐标系编辑"对话框

② 拾取坐标系列表中的某一坐标系，单击"删除"按钮，可见该坐标系消失。单击"删除完成"按钮，对话框关闭。

③ 单击"手动拾取"按钮，对话框关闭，拾取要删除的坐标系，该坐标系消失。

4. 隐藏坐标系

使某一坐标系不可见。

【操作】

① 单击"工具"→"坐标系"→"隐藏坐标系"。

② 拾取工作坐标系，单击"坐标系"，隐藏坐标系完成。

5. 显示所有坐标系

使所有坐标系都可见。

【操作】

单击"工具"→"坐标系"→"显示所有坐标系"，所有坐标系都可见。

(二) 点工具菜单

工具点就是在操作过程中具有几何特征的点，如圆心点、切点、端点等。点工具菜单就是用来捕捉工具点的菜单。进入操作命令，需要输入特征点时，只要按下空格键，即在屏幕上弹出下列点工具菜单，如图1-27所示。

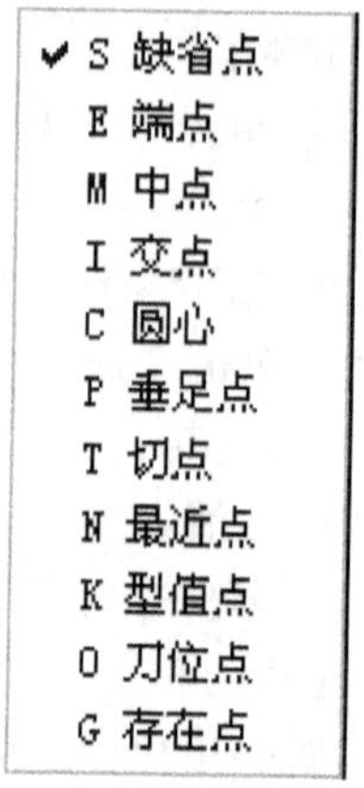

　　缺省点（S）：屏幕上的任意位置点。**注意：缺省即默认。**
　　端点（E）：曲线的端点。
　　中点（M）：曲线的中点。
　　交点（I）：两曲线的交点。
　　圆心（C）：圆或圆弧的圆心。
　　垂足点（P）：曲线的垂足点。
　　切点（T）：曲线的切点。
　　最近点（N）：曲线上距离捕捉光标最近的点。
　　型值点（K）：样条特征点。
　　刀位点（O）：刀具轨迹上的点。
　　存在点（G）：用曲线生成中的点工具生成的点。

图1-27　点工具菜单

【说明】上边括号中的字母对应键盘上的字母。

五、设置

1. 当前颜色

设置系统当前颜色。

【操作】

（1）单击"设置"下拉菜单中的"当前颜色"，或者直接单击"▧"按钮，弹出"颜色管理"对话框，如图1-28所示。

（2）可以选择基本颜色或扩展颜色中任意颜色，单击"确定"按钮。

【说明】

与层同色：是指当前图形元素的颜色与图形元素所在层的颜色一致。

2. 层设置

修改（或查询）图层名、图层状态、图层颜色、图层可见性以及创建新图层。

【操作】

（1）单击"设置"下拉菜单中的"层设置"，或者直接单击"彡"按钮，弹出"图层管理"对话框如图1-29所示。

（2）选定某个图层，双击"名称"、"颜色"、"状态"、"可见性"和"描述"中的任一项，可以进行修改。

（3）可以新建图层、删除指定图层或将指定图层设置为当前图层。

（4）如果想取消新建的许多图层，可单击"重置图层"按钮，回到图层初始状态。

（5）单击"导出设置"按钮，弹出"图层管理"对话框。输入图层组名称及其详细信息，单击"确定"按钮，可将当前图层状态保存下来，如图1-29所示。

（6）单击"导入（或导出）设置"按钮，弹出"导入/导出图层"对话框。选择已存在的图层名称，单击"确定"按钮，可将该图层组成为当前图状态；单击"删除图层"按钮，可将其删除。

【说明】

"新建图层"按钮：建立一个新图层。

模块一 软件的基本操作

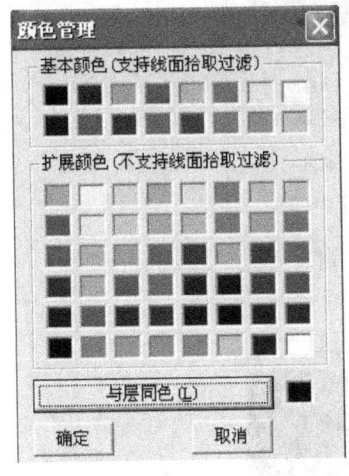 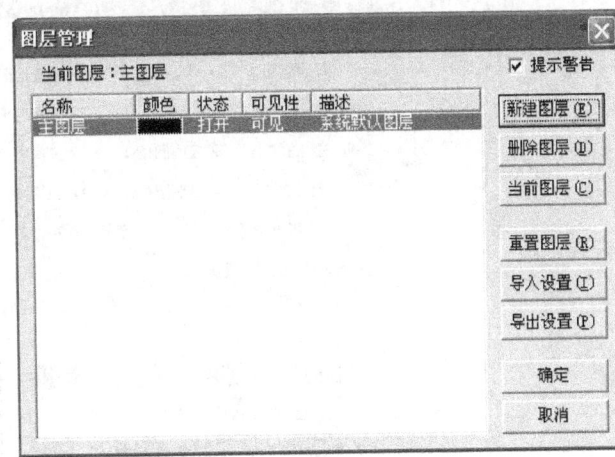

图 1-28　"颜色管理"对话框　　　　图 1-29　"图层管理"对话框

"删除图层"按钮：删除选定图层。
"当前图层"按钮：将选定图层设置为当前层。
"重直图层"按钮：恢复到系统中层设置初始化状态。
"导入设置"按钮：调入导出的层状态。
"导出设置"按钮：将当前层状态存储下来。

【注意】
　　当部分图层上存在有效元素时，无法重置图层和导入图层。

3. 拾取过滤设置
设置拾取过滤和导航过滤的图形元素的类型。
（1）拾取过滤是指光标能够拾取到屏幕上的图形类型，拾取到的图形类型被加亮显示。
（2）导航过滤是指光标移动到要拾取的图形类型附近时，图形能够加亮显示。
【操作】
（1）单击"设置"下拉菜单中的"拾取过滤设置"，弹出"拾取过滤器"对话框，如图 1-30 所示。
（2）如果要修改图形元素的类型、拾取时的导航加亮设置和图形元素的颜色，只要直接选中项目对应的复选框即可。对于图形元素的类型和图形元素的颜色，可以单击下方的"选中所有类型"或"选中所有颜色"按钮和"清除所有类型"或"清除所有颜色"按钮即可。
（3）要修改系统拾取盒的大小，只要拖动下方的滚动条就可以了。
【说明】
　　图形元素的类型有：体上的顶点、体上的边、体上的面、空间曲面、空间曲线端点、空间点、草图曲线端点、草图点、空间直线、空间圆（弧）、空间样条、三维尺寸、草图直线、草图圆（弧）、草图样条、刀具轨迹等。
　　拾取时的导航加亮设置有：加亮草图曲线、加亮空间曲面和加亮空间曲线。
　　图形元素的颜色有：图形元素的各种颜色。

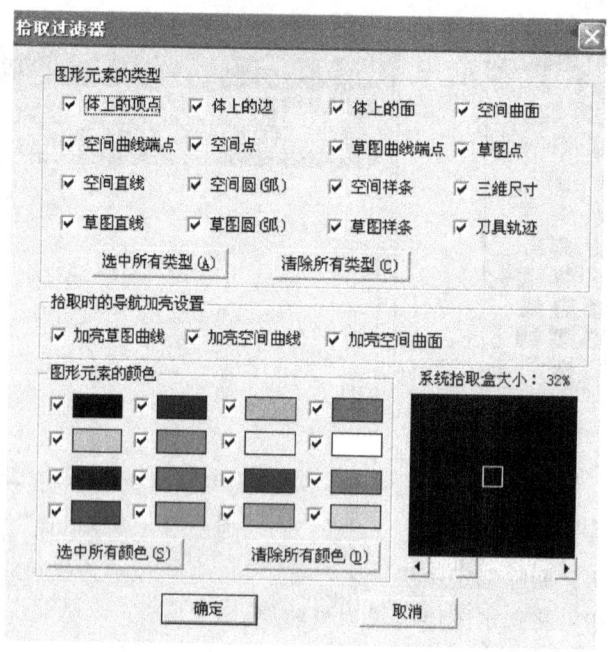

图1-30 "拾取过滤器"对话框

系统拾取盒大小：拾取元素时，系统提示导航功能。拾取盒的大小与光标拾取范围成正比。当拾取盒较大时，光标距离要拾取到的元素较远时，也可以拾取该元素。

4. 系统设置

用户根据绘图的需要，对系统的一系列参数进行设置。

（1）环境设置：包括设置 F5~F8 快捷键定义（国标或机床）、键盘显示旋转角度、鼠标显示旋转角度、曲面 U 向网格数、曲面 V 向网格数、自动存盘操作次数、自动存盘文件名、系统层数上限和最大取消次数。

【操作】单击"设置"下拉菜单中的"系统设置"，弹出"系统设置"对话框，如图1-31所示。选择"环境设置"选项卡，要修改哪项环境参数，可以直接在参数对应框中修改。

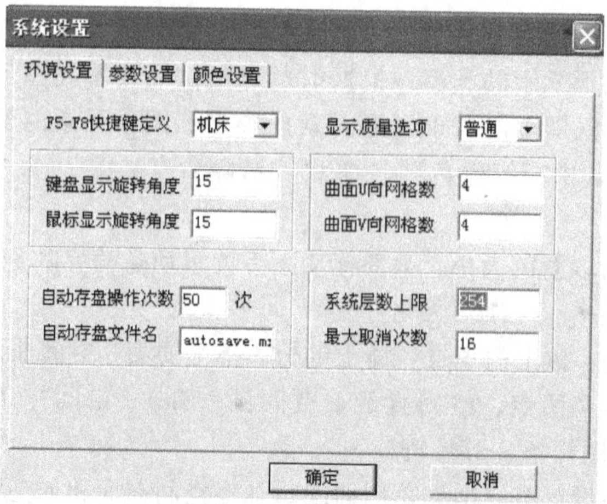

图1-31 "系统设置"对话框

（2）参数设置：包括设置样条最大点数、最大长度、圆弧最大半径、系统精度上限、系统精度下限、显示基准面的长度、显示基准面的宽度和工具状态。

工具状态包括：点拾取工具、矢量拾取工具、轮廓拾取工具、岛拾取工具和选择集拾取工具。

工具状态有两种：锁定和恢复单选按钮。

【操作】

单击"设置"下拉菜单中的"系统设置"，弹出"系统设置"对话框，选择"参数设置"选项卡，对话框如图1-32所示。可以根据需要对参数、辅助工具的状态进行设定。

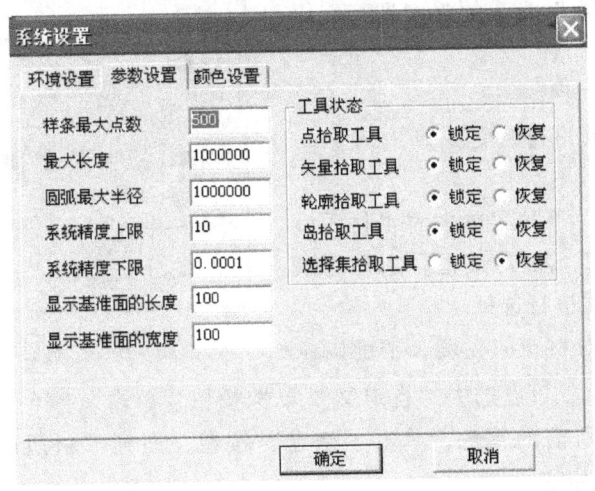

图1-32 "参数设置"选项卡

（3）颜色设置：包括设置修改拾取状态颜色、修改无效状态颜色、修改非当前坐标系颜色、修改当前坐标系颜色、修改背景颜色、修改刀具轨迹缺省颜色。

【操作】

（1）单击"设置"下拉菜单中的"系统设置"，弹出"系统设置"对话框，选择"颜色设置"选项卡，如图1-33所示。

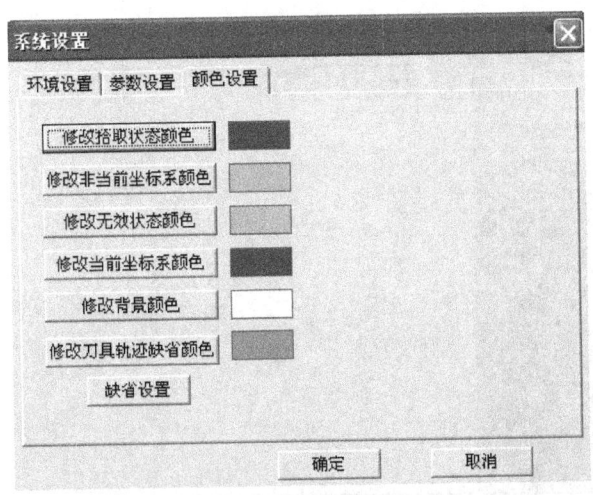

图1-33 "颜色设置"选项卡

（2）要修改哪项，只要单击那一按钮，弹出"颜色管理"对话框，选择喜欢的颜色，单击"确定"按钮即可。

5. 光源设置

对零件的环境和自身的光线强度进行改变。

【操作】

（1）单击"设置"下拉菜单中的"光源设置"，弹出"光源设置"对话框。

（2）可以根据需要对光线的强度进行编辑和修改。

6. 材质设置

对生成实体的材质进行改变。

【操作】

（1）单击"设置"下拉菜单中的"材质设置"，弹出如图1-34所示的对话框，用户可以根据需要对实体的材质进行选择。

（2）如果用户需对材质的亮度、密度以及颜色元素等进行修改时，可以选中"自定义"单选按钮，单击"颜色更改"按钮，在弹出的颜色对话框中选择所需的颜色，单击"确定"按钮，回到"材质属性"对话框，单击"确定"按钮，完成自定义。

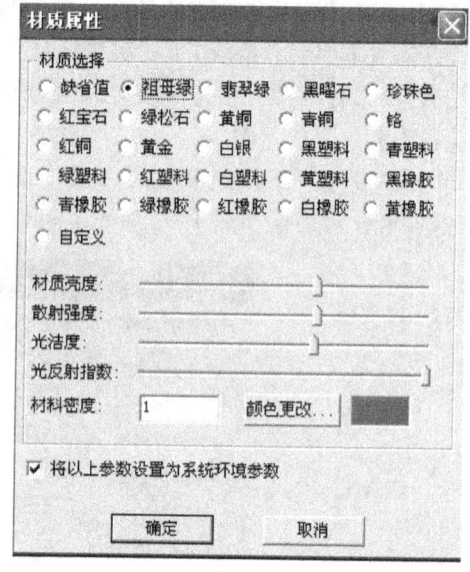

图1-34 "材质属性"对话框

六、帮助

单击主菜单"帮助"，显示下拉菜单，选择"帮助文档"，弹出CAXA制造工程师2013r2软件使用说明书（PDF文档），如图1-35所示。由于教材篇幅所限，所以，根据专业大纲要求，在内容上有所偏重和取舍，如果学员需要了解软件某些功能详尽说明时，可以查看本说明书。

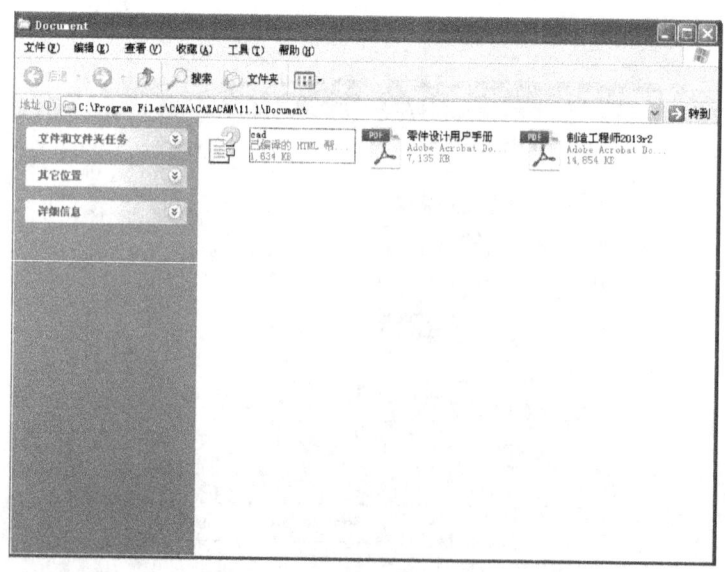

图1-35 帮助文档

思考与练习题

1-1 了解 CAXA 制造工程师 2013 软件的操作界面,列举出其所包含哪些菜单和工具条?各主菜单、标准工具条的功能项目有哪些?

1-2 打开文件的方法有哪些?如何存储文件?

1-3 什么是立即菜单?试分别产生画"直线"和"圆"的立即菜单。

1-4 什么是快捷菜单?如何产生"点工具"菜单?

1-5 试通过设置菜单改变 CAXA 制造工程师 2013 软件的界面背景颜色。

1-6 试按软件安装目录路径,找到"samples"文件夹,打开"锻模电极"文件,进行以下操作:

(1) 分别通过 F5、F6、F7、F8 功能键对模型进行视向转换。

(2) 分别通过 按钮,对图形进行相应操作。

(3) 改变模型颜色为深灰色,背景为淡蓝色,并另存在桌面,文件名:电极,文件格式:.mxe。

模块二 线架构建

● 知识能力目标

1. 掌握曲线生成的基本功能和应用,能根据已知条件选择正确的作图方式。
2. 掌握曲线编辑、几何变换工具的应用,能根据作图需要恰当地选择工具。
3. 学会分析实体轮廓结构特点,选择正确而简练的线架构建方法。
4. 熟悉各种立即菜单、快捷菜单、快捷键和鼠标左右键的应用。
5. 培养读图能力和空间想象力。

任务一 平面曲线图形的绘制

◎任务背景

CAXA 制造工程师 2013 软件提供了丰富的曲线绘制工具,并且提供了各种曲线编辑、几何变换、显示和状态工具,掌握这些工具的应用,是学习三维实体造型的重要基础。

◎任务要求

根据图 2-1 所示尺寸,在 XOY 平面中完成平面图形的绘制。坐标原点设在 φ34 圆心处。

◎任务解析

(1) 选择作图平面为 XOY,坐标原点为 φ34 圆心处。

(2) 用等距线得到 φ12、φ25 同心圆圆心,绘出两组同心圆。

(3) 绘出圆弧 R99、R86,找到内切圆圆心后画出 R30、R15。

(4) 绘制公切线,绘制相切角度线,用曲线过渡工具得到圆弧 R8 和 R26。

(5) 使用矩形工具绘制矩形,通过平移定位。

(6) 使用删除和修剪工具,对图形多余曲线进行修剪。

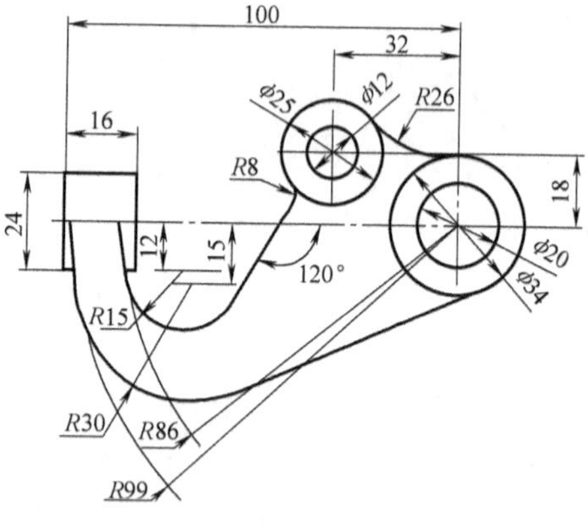

图 2-1 平面图形

☆本案例的重点、难点

(1) 如何选择作图平面。
(2) 如何使用直线、整圆、圆弧和矩形等曲线生成工具。
(3) 如何使用等距、圆弧过渡、平移、删除、修剪等曲线编辑、几何变换工具。

【操作步骤详解】

(1) 打开 CAXA 制造工程师软件,进入绘图状态,选择 XOY 平面(按 F5)。

作参考基准线

（2）单击主菜单"造型"→"曲线生成"→"直线"，或点击" ╱ "按钮，在立即菜单中选择"两点线"→"单个"→"正交"→"长度"→"100.0"，以坐标原点为第一点，向左画出水平线；再以"两点线"→"单个"→"正交"→"点方式"，以坐标原点为第一点，向上画出铅垂线（长度适当），得到参考基准线如图2-2所示。

作同心圆

（3）点击" ⊕ "按钮，在立即菜单中选择"圆心-半径"，按左下角提示，单击坐标原点为圆心，分别输入半径"10"→按"Enter"键、输入"17"→按"Enter"键，得到两个同心圆φ20、φ34，单击鼠标右键结束继续，如图2-3所示，再单击鼠标右键关闭"整圆"工具。

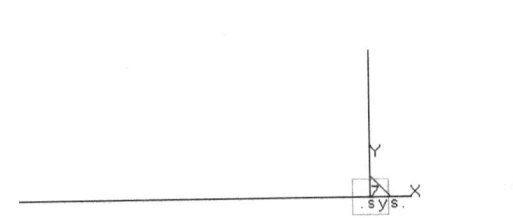

图 2-2　参考基准线

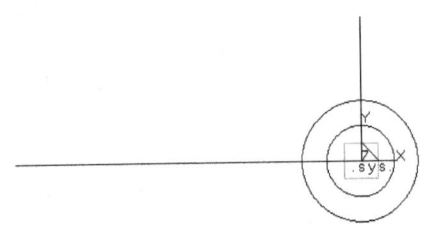

图 2-3　绘制同心圆 φ20、φ34

（4）点击等距线" ⇥ "按钮，在立即菜单中选择"单根曲线"→"等距"，输入距离：18，单击鼠标右键，选择水平基准线，选择向上方向，得到水平等距线；同理，以距离32，得到铅垂等距线；以等距线交点为圆心，绘制两同心圆φ12、φ25，如图2-4所示。

作内切圆弧

（5）点击圆弧" ╱ "按钮，在立即菜单中选择"圆心-半径-起终角"，输入起始角：180，终止角：250，点选坐标原点为圆心，输入半径99，按"Enter"键，再输入69（99-30），按"Enter"键，得到圆弧L_1、L_2；以距离15，作水平等距线L_3，以L_2与L_3交点为圆心，半径30，作整圆，得到L_4，如图2-5所示。

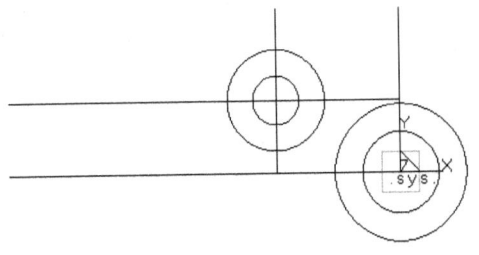

图 2-4　绘制同心圆 φ12、φ25

作公切线

（6）单击直线" ╱ "按钮，在立即菜单中选择"两点线"→"单个"→"非正交"，按空格键，在快捷菜单中选择"切点"，或按"T"键，点选圆弧L_4和L_5（选择在切点附近），得到公切线，如图2-6所示。

修剪多余曲线

（7）单击主菜单"编辑"→"删除"，或点击" ⊘ "，连续点选L_2、L_3（被选中的线条变成红色），单击鼠标右键，L_2、L_3 被删除；单击曲线裁剪 " " 按钮，点选曲线上需要修剪的部分，得到结果如图 2-7 所示。

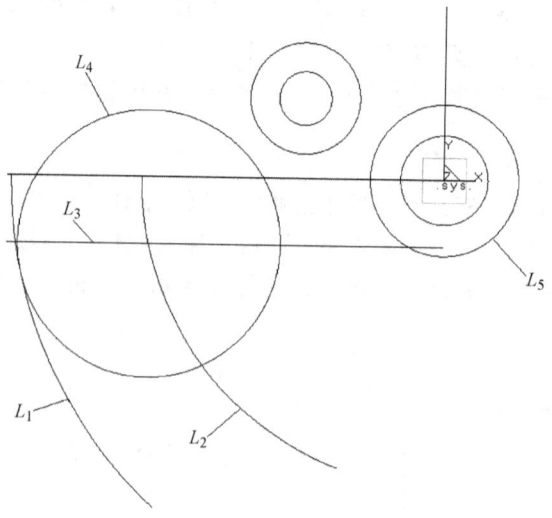

图 2-5 做出 R99 及 R30 内切圆弧

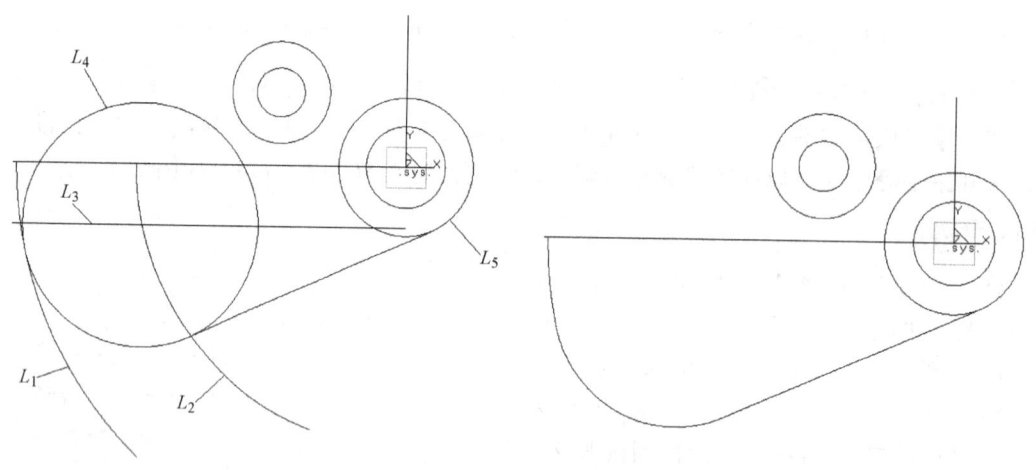

图 2-6 作公切线   图 2-7 修剪后结果

作内切圆弧

（8）首先按空格键，或单击"S"键，回复点方式为"缺省点"。点击圆弧" "按钮，在立即菜单中选择"圆心-半径-起终角"，输入起始角：180，终止角：250，点选坐标原点为圆心，输入半径 86，按"Enter"键，再输入 71（86-15），按"Enter"键，得到圆弧 M_1、M_2；以距离 12，作水平等距线 M_3，以 M_2 与 M_3 交点为圆心，半径 30，作整圆，得到 M_4，如图 2-8 所示。

作相切角度线

（9）单击直线" "按钮，在立即菜单中选择"角度线"→"X 轴夹角"，输入角度：60，按空格键，在快捷菜单中选择"切点"，或按"T"键，点选圆弧 M_4（点在切点附近），光标先右上角移动，按"S"键，点击角度线终点，结果如图 2-9 所示。

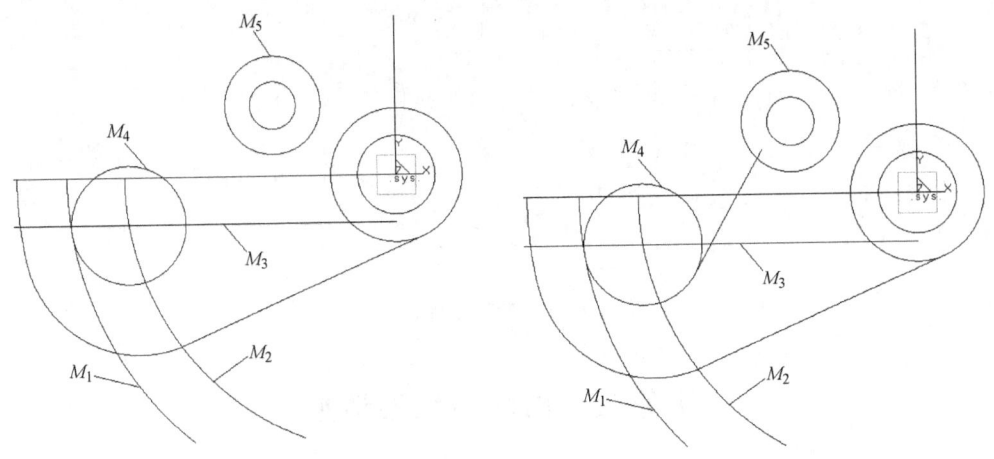

图 2-8　作 $R86$ 及 $R15$ 内切圆弧　　　　　图 2-9　相切角度线

曲线过渡

（10）单击" "按钮，在立即菜单中选择"圆弧过渡"→"裁剪曲线 1"→"不裁剪曲线 2"，输入半径：8，按"Enter"键，先点选角度线，后点选圆弧 M_5（点在过渡圆弧端点附近）；再改变选项"不裁减曲线 1"，输入半径：26，按"Enter"键，分别点选整圆 $\phi25$ 和 $\phi34$（点在过渡圆弧端点附近），然后，修剪多余曲线后，得到结果如图 2-10 所示。

绘制矩形

（11）单击矩形" "按钮，在立即菜单中选择"中心-长-宽"，输入长度：16，宽度：24，按"Enter"键，在绘图区空白处点击鼠标左键，绘出矩形，如图 2-11 所示。

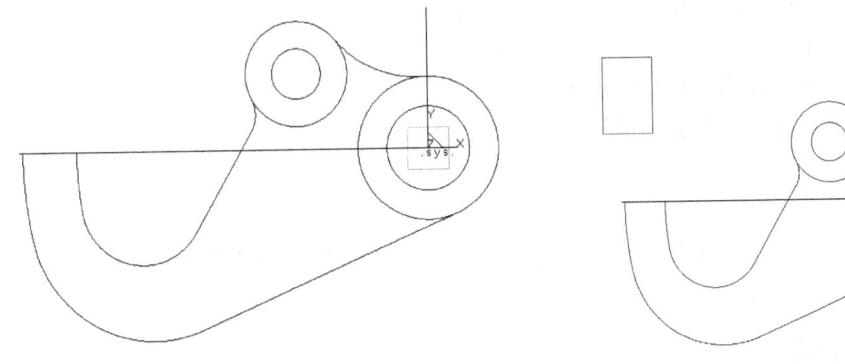

图 2-10　曲线过渡　　　　　　　　　图 2-11　绘制矩形

矩形平移

（12）点击平移" "按钮，在立即菜单中选择"两点"→"移动"→"非正交"，框选矩形对象（图形变红色），点击右键，先点选矩形左边框中心点为起点，再点选水平基准参考线的左端点为终点，完成平移，修剪多余曲线，得到结果如图 2-12 所示。提示：直线段的端点、中点、切点和交点可以自动捕捉。

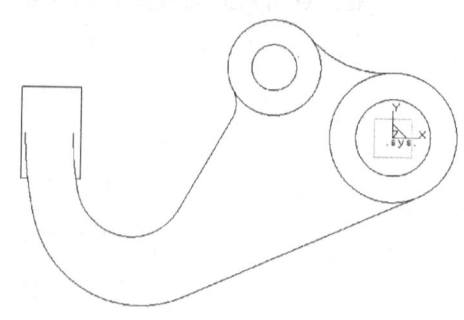

图 2-12　图形绘制结果

任务二　挡块的线架造型

◎ **任务背景**

　　线架造型是通过绘制出几何体的轮廓曲线来描述实体几何形状的造型方法，通过学习和训练实体的线架造型，可以进一步理解和掌握曲线生成工具、编辑和几何变换工具的应用技巧，同时，建立良好的空间概念。为下一步更好地掌握曲面、实体造型功能打下扎实的基础。

◎ **任务要求**

　　根据图 2-13 所给的尺寸，完成挡块的三维线架造型。

◎ **任务解析**

　　（1）将挡块零件底面定位在 XOY 平面上，底面中心设为原点。
　　（2）绘制出挡块各个轮廓矩形线框。
　　（3）连接出各个线框的棱线。

☆ **本案例的重点、难点**

　　（1）明确各个矩形轮廓线框的尺寸和位置。
　　（2）如何通过平移工具简化操作。

【操作步骤详解】

　　（1）打开 CAXA 制造工程师，按一下 F5 键，将挡块零件底面定位在 XOY 平面上，底面中心设为原点。

绘制轮廓矩形线框

　　（2）点击矩形"▭"按钮，在立即菜单中选择"中心-长-宽"，输入长度：120，宽度：100，按"Enter"键，在绘图区原点处点击鼠标左键，绘出底面矩形；同样方法画出其他轮廓截面在 XOY 面的投影（矩形线框），如图 2-14 所示。

通过平移得到各截面轮廓

　　（3）按 F8 键进入轴测图显示，单击平移"⚙"按钮，在立即菜单选择偏移量，拷贝

（即复制），DX = 0，DY = 0，DZ = 15→拾取最大矩形的四条线，右击完成，如图 2-15 所示。

（4）在立即菜单中选"移动"，输入 DZ = 20，其他不变。拾取次大矩形四条线后右击，得到图 2-16 所示的图形。

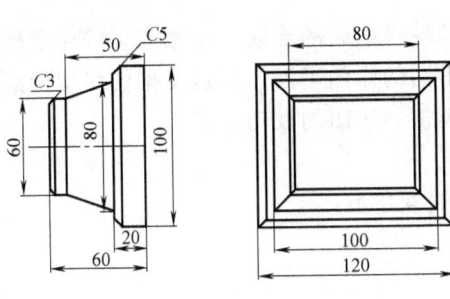

图 2-13 挡块零件图

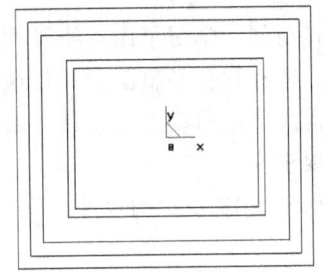

图 2-14 绘出 5 个轮廓矩形线框

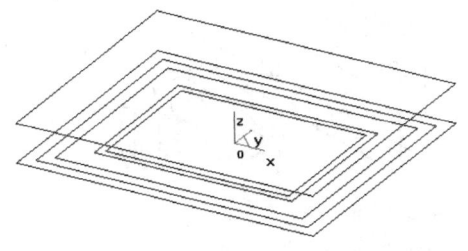

图 2-15 平移拾取矩形线框

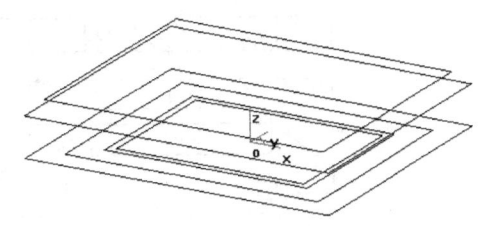

图 2-16 平移第二圈矩形线框

（5）根据图 2-13 中的尺寸数据，按上述方式将各个线框平移到对应的高度，如图 2-17 所示。

画出各个棱线

（6）单击直线" ✎ "，在立即菜单中选择"两点线"→"连续"→"非正交"，连接相应顶点，结果如图 2-18 所示。提示：操作中可以使用显示工具中"旋转"命令，转动图形，使各个顶点处于可拾取位置。

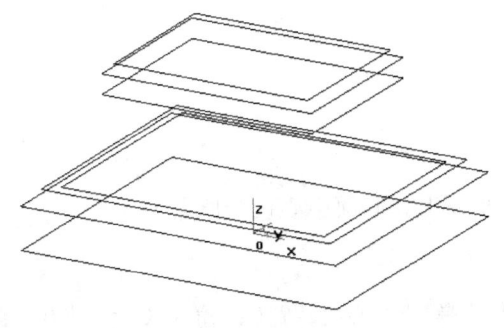

图 2-17 各个线框平移到对应高度

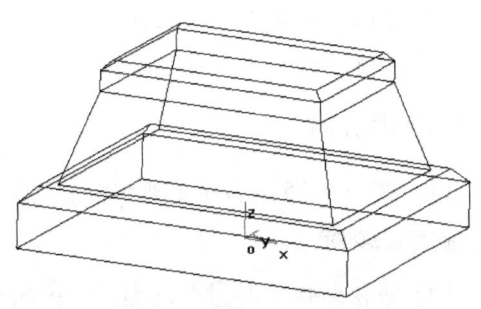

图 2-18 挡块线架造型结果

任务三 支架的线架造型

◎**任务背景**

通过前例,学习了由直线段构成的几何体的轮廓线架的绘制,本例支架的轮廓线架不仅有直线,还有圆弧和整圆,并且这些曲线处于不同的作图平面,通过支架的线架造型,可以进一步提高使用曲线生成工具、编辑和几何变换工具作图的技巧。

◎**任务要求**

根据图 2-19 所给的尺寸,完成支架的三维线架造型。

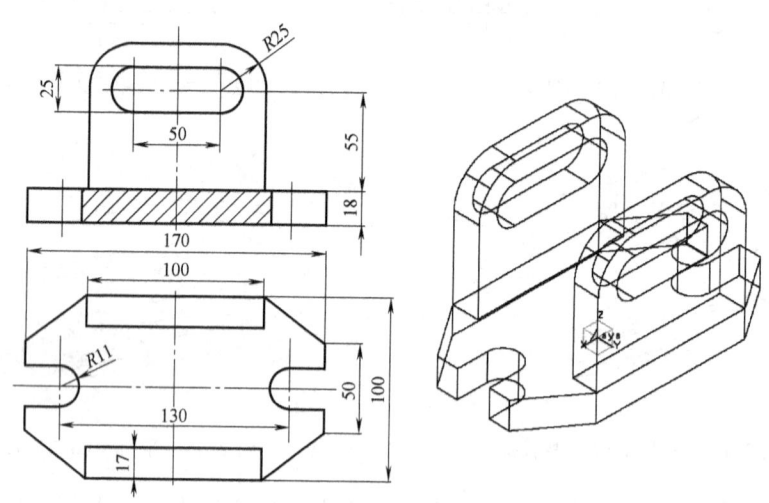

图 2-19 支架零件图

◎**任务解析**

(1)将支架看成是由一个底板和两个支撑板组成。
(2)定位底板在 XOY 平面上,底面中心设为原点。
(3)支撑板定位在 XOZ 平面上,可以采用平移拷贝的方式简化操作。
(4)连接出各个线框的棱线。

☆**本案例的重点、难点**

(1)圆弧和整圆的空间表达。
(2)如何分解问题,简化操作。

【**操作步骤详解**】

(1)按一下 F5 键,将支架底板定位在 XOY 平面上,底面中心设为原点。

绘制底板轮廓

(2)点击矩形"▭"按钮,在立即菜单中选择"中心-长-宽",输入长度:170,宽度:100,按"Enter"键,在原点处点击鼠标左键,绘出底面矩形;接着画出底板的轮廓图形,如图 2-20 所示。

底板轮廓的平移拷贝

（3）按F8键，立体显示，点击平移"⚙"按钮，在立即菜单中选择"偏移量"→"拷贝"，输入参数：DX = 0，DY = 0，DZ = 18，单击鼠标右键，框选底板轮廓图形，再单击鼠标右键，完成平移拷贝，如图2-21所示。

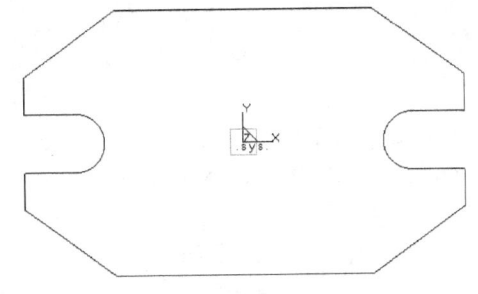
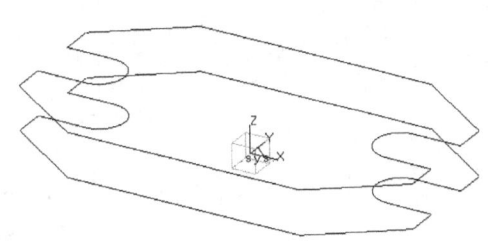

图2-20　底板轮廓图形　　　　　　　图2-21　底板轮廓图形平移拷贝

作出棱线

（4）单击直线"╱"，在立即菜单中选择"两点线"→"连续"→"非正交"，连接相应顶点，底板线架结果如图2-22所示。提示：为了使圆弧轮廓更有立体感，一般在特殊点位置，如：端点、终点、切点处，绘制出轮廓素线。

支撑板轮廓绘制

（5）按F7键，切换作图平面为XOZ，单击显示平移"✢"，按住鼠标左键，拖动底板图形至屏幕右下角。然后，在左上方空白处，画出支撑板的轮廓图形，如图2-23所示。

支撑板线架构建

（6）按F8键，立体显示，按F3键，显示全部；单击平移"⚙"按钮，在立即菜单中选择"偏移量"→"拷贝"，输入参数：

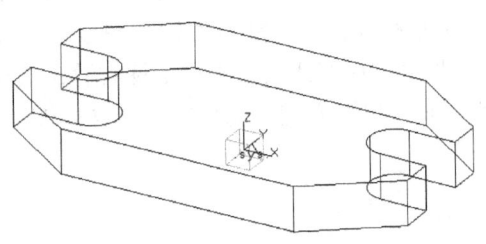

图2-22　底板线架

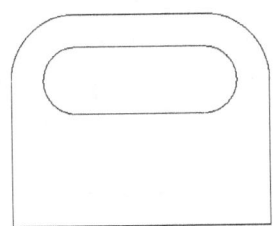

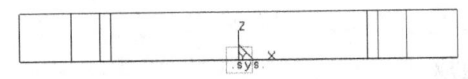

图2-23　支撑板轮廓图

DX = 0，DY = 17，DZ = 0，单击"Enter"键，框选支撑板轮廓图形，再单击鼠标右键；作出各棱线，完成支撑板线架构建，如图 2-24 所示。

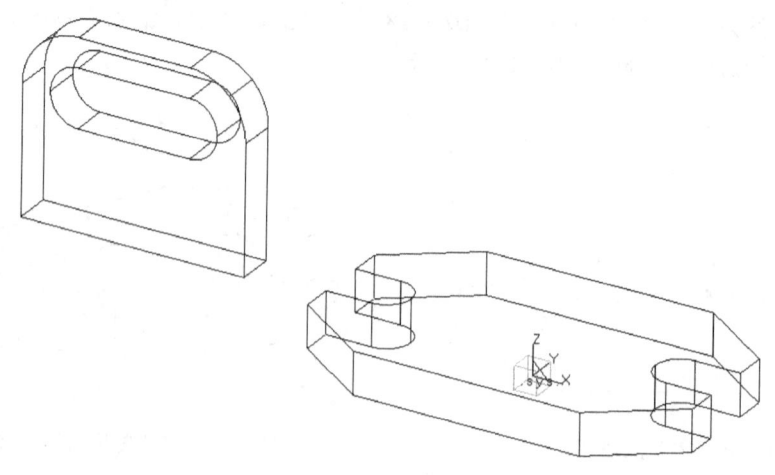

图 2-24 支撑板线架构建

支撑板平移拷贝

（7）单击平移"![]("按钮，在立即菜单中选择"两点"→"拷贝"→"非正交"，框选支撑板线架，单击鼠标右键，按图 2-25 所示，选择支撑板上"1"为基点，选择底板上"3"为目标点，单击鼠标右键，完成一个支撑板平移。改变立即菜单中"拷贝"→"移动"，框选支撑板线架，单击鼠标右键，选择支撑板上"2"为基点，选择底板上"4"为目标点，单击鼠标右键，完成第二个支撑板平移。得到支架线架造型结果如图 2-26 所示。

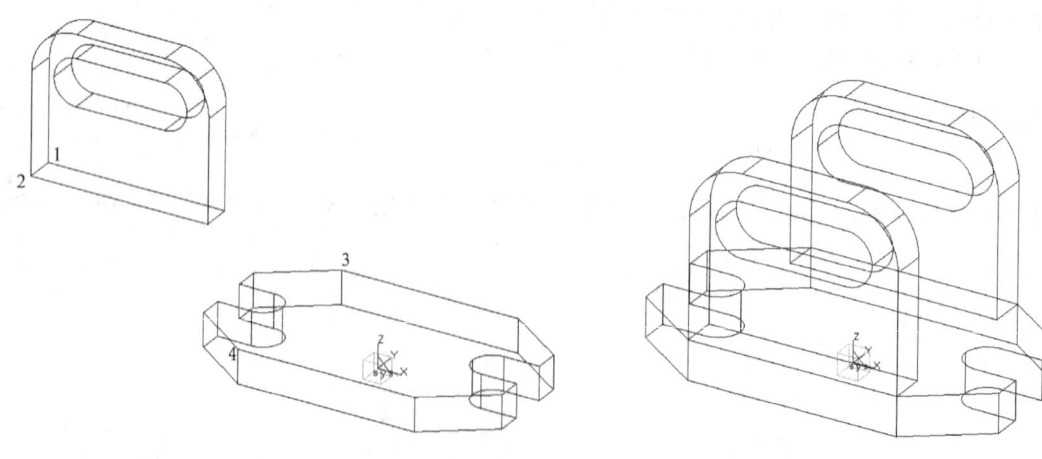

图 2-25 基点、目标点示意　　　　　图 2-26 支架线架造型

知识点拓展

一、曲线生成

CAXA 制造工程师为曲线绘制提供了十多项功能：直线、圆弧、整圆、矩形、椭圆、样

条、点、公式曲线、多边形、二次曲线、等距线、曲线投影、相关线、样条转圆弧和文字等。

1. 直线

直线功能提供了两点线、平行线、角度线、切线、法线、角等分线和水平/铅垂线六种方式。

【操作】

（1）单击"造型"，指向"曲线生成"，单击"直线"，或单击"╱"按钮，出现绘制直线的立即菜单，如图2-27所示。

（2）在立即菜单中选取不同的画线方式，并根据左下角状态栏提示完成操作。

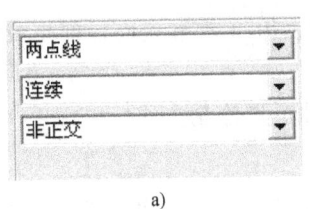
a)
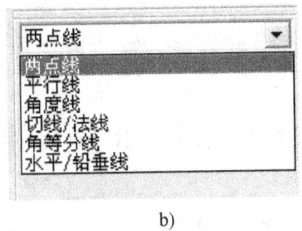
b)

图2-27 直线立即菜单

利用两点线命令可以画连续、单个、非正交、正交、点方式、长度方式的直线段，读者可自行练习。

2. 圆弧

为了适应多种情况下的圆弧绘制，圆弧功能提供了六种方式：三点圆弧、圆心-起点-圆心角、圆心-半径-起终角、两点-半径、起点-终点-圆心角和起点-半径-起终角。

【操作】

（1）单击"造型"，指向下拉菜单"曲线生成"，单击"圆弧"，或直接单击"⌒"按钮，出现绘制圆弧的立即菜单，如图2-28所示。

（2）在立即菜单中选取画圆弧方式，并根据状态栏提示完成操作。

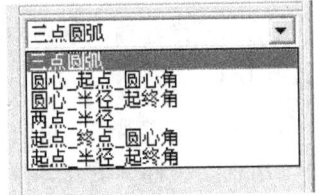

图2-28 绘制圆弧的立即菜单

【说明】

三点圆弧：给定三点画圆弧，其中第一点为圆弧起点，第二点决定圆弧的位置和方向，第三点为圆弧的终点。

圆心_起点_圆心角：已知圆心、起点及圆心角或终点画圆弧。

圆心_半径_起终角：由圆心、半径和起终角画圆弧。

两点_半径：给定两点及圆弧半径画圆弧。

起点_终点_圆心角：已知起点、终点和圆心角画圆弧。

起点_半径_起终角：由起点、半径和起终角画圆弧。

3. 整圆

为了适应多种情况下圆的绘制，圆的功能提供了圆心-半径、三点和两点-半径三种方式。

【操作】

（1）单击"造型"指向下拉菜单"曲线生成"，单击"圆"或直接单击"⊕"按钮，出现绘制圆的立即菜单，如图2-29所示。

（2）在立即菜单中选取画圆方式，并根据状态栏提示完成操作。

【说明】

圆心_半径：给出圆心点，输入圆上一点或圆的半径来生成圆。

三点：给定第一点、第二点、第三点，即可生成圆。

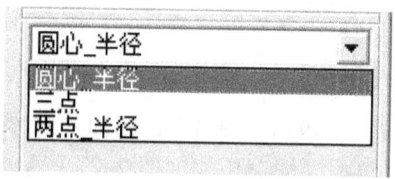

图2-29 绘制整圆的立即菜单

两点_半径：给定第一点、第二点，并给出半径值（或第三点）即生成圆。

4. 矩形

矩形功能提供了两点矩形和中心-长-宽等两种矩形绘制方式。

【操作】

（1）单击"造型"，指向下拉菜单"曲线生成"，单击"矩形"，或直接单击"▭"按钮，出现绘制矩形的立即菜单。

（2）在立即菜单中选取画矩形方式，并根据状态栏提示完成操作。

【说明】

两点矩形：给出矩形的对角线两个端点来画出矩形。

中心-长-宽：选取中心-长-宽方式画矩形时，要先在立即菜单中输入长度和宽度值，然后在屏幕上给出矩形中心，即生成矩形。

5. 椭圆

用鼠标或键盘输入椭圆中心，然后按给定参数画一个任意方向的椭圆或椭圆弧。

【操作】

（1）单击"造型"，指向下拉菜单"曲线生成"，单击"椭圆"，或者直接单击"⌀"按钮，出现绘制椭圆的立即菜单。

（2）输入长半轴、短半轴、旋转角、起始角和终止角等参数，输入中心，完成操作。

【注意】

① 旋转角是指椭圆的长轴与默认起始基准（X轴正方向，下同）间的夹角。

② 起始角是指画椭圆弧时起始位置与默认起始基准所夹的角度。

③ 终止角是指画椭圆弧时终止位置与默认起始基准所夹的角度。

6. 样条线

生成过给定顶点（样条插值点）的样条曲线。点的输入可由鼠标输入或由键盘输入。

【操作】

（1）单击"应用"，指向"曲线生成"，单击"样条线"，或者直接单击"∼"按钮，出现绘制样条线的立即菜单，如图2-30所示。

（2）选择样条线生成方式，按状态栏提示操作，生成样条线。

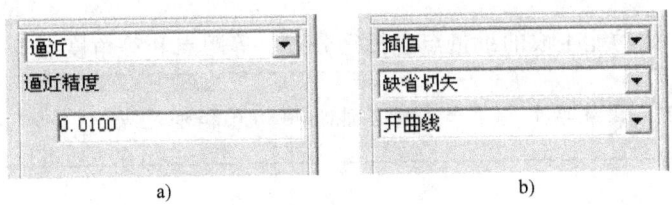

图 2-30 绘制样条线立即菜单

【说明】

逼近方式：顺序输入一系列点，系统根据给定的精度生成拟合这些点的光滑样条曲线。用逼近方式拟合一批点，生成的样条曲线品质比较好，适用于数据点比较多且排列不规则的情况。如图 2-31 所示为逼近方式绘制的样条线。

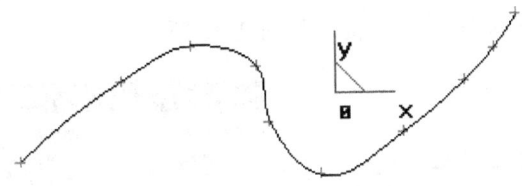

图 2-31 逼近方式绘制的样条线

插值方式：按顺序输入一系列点，系统将顺序通过这些点生成一条光滑的样条曲线。通过设置立即菜单，可以控制生成的样条的端点切矢，使其满足一定的相切条件，也可以生成一条封闭的样条曲线。如图 2-32 所示为开曲线样条，图 2-33 所示为闭曲线样条。

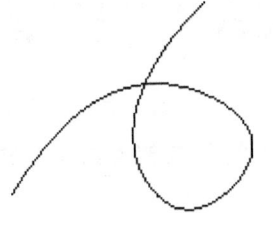 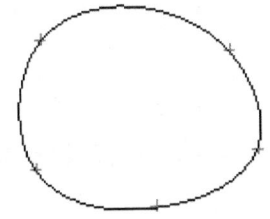

图 2-32 开曲线　　　　　　　　图 2-33 闭曲线

缺省切矢：按照系统默认的切矢绘制样条线。

给定切矢：按照需要给定的切矢方向绘制样条线。

7. 点

在屏幕指定位置处画一个孤立点，或在曲线上画等分点。

【操作】

(1) 单击"应用"，指向"曲线生成"，单击"点"，或者直接单击"▪"按钮，出现绘制点的立即菜单，如图 2-34 所示。

(2) 选取画点方式，根据提示，完成操作。

【说明】

生成单个点：此功能可生成包括工具点、曲线投影交点、曲面上投影点和曲线曲面交点。

生成批量点：此功能生成的批量点包括等分点、等距点和等角度点等。

【注意】在利用点工具菜单生成单个点时不能利用切点和垂足点。

8. 公式曲线

公式曲线是函数表达式的曲线图形，也就是根据数学公式（或参数表达式）绘制出相应的函数曲线，公式既可以是直角坐标形式给出的，也可以是极坐标形式给出的。公式曲线为用户提供一种更方便、更精确的作图手段，以适应某些精确型腔、轨迹线形的作图设计。用户只要交互输入数学公式，给定参数，计算机便会自动绘制出该公式所描述的曲线。

【操作】

（1）单击"造型"，指向下拉菜单"曲线生成"，单击"公式曲线"，或者直接单击"f(x)"按钮，弹出"公式曲线"对话框，如图2-35所示。

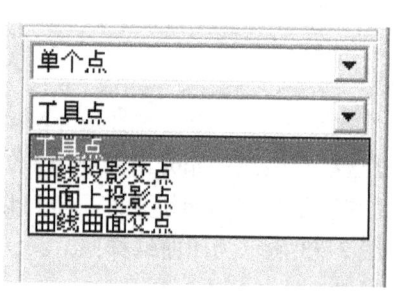

图2-34 单个点工具菜单

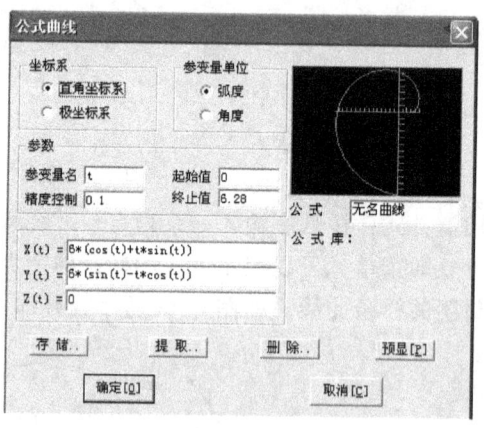

图2-35 "公式曲线"对话框

（2）选择坐标系，给出参数及参数方式，单击"确定"按钮，给出公式曲线定位点，完成操作。

【说明】

（1）公式曲线可用的数学函数：元素定义函数的使用格式与C语言中的用法相同，所有函数的参数须用括号括起来。公式曲线可用的数学函数有 sin、cos、tan、asin、acos、atan、sinh、cosh、sqrt、exp、log、log10，共12种函数。

三角函数 sin、cos、tan 的参数单位采用角度，如 sin(30)=0.5，cos(45)=0.707。

反三角函数 asin、acos、atan 的返回值单位为角度，如 acos(0.5)=60，atan(1)=45。

双曲函数 sinh、cosh。

x 的平方根用 sqrt（x）表示，如 sqrt(36)=6。

e 的 x 次方用 exp（x）表示。

Lnx（自然对数）用 log（x）表示。

以10为底的对数用 log10（x）表示。

幂用^表示，如 x^5 表示 x 的 5 次方。

求余运算用%表示，如18%4＝2，2为18除以4后的余数。

表达式中乘号用"＊"表示，除号用"/"表示；表达式中没有中括号和大括号，只能用小括号。

（2）如下表达式是合法的表达式

  x(t) = 6＊(cos(t) + t＊sin(t))
  y(t) = 6＊(sin(t) － t＊cos(t))
  z(t) = 0

9. 多边形

在给定点处绘制一个给定半径、给定边数的正多边形。其定位方式由菜单及操作提示给出。

【操作】

（1）单击"造型"，指向"曲线生成"，单击"多边形"，或者直接单击" 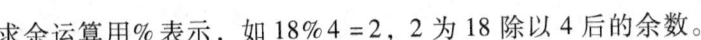 "按钮，出现绘制正多边形的立即菜单。

（2）在立即菜单中选择方式和边数，按状态栏提示操作即可。

【说明】

① 采用边方式绘制的多边形时，其定位点是多边形的边的起点和终点。

② 采用中心方式绘制内接多边形时，其定位点是多边形的中心点和边的起点。

③ 采用中心方式绘制外切多边形时，其定位点是多边形的中心点和边的中点。

10. 二次曲线

根据给定的方式绘制二次曲线。

【操作】

（1）单击"造型"，指向"曲线生成"，单击"二次曲线"，或者直接单击" "按钮，出现绘制二次曲线的立即菜单。

（2）按状态栏提示操作，生成二次曲线。

【说明】

定点方式：通过给定起点、终点和方向点，再给出肩点（曲线上另一任意点），生成二次曲线。

比例方式：给定比例因子、起点、终点和方向点，生成二次曲线。

注：比例因子是指二次曲线的高与方向点到起点、终点连线距离的比值。如图2-36所示，1、2、3是起点（A）、终点（B）、方向点（C）、比例因子分别为0.3、0.5、0.7的三条二次曲线。

11. 等距线

绘制给定曲线的等距线，用鼠标单击带方向的箭头可以确定等距线位置。

【操作】

（1）单击"造型"，指向"曲线生成"，单击"等距线"，或者直接单击" "按钮，出现绘制等距线的立即

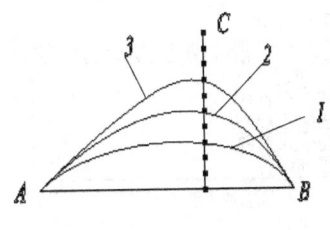

图2-36 二次曲线

菜单，如图 2-37 所示。

（2）选取画等距线方式，根据状态栏提示，完成操作。

【说明】

单根曲线方式：等距对象为一条曲线。

组合曲线方式：等距对象为多条连续的曲线，如图 2-38 所示。

12. 曲线投影

指定一条曲线沿某一方向向一个实体的基准平面作投影，得到曲线在该基准平面上的投影线。这个功能可以充分利用已有的曲线来作草图平面里的草图线，但不要把这一功能与曲线投影到曲面相混淆。投影的对象为空间曲线、实体的边和曲面的边，只有在草图状态下，才具有投影功能。

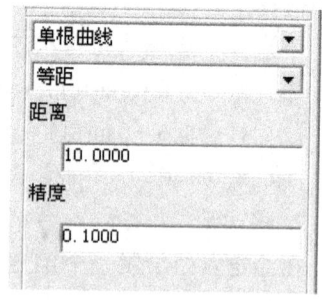

图 2-37 等距线立即菜单

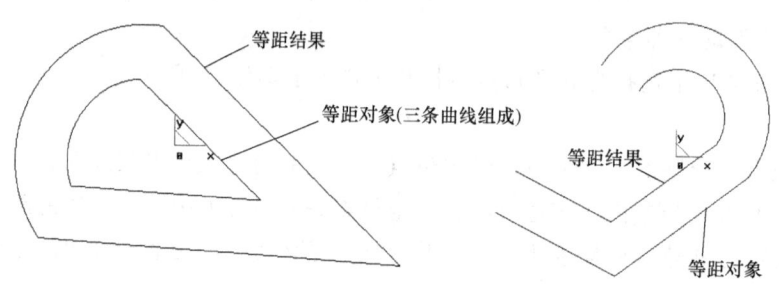

图 2-38 组合曲线方式等距

【操作】

此功能操作待讲解实体造型时再阐述。

13. 相关线

绘制曲面或实体的交线、边界线、参数线、法线、投影线和实体边界。

【操作】

（1）单击"造型"，指向"曲线生成"，单击"相关线"，或者直接单击" "将按钮，出现绘制相关线的立即菜单，如图 2-39 所示。

（2）选取画相关线方式，根据状态栏提示，完成操作。

利用相关线功能可以生成曲面交线（见图 2-40）、曲面边界线（见图 2-41）、曲面参数线（见图 2-42）、曲面法线和曲面投影线（见图 2-43）以及实体边界线（见图 2-44）。

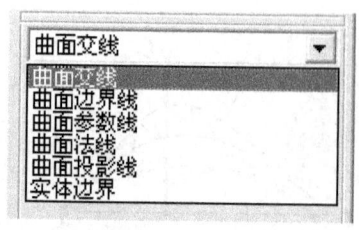

图 2-39 相关线的立即菜单

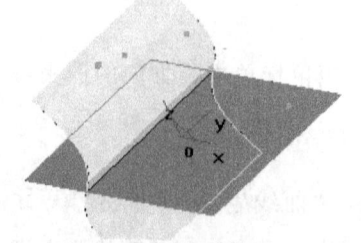

图 2-40 曲面交线

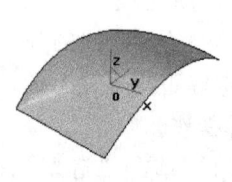

图 2-41 曲面边界线

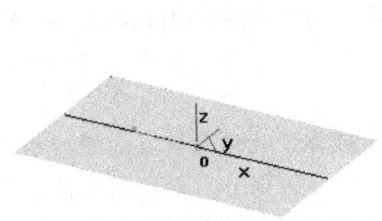 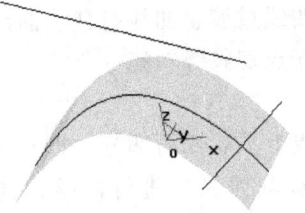 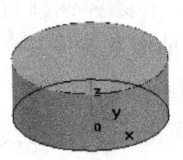

图 2-42 曲面参数线　　　图 2-43 曲面法线和曲面投影线　　　图 2-44 实体边界线

14. 样条转圆弧

用多段圆弧来表示（拟合）样条曲线，以便在加工时更光滑，生成的 G 代码更简单。

【操作】

（1）单击"造型"，指向"曲线生成"，选择"样条转圆弧"命令，或者直接单击"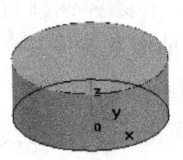"按钮，出现"样条转圆弧"的立即菜单，如图 2-45 所示。

（2）在立即菜单中选择离散方式以及离散参数。

（3）拾取需要离散为圆弧的样条曲线，状态栏显示出该样条离散的圆弧段数。

【说明】

步长离散：等步长将样条离散为点，然后将离散的点拟合为圆弧。

弓高离散：按照样条的弓高误差将样条离散为圆弧。

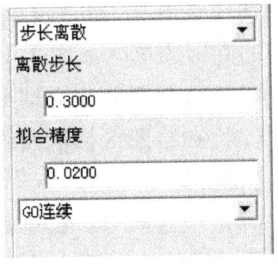

15. 文字

在制造工程师图形文件中输入文字。

图 2-45 样条转圆弧

【操作】

（1）单击"造型"菜单中的"文字"，或者直接单击"**A**"按钮。

（2）在绘图区指定文字输入点，弹出"文字输入"对话框，如图 2-46 所示。

（3）单击"设置"按钮，弹出"字体设置"对话框，如图 2-47 所示，根据需要修改设置，单击"确定"按钮，回到"文字输入"对话框中，输入文字后，单击"确定"按钮，文字生成。

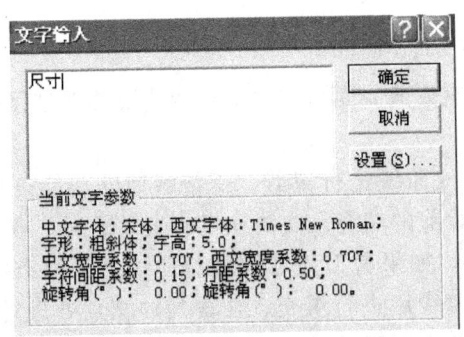 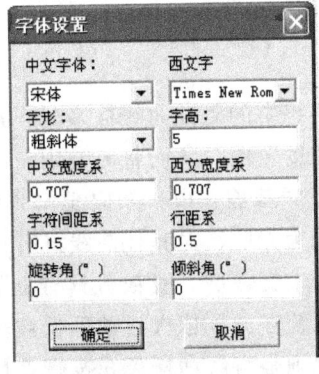

图 2-46 "文字输入"对话框　　　图 2-47 "字体设置"对话框

二、曲线编辑

曲线编辑包括曲线裁剪、曲线过渡、曲线打断、曲线组合、曲线拉伸、曲线优化、样条型值点、样条控制顶点和样条端点切矢等功能。

1. 曲线裁剪

使用曲线做剪刀，裁掉曲线上不需要的部分。即利用一个或多个几何元素（曲线或点，称为剪刀）对给定曲线（称为被裁剪线）进行修整，删除不需要的部分，得到新的曲线。曲线裁剪有快速裁剪、线裁剪、点裁剪、修剪四种方式。线裁剪和点裁剪都具有延伸特性，也就是说，如果剪刀线和被裁剪曲线之间没有实际交点，则系统在分别依次自动延长被裁剪线和剪刀线后进行求交，在得到的交点处进行裁剪。快速裁剪、修剪和线裁剪中的投影裁剪适用于空间曲线之间的裁剪。曲线在当前坐标平面上施行投影后，进行求交裁剪，从而实现不共面曲线的裁剪。

【操作】

（1）单击"造型"，指向"曲线编辑"，然后单击"曲线裁剪"，或直接单击"✂"按钮，出现曲线裁剪的立即菜单，如图2-48所示。

（2）根据需要在立即菜单中选择裁剪方式。

（3）在绘图区拾取曲线，单击鼠标右键确定。

【说明】

（1）快速裁剪：快速裁剪是指系统对曲线修剪具

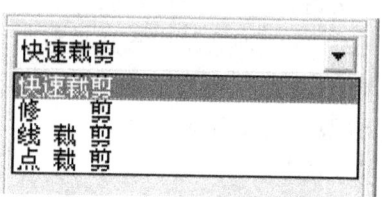

图2-48 曲线裁剪立即菜单

有指哪裁哪的快速反应功能。其中正常裁剪适用于裁剪同一平面上的曲线，投影裁剪适用于裁剪不共面的曲线。在操作过程中，拾取同一曲线的不同位置将产生不同的裁剪结果。如图2-49a所示，利用曲线2裁剪曲线1，拾取曲线1的不同位置时得到不同结果（见图2-49b）。

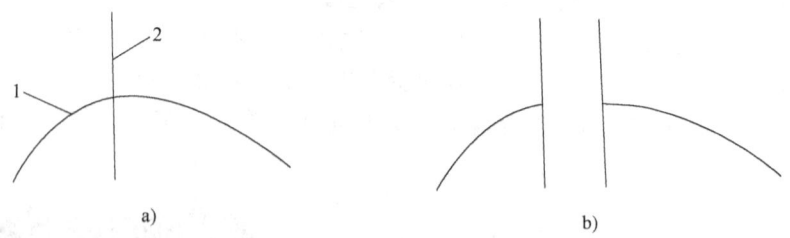

图2-49 快速裁剪的不同结果

当系统中的复杂曲线极多时，建议不用快速裁剪。因为在大量复杂曲线处理过程中，系统计算速度较慢，从而将影响用户的工作效率。

（2）线裁剪：以一条曲线作为剪刀，对其他曲线进行裁剪。正常裁剪的功能是以选取的剪刀线为参照，对其他曲线进行裁剪。投影裁剪的功能是曲线在当前坐标平面上施行投影后，进行求交裁剪。线裁剪具有曲线延伸功能。如果剪刀线和被裁剪曲线之间没有实际交点，则系统在分别依次自动延长被裁剪线和剪刀线后进行求交，在得到的交点处进行裁剪。延伸的规则是直线和样条线按端点切线方向延伸，圆弧按整圆处理。由于采用延伸的做法，可以利用该功能实现对曲线的延伸。

在拾取了剪刀线之后，可拾取多条被裁剪曲线。系统约定拾取的段是裁剪后保留的段，因而可实现多根曲线在剪刀线处齐边的效果。图 2-50a 为以曲线 1 为剪刀线，裁剪曲线 2、3、4 的结果如图 2-50b 所示，其中曲线 2 利用了延伸功能。

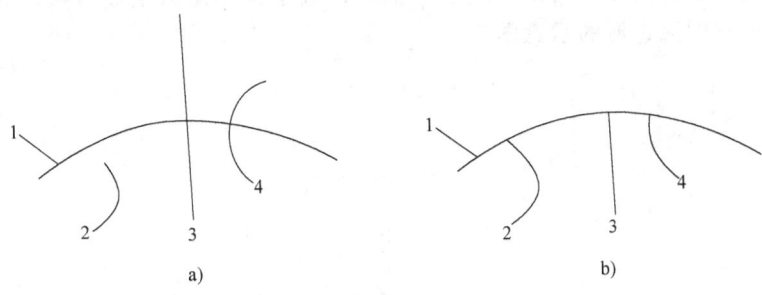

图 2-50　线裁剪

在剪刀线与被裁剪线有两个以上的交点时，系统约定取离剪刀线上拾取点较近的交点进行裁剪。

（3）点裁剪：利用点（通常是屏幕点）作为剪刀，对曲线进行裁剪。点裁剪具有曲线延伸功能，用户可以利用本功能实现曲线的延伸。在拾取了被裁剪曲线之后，利用点工具菜单输入一个剪刀点，系统对曲线在离剪刀点最近处施行裁剪。

（4）修剪：需要拾取一条曲线或多条曲线作为剪刀线，对一系列被裁剪曲线进行裁剪。修剪与"线裁剪"和"点裁剪"不同，本功能中系统将裁剪掉所拾取的曲线段，而保留在剪刀线另一侧的曲线段，且不采用延伸的做法，只在有实际交点处进行裁剪。在本功能中，剪刀线同时也可作为被裁剪线。图 2-51a 是以圆 1 及直线 2 为剪刀线对直线 3 修剪，其结果如图 2-51b 所示。

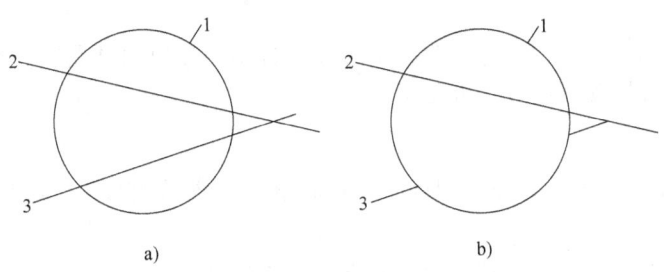

图 2-51　修剪的结果

2．曲线过渡

曲线过渡是对指定的两条曲线进行圆弧过渡、尖角过渡或对两条直线倒角。曲线过渡包括圆弧过渡、尖角过渡和倒角过渡三种方式，对过渡中需裁剪的情形，拾取的段均是需保留的段。

【操作】

（1）单击"造型"，指向"曲线编辑"，单击"曲线过渡"，或直接单击" "按钮，会出现曲线过渡的立即菜单。

（2）根据需要在立即菜单中选择过渡方式并输入必要参数。

（3）按状态行提示在绘图区拾取曲线，单击鼠标右键确定。

【说明】

(1) 圆弧过渡：用于在两根曲线之间进行给定半径的圆弧光滑过渡。圆弧在两曲线的哪个侧边生成取决于两根曲线上的拾取位置。可利用立即菜单控制是否对两条曲线进行裁剪，此处裁剪是用生成的圆弧对原曲线进行裁剪，且系统约定只生成劣弧。如图2-52所示为将矩形四角进行圆弧过渡的示意图。

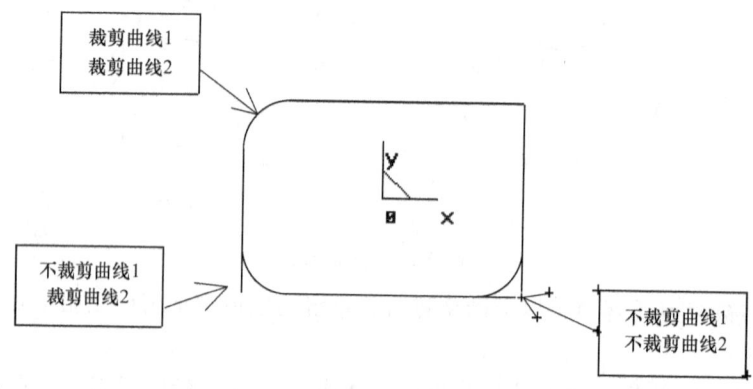

图2-52 圆弧过渡

(2) 尖角过渡：用于在给定的两根曲线之间进行过渡，过渡后在两曲线的交点处呈尖角。尖角过渡后，一根曲线被另一根曲线裁剪。注意曲线的拾取位置不同，导致不同的过渡结果。

(3) 倒角过渡：倒角过渡用于在给定的两直线之间进行过渡，过渡后在两直线之间有一条按给定角度和长度的直线。在立即菜单可输入角度值和距离值，以控制过渡直线与原直线的角度及过渡直线的长度。对原直线的裁剪与圆弧过渡相同。

3. 曲线打断

曲线打断用于把拾取到的一条曲线在指定点处打断，形成两条曲线。在拾取曲线的打断点时，可使用点工具捕捉特征点，方便操作。

【操作】

(1) 单击"造型"，指向"曲线编辑"，然后单击"曲线打断"，或者直接单击" "按钮。

(2) 拾取被打断的曲线，拾取打断点，曲线打断完成。

4. 曲线组合

曲线组合用于把拾取到的多条相连曲线组合成一条样条曲线。曲线组合有保留原曲线和删除原曲线两种方式。把多条曲线组合成一条曲线可以得到两种结果：如果首尾相连的曲线是光滑的，则把多条曲线用一个样条曲线表示；如果首尾相连的曲线有尖点，系统会自动生成一条光滑的样条曲线。

【操作】

(1) 单击"造型"，指向"曲线编辑"，然后单击"曲线组合"或者直接单击 按钮，出现曲线组合的立即菜单。

(2) 按空格键，弹出拾取快捷菜单，选择拾取方式。

（3）按状态栏中提示拾取曲线并确定链搜索方向，单击鼠标右键确认，曲线组合完成。

5. 曲线拉伸

曲线拉伸用于将指定曲线拉伸到指定点。拉伸有伸缩和非伸缩两种方式。伸缩方式就是沿曲线的方向进行拉伸，而非伸缩方式是以曲线的一个端点为定点，不受曲线原方向的限制进行自由拉伸。

【操作】

（1）单击"造型"，指向"曲线编辑"，然后单击"曲线拉伸"，或者直接单击" 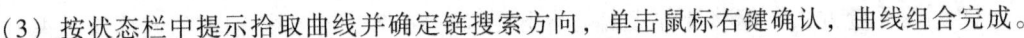 "按钮。

（2）按状态栏中提示进行操作。

6. 曲线优化

对控制顶点太密的样条曲线在给定的精度范围内进行优化处理，减少其控制顶点。单击"造型"，指向"曲线编辑"，单击"曲线优化"，或者直接单击" "按钮，给定优化精度。

7. 样条编辑

样条编辑包括对样条的型值点、控制顶点及端点切矢进行编辑，适合于高级用户对样条曲线的修改。编辑型值点、编辑控制顶点及编辑端点切矢均是对已经生成的样条进行修改。

【操作】

（1）单击"造型"，指向"曲线编辑"，然后单击"样条型值点"、"样条控制顶点"、"样条端点切矢"，或者直接单击" "、" "、" "按钮。

（2）按状态栏中提示进行操作。

【说明】

样条编辑时先拾取样条曲线，再拾取样条线上某一插值点（或控制顶点、端点），单击新位置或直接输入坐标点即可。

三、几何变换

几何变换是指对线、面进行变换，对造型实体无效，而且几何变换前后线、面的颜色、图层等属性不发生变换。几何变换对于编辑图形和曲面有着极为重要的作用，可以极大地方便用户。几何变换共有七种功能：平移、平面旋转、旋转、平面镜像、镜像、阵列和缩放。

1. 平移

对拾取到的曲线或曲面进行平移或拷贝。

【操作】

（1）单击"造型"，指向下拉菜单"几何变换"，单击"平移"，或者直接单击" "按钮，出现曲线平移的立即菜单。

（2）按状态栏提示操作。

【说明】

（1）两点方式：两点方式就是给定平移元素的基点和目标点来实现曲线或曲面的平移或拷贝。操作时先在立即菜单中选取两点方式、拷贝或平移、正交或非正交，然后在绘图区拾取曲线或曲面，单击鼠标右键确认，输入基点，并以光标拖动图形，输入目标点，平移完成。

（2）偏移量方式：偏移量方式就是给出在 X、Y、Z 三个坐标轴上的偏移量，来实现曲线或曲面的平移或拷贝。此方式要在立即菜单中选取偏移量方式，并输入 X、Y、Z 三个坐标轴上的偏移量值。"拾取元素"与两点方式相同，但不必输入基点、目标点等。

2. 平面旋转

对拾取到的曲线或曲面进行同一平面上的旋转或旋转拷贝。

【操作】

（1）单击"造型"，指向下拉菜单"几何变换"，单击"平面旋转"，或者直接单击" "按钮，出现平面旋转的立即菜单。

（2）在立即菜单中选取"移动"或"拷贝"，输入角度值，指定旋转中心，单击鼠标右键确认，平面旋转完成。如选择"拷贝"，还需输入拷贝份数。

平面旋转有拷贝和平移两种方式。拷贝方式除了可以指定旋转角度外，还可以指定拷贝份数。图 2-53 为平面图形及其旋转结果。

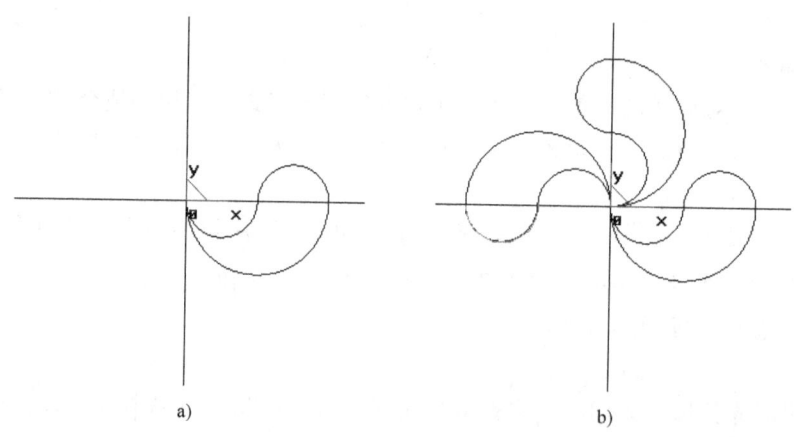

图 2-53 平面图形及其旋转
a) 平面图形 b) 平面旋转拷贝

3. 旋转

对拾取到的曲线或曲面进行空间的旋转或旋转拷贝。

【操作】

（1）单击"造型"，指向下拉菜单"几何变换"，单击"旋转"或直接单击" "按钮。

（2）在立即菜单中选取"移动"或"拷贝"，输入角度值，如选择"拷贝"，还需输入拷贝份数。

（3）给出旋转轴起点、旋转轴末点，拾取旋转元素，单击鼠标右键确认，旋转完成。图 2-54 为空间曲面及其旋转拷贝 50°后的结果。

4. 平面镜像

对拾取到的曲线或曲面以某一条直线为对称

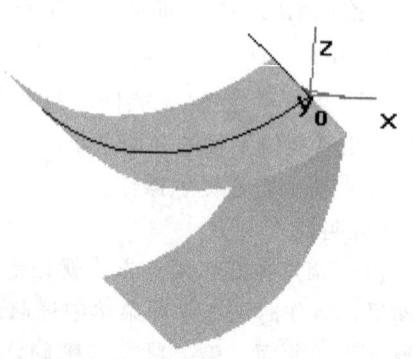

图 2-54 空间曲面及其旋转拷贝

轴，进行同一平面上的对称镜像或对称拷贝。平面镜像有拷贝和平移两种方式。

【操作】

（1）单击"造型"，指向下拉菜单"几何变换"，单击"平面镜像"，或者直接单击"⟁"按钮。

（2）在立即菜单中选取"移动"或"拷贝"。

（3）拾取镜像轴首点、镜像轴末点，拾取镜像元素，单击鼠标右键确认，平面镜像完成，图 2-55 为平面镜像示意图。

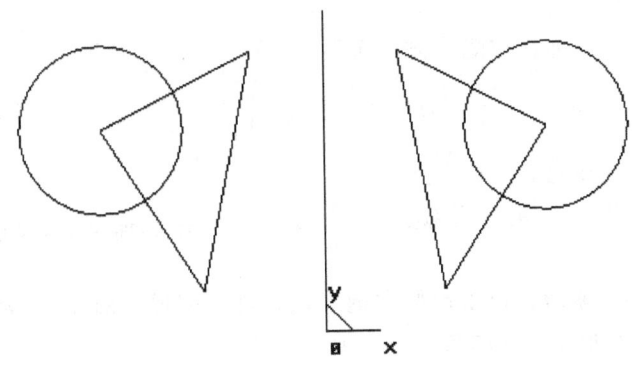

图 2-55　平面镜像示意图

5. 镜像

镜像与平面镜像类似，但对曲线或曲面进行空间上的对称镜像或对称拷贝。

【操作】

（1）单击"造型"，指向下拉菜单"几何变换"，单击"镜像"，或者直接单击"⟁"按钮。

（2）在立即菜单中选取"移动"或"拷贝"。

（3）拾取镜像元素，单击鼠标右键确认，镜像完成。与镜像不同的是需拾取镜像平面（可拾取平面上的三点来确定一个平面）。

图 2-56 所示为以 YOZ 平面为镜像平面对空间曲面进行对称拷贝后的结果。

6. 阵列

对拾取到的曲线或曲面，按圆形或矩形方式进行阵列拷贝。

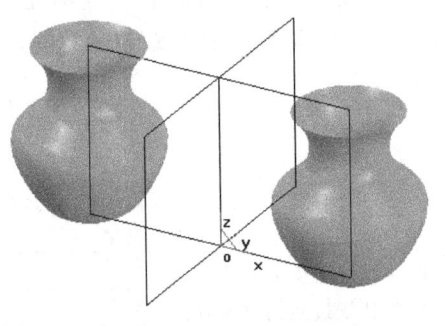

图 2-56　空间曲面镜像结果

【操作】

（1）单击"造型"，指向下拉菜单"几何变换"，单击"阵列"，或者直接单击"▦"按钮。

（2）在立即菜单中选择方式，并根据需要输入参数值。

（3）拾取阵列元素，单击鼠标右键确认，阵列完成。

【说明】

(1) 圆形阵列：对拾取到的曲线或曲面，按圆形方式进行阵列拷贝。

【操作】

① 单击"阵列"，在立即菜单中选取"圆形"、"夹角"或"均布"。若选择"夹角"，给出邻角（阵列拷贝后相邻两元素的夹角）和填角度值；若选择"均布"，给出份数。

② 拾取需阵列的元素后，单击鼠标右键确认，并输入阵列中心点，阵列完成。

(2) 矩形阵列

对拾取到的曲线或曲面，按矩形方式进行阵列拷贝。

【操作】

① 单击"阵列"，在立即菜单中选取"矩形"，输入行数、行距、列数、列距4个值。

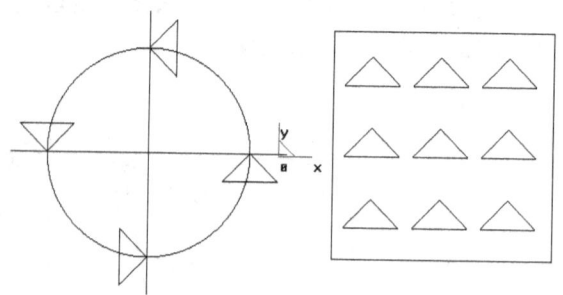

图 2-57 圆形阵列和矩形阵列

② 拾取需阵列的元素后，单击鼠标右键确认，阵列完成。图 2-57 为对 XOY 平面中心的小三角形进行圆形和矩形阵列的结果。

7. 缩放

对拾取到的曲线或曲面进行按比例放大或缩小。缩放有拷贝和移动两种方式。

【操作】

(1) 单击"造型"，指向下拉菜单"几何变换"，单击"缩放"，或者直接单击" "按钮。

(2) 在立即菜单中选取"拷贝"或"移动"，输入 X、Y、Z 三轴的比例。若选择拷贝，需输入份数。

(3) 输入基点，拾取需缩放的元素，单击鼠标右键确认，缩放完成。图 2-58 为拷贝缩放示意图。

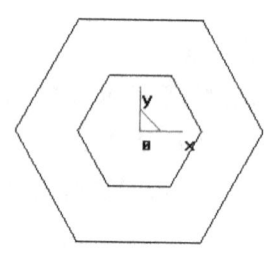

图 2-58 拷贝缩放

思考与练习题

2-1 填空题

(1) 在进行命令操作，需要输入特征点时，只要按下_____键，屏幕上即弹出点工具菜单。

(2) 曲线工具中矩形功能提供了_____、_____两种绘图方式。

(3) 曲线裁剪的方法有：_____、_____、_____和_____四种。

(4) 曲线过渡的方式有：_____、_____和_____三种。

(5) 按_____键可以将当前绘图面设置为 XOY 面。

(6) 按_____键可以将当前绘图面设置为 YOZ 面。

(7) 按_____键可以将当前绘图面设置为 XOZ 面。

(8) 按_____键可以在 XY、YZ、XZ 之间切换将当前绘图平面。

(9) 按_____键显示轴测图。

(10) CAXA 制造工程师提供了六种直线的绘制方法：是_____、_____、_____、_____、

_____和_____。

（11）曲线过渡是对指定的两条曲线进行的_____、_____和_____。

（12）对拾取到的曲线或曲面生成多个规律排列的元素的工具是：_____和_____。

2-2 根据图 2-59~题图 2-63 所给出的尺寸，绘制平面曲线图形。

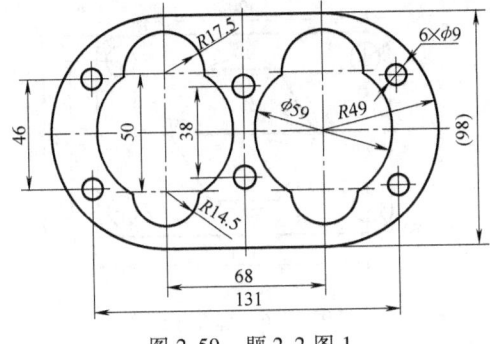

图 2-59　题 2-2 图 1

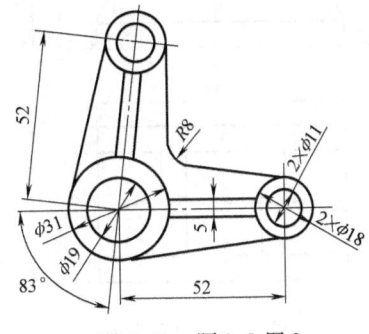

图 2-60　题 2-2 图 2

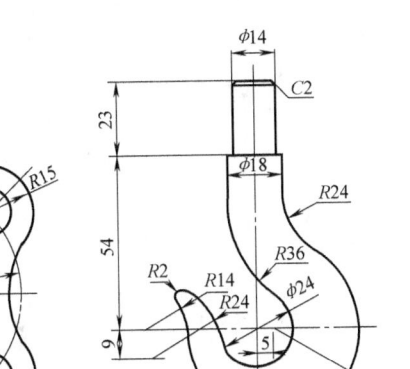

图 2-61　题 2-2 图 3　　　　图 2-62　题 2-2 图 4　　　　图 2-63　题 2-2 图 5

2-3. 根据下列题图 2-64~题图 2-66 所给的尺寸，完成线框造型。

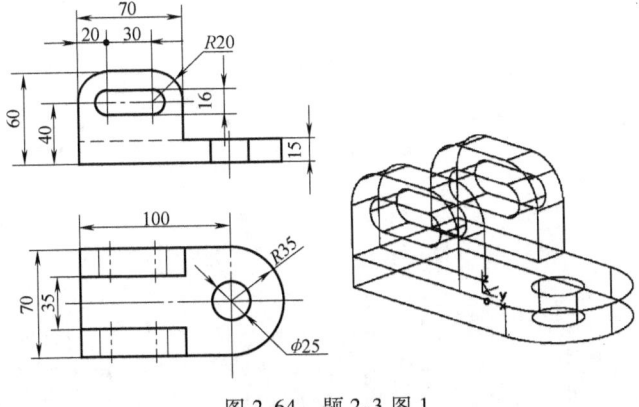

图 2-64　题 2-3 图 1

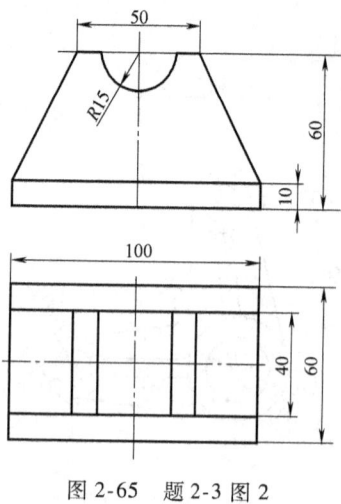
图 2-65　题 2-3 图 2

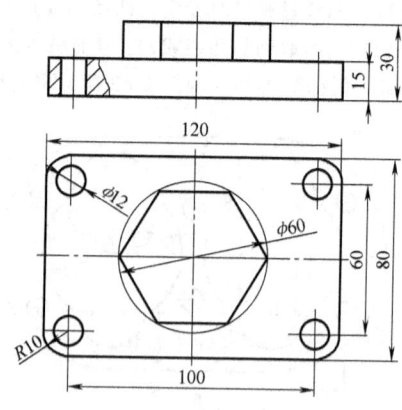
图 2-66　题 2-3 图 3

模块三 曲面造型

● **知识能力目标**
1. 掌握曲面生成的基本功能及应用,能根据已知条件选择正确的作图方式。
2. 掌握曲面编辑工具的应用,能根据作图需要恰当地选择工具。
3. 学会分析实际曲面的形成特点,选择正确而简练的曲面构建方法。
4. 熟悉各种立即菜单、快捷菜单、快捷键和鼠标左右键的应用。
5. 提高曲面造型设计的技巧和能力。

任务一 五角星的曲面造型

◎ **任务背景**

CAXA 制造工程师 2013 软件提供了丰富的曲线绘制工具,并且提供了各种曲面编辑工具,掌握这些工具的应用,是学习三维实体造型的重要基础。本例通过五角星曲面造型,学习平面和圆柱面的作图方法和步骤。

◎ **任务要求**

根据图 3-1 所给的尺寸,完成五角星曲面造型设计。

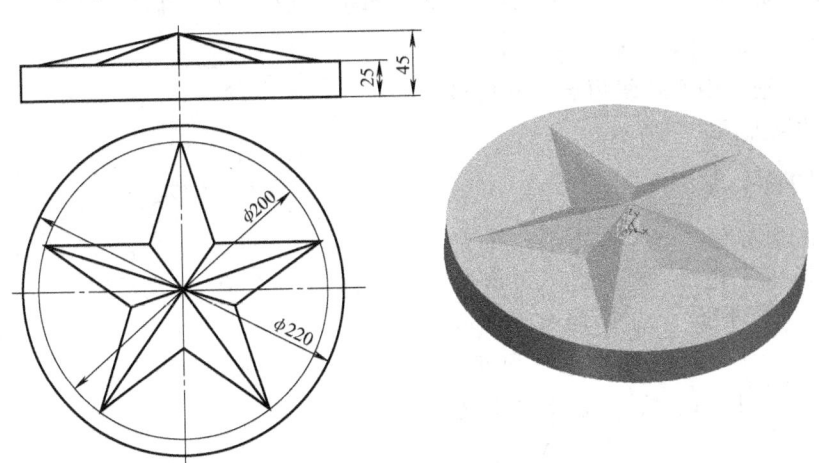

图 3-1 五角星

◎ **任务解析**

(1) 选择作图平面为 XOY,坐标原点为平台上表面 φ220 圆心处。
(2) 用等分点得到 φ200 圆周曲线上五角星的五个定点,并绘制出五角星轮廓线。
(3) 使用正交、定长直线段绘出五角星中心柱线,用非正交两点线构建五角星线架。
(4) 使用边界面(三边面)作出五角星曲面。
(5) 使用扫描面和直纹面作出平台圆柱面和圆形平面。

☆ **本案例的重点、难点**
（1）如何做圆周曲线等分点。
（2）如何绘制边界面、直纹面和圆柱面。

【操作步骤详解】

（1）按 F5 键，选择 XOY 为当前绘图平面，坐标原点为平台上表面 φ220 圆心处。

作五角星轮廓线

（2）点击整圆 "⊕" 按钮，在立即菜单中选择 "圆心+半径"，按左下角提示，点选坐标原点为圆心，输入半径：100，按 "Enter" 键，绘出 φ200 整圆。单击点 "·" 按钮，在立即菜单中选择 "批量点" → "等分点"，输入段数：5，点击鼠标右键，点选 φ200 整圆曲线，得到 5 个等分点，点右键确认。连直线成五角星，并裁剪多余线段，结果如图 3-2 所示。

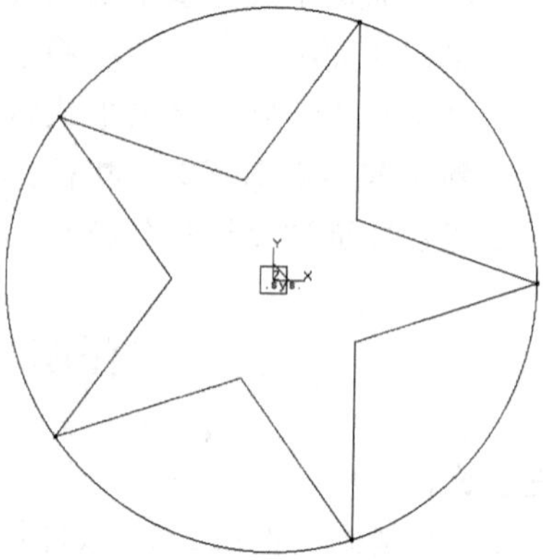

作五角星线架

（3）按 F8 键，轴测图显示，点击直线 "/" 按钮，在立即菜单中选择 "两点线" → "连续" → "正交" → "长度方式"，输入长度：20，选坐标原点为第一点，作出中心柱线。

图 3-2 作五角星轮廓线

注意：按 F9 键切换作图平面，选择 XZ 或 YZ，单击右键结束。再单击直线 "/" 按钮，在立即菜单中选择 "两点线" → "连续" → "非正交"，连接中心柱线顶点与五角星各个顶点，结果如图 3-3 所示。

作五角星曲面

（4）点击边界面 "◇" 按钮，在立即菜单中选择 "三边面"，点选三角形各边，得到三角形平面，为了简化作图，得到五角形的一个角后，如图 3-4 所示。点击阵列 "品" 按钮，在立即菜单中选择 "圆形" → "均布" → "份数=5"，点选两个三角形平面，单击右键结束拾取元素，点坐标原点为中心点，

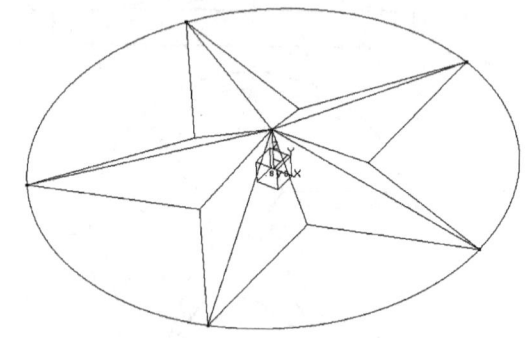

图 3-3 五角星线架

注意：按 F9 键切换 XY 为作图平面，得到五角星曲面，如图 3-5 所示。

作圆柱平台曲面

（5）以坐标原点为圆心，在 XY 平面绘制 φ220 整圆，单击扫描面 "⊞" 按钮，在立即菜单中输入扫描距离：25，单击右键；根据左下角提示 "输入扫描方向"，按空格键，在快捷菜单中选择 "Z 轴负方向"，如图 3-6 所示。拾取 φ220 整圆曲线，得到圆柱面，如图 3-7 所示。

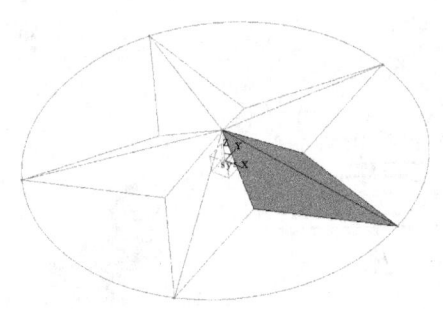

图 3-4 作三角形平面

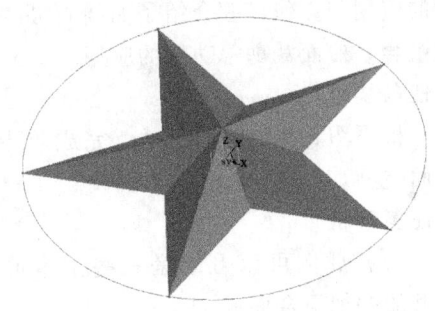

图 3-5 五角星曲面

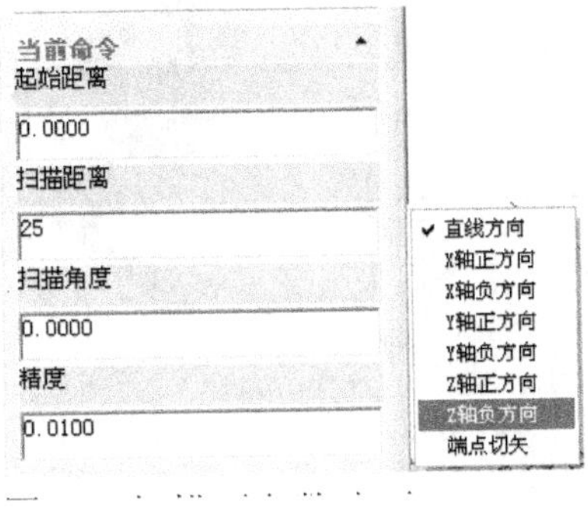

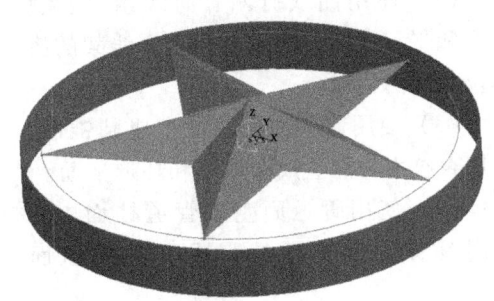

图 3-6 扫描面参数选项

图 3-7 φ220 圆柱面

（6）点击直纹面"⬚"按钮，在立即菜单中选择"点＋曲线"，先点选坐标原点，在选择 φ220 整圆曲线，得到平台上表面，五角星曲面造型完成，如图 3-8 所示。

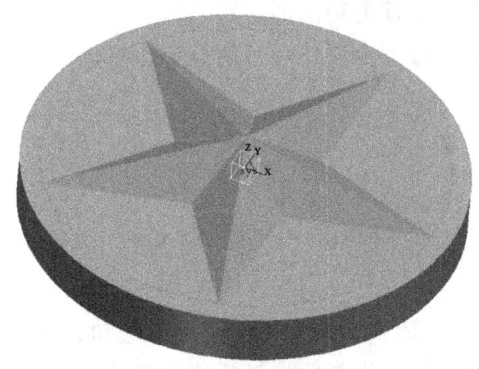

图 3-8 五角星曲面造型

任务二　灰斗的曲面造型

◎任务背景

　　根据曲面的具体形状、位置不同，各种基本曲面工具的应用操作是不同的，在前例中初步尝试了平面与圆柱面的应用基础上，本例通过灰斗的曲面造型进一步拓展基本曲面造型功能的应用与操作,并介绍了曲线打断、曲线组合、曲面裁剪等功能的应用。

◎ **任务要求**

根据图 3-9 所给的尺寸,完成灰斗的曲面造型。

◎ **任务解析**

(1) 此例可以看成是一些基本曲面造型的叠加组合而成。

(2) 选择作图平面为 XOY,坐标原点为天圆地方下面 85×85 中心处。

(2) 使用曲线打断、曲线组合、直纹面和平移功能,完成天圆地方线架的搭建及曲面的生成。

(3) 使用旋转曲面功能生成圆锥面,使用直纹面功能生成圆柱面和环形平面。

(4) 使用管道面生成管道柱面,并使用延伸和裁剪工具完成弯管的曲面造型。

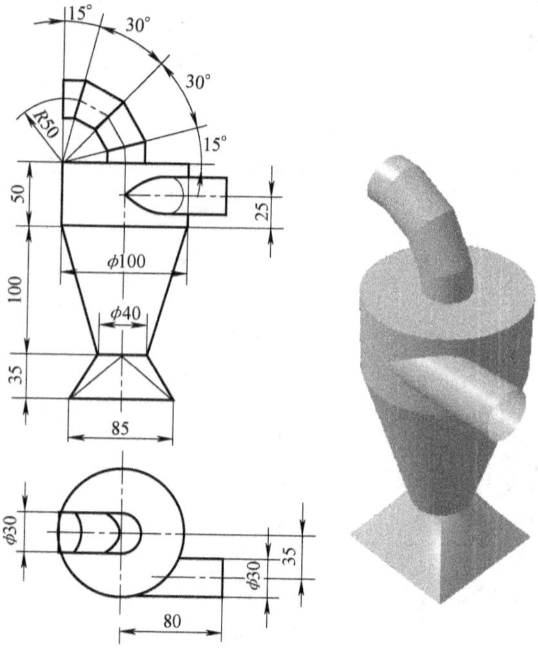

图 3-9 灰斗

☆ **本案例的重点、难点**

(1) 进一步掌握平面、圆柱面、圆锥面等基本曲面工具的应用。

(2) 掌握曲线的打断、组合功能及其应用。

(3) 掌握曲面的线裁剪、面裁剪功能的应用。

(4) 学会分析实例特征,进行合理、巧妙的分解和简化。

【操作步骤详解】

天圆地方的造型

(1) 选择 XOY 为作图平面,绘制出中心线、85×85 正方形线框以及 φ40 的圆形,如图 3-10 所示。

(2) 将 φ40 的圆四等分:选择曲线打断" "按钮,根据左下角提示,拾取圆弧曲线,以中心线与圆的交点为打断点,依次操作,直至将圆弧四等分。

(3) 按 F8 键切换至立体图状态,选择平移" "按钮,在立即菜单中选择"偏移量"→"移动",输入值:DX=0、DY=0、DZ=35,分别拾取四段圆弧,如图 3-11、图 3-12 所示。

(4) 选择"直纹面"→在立即菜单中选择"点+曲线",以圆弧的断点为点,以对应的四边形的边为曲线,作

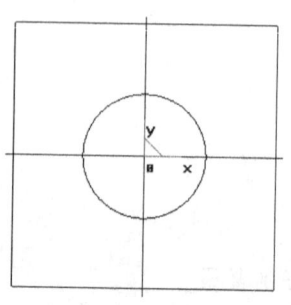

图 3-10 作线框

模块三 曲面造型 49

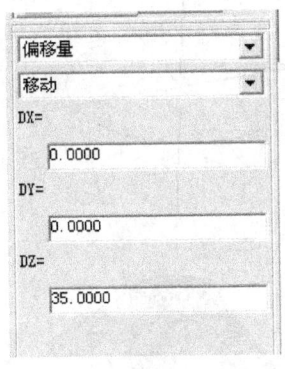

图 3-11 平移线框对话框

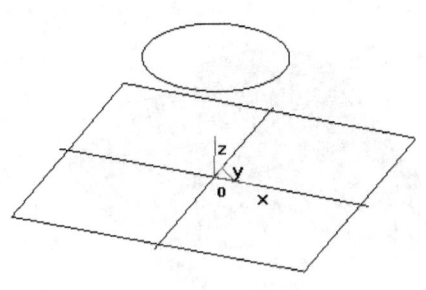

图 3-12 平移后结果

出四个三角形面，如图 3-13 所示。再以四边形的四个端点为点，四段圆弧为曲线，完成锥面，如图 3-14 所示。

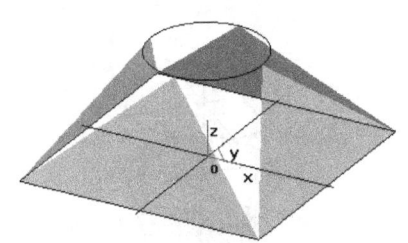

图 3-13 四个三角形

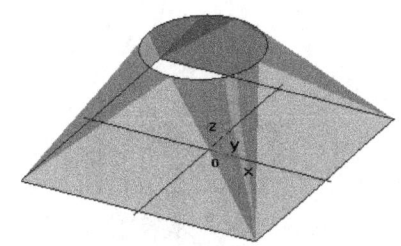

图 3-14 四个锥面

圆锥面的造型

（5）中心线上移 35：单击平移"🔧"按钮，在立即菜单中选择"偏移量"、"移动"、"DZ=35"，按左下角提示拾取中心线，按右键结束。

（6）组合四段圆弧为整圆：单击曲线组合"➡"按钮，按空格键，弹出快捷菜单，选择"单个拾取"，如图 3-15 所示，依次拾取各段圆弧后，按右键结束。

作出锥面轴线及母线

（7）单击"直线"→在立即菜单中选择"两点线"、"单个"、"长度方式"、"长度=180"，按 F9 键，将作图平面切换至 XOZ 或 YOZ，以 φ40 圆心为第一点，在 +Z 向单击作第二点，按右键结束。

（8）单击"平移"→在立即菜单中选择"偏移量"、"拷贝"、"DX=0、DY=0、DZ=100"，按左下角提示，拾取中心线，按右键结束，完成中心线的拷贝平移。

（9）将作图平面切换至 XOY，单击"整圆"→选择"圆心_半径"，作出 φ100 整圆。再单击"直线"→"两点线"→选择"非正交"，分别拾取 φ40、φ100 与各自中心线的交点，便完成母线的操作，如图 3-16 所示。

完成锥面造型

（10）单击"旋转面"→按左下角提示，选取轴线，母线，锥面完成，如图 3-17 所示。

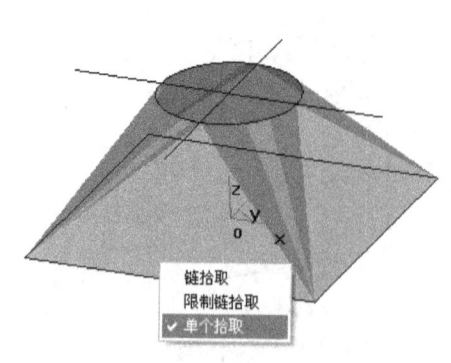

图 3-15 选择拾取方式

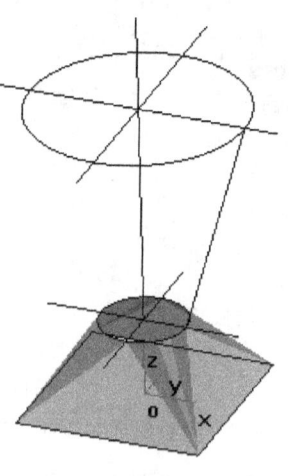

图 3-16 作锥面轴线、母线

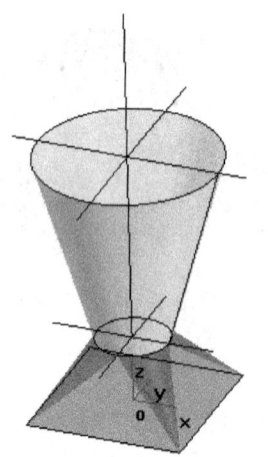

图 3-17 作锥面

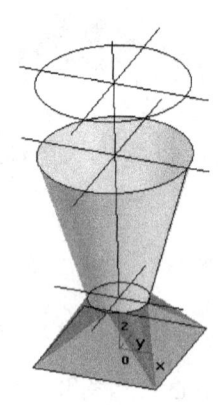

图 3-18 拷贝平移 φ100 圆

圆柱面的造型

（11）将 φ100 圆及中心线拷贝平移 DZ = 50，如图 3-18 所示。

（12）单击"直纹面"→选择"曲线 + 曲线"，按左下角提示分别拾取两个 φ100 的圆，圆柱面完成，如图 3-19 所示。注意：拾取两曲线时，点取对应点，否则，曲面会扭曲。

圆柱面封顶

（13）以上 φ100 圆心为圆心，绘制 φ30 整圆，单击"直纹面"→选择"曲线 + 曲线"，拾取两同心圆，如图 3-20 所示。

斜交圆柱面的造型

（14）作出斜交圆柱面截面中心线：按 F6 键，切换作图平面至 YOZ，单击"等距线"→选择"单根曲线"、"等距"、"距离 35"，根据提示，拾取中心垂线，单击向左箭头，按右键确定；单击"等距线"→选择"单根曲线"、"等距"、"距离 = 25"，拾取最上面水平线，点击向下箭头，按右键确定，如图 3-21 所示。

模块三 曲面造型

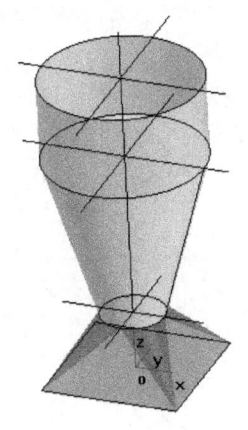

图 3-19 作圆柱面

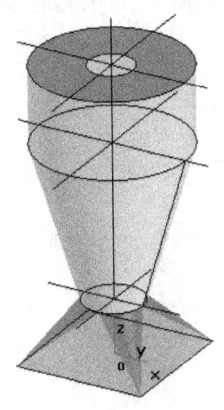

图 3-20 圆柱面封顶

（15）作出斜交圆柱截面圆：按 F8 键，显示三维状态，用"整圆"工具在 YOZ 面上作出截面圆，再用"平移"工具，沿 X 正向拷贝平移 80，得到另一截面圆，如图 3-22 所示。

（16）作出圆柱面：单击"直纹面"→选择"曲线+曲线"，拾取两截面圆。

（17）单击"曲面裁剪"→选择"面裁剪"、"裁剪"、"相互裁剪"，按提示分别选择两相交圆柱面，裁剪完成，如图 3-23 所示。

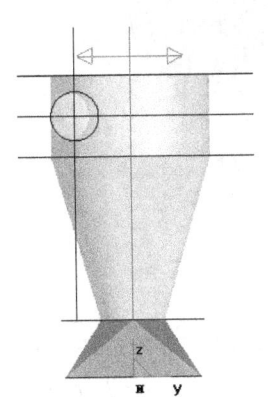

图 3-21 斜交圆柱面中心线

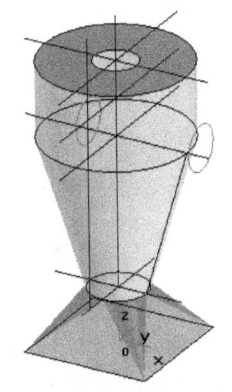

图 3-22 作圆柱面截面线

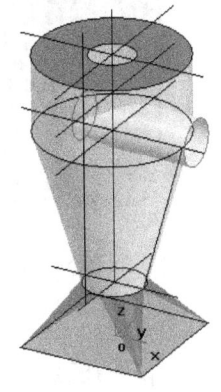

图 3-23 斜交圆柱面

弯管曲面造型

（18）按 F7 键，切换作图平面至 XOZ，作出弯管中心线。

（19）以此中心交点为圆心，作一半径为 50 的整圆。

（20）单击"正多边形"→选择"中心"、"边数=12"、"外切"，按左下角提示，输入中心：单击圆心，输入边中点：单击柱面中心线与水平中心线的交点。如图 3-24 所示。

（21）裁剪、删除多余线段后，作出三条斜线，如图 3-25 所示。

（22）按 F8 键，显示三维状态，单击"导动面"→选择"管道曲面"、"起始半径15"、"终止半径15"，按提示，拾取多边形边为导动线，选择导动方向，得到一段柱面管，如图 3-26 所示。

（23）单击曲面延伸" "按钮，选择"长度延伸"、"长度20"，点取柱面管上沿，如图 3-27 所示，（目的是让斜线能裁剪到整个管道面）。

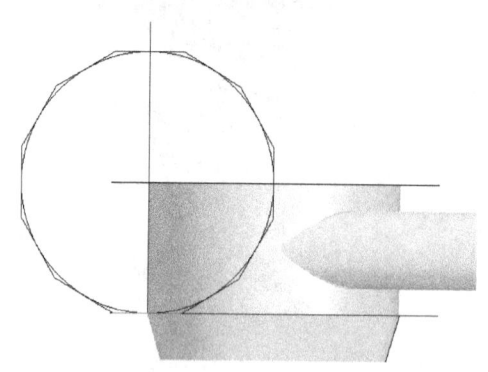

图 3-24　作正多边形

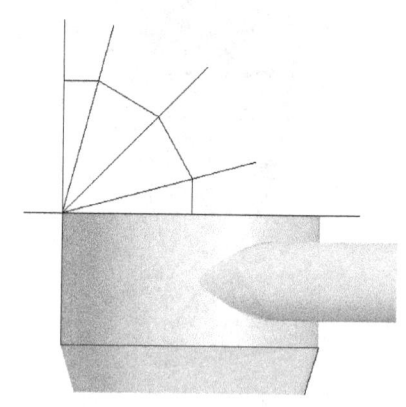

图 3-25　三条斜线

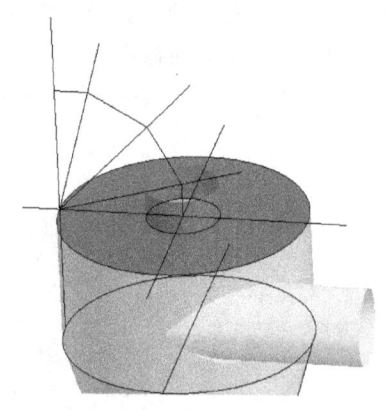

图 3-26　作管道曲面

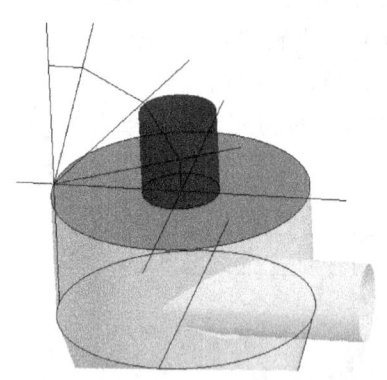

图 3-27　曲面延伸

（24）单击曲面裁剪"   "按钮，选择"投影线裁剪"、"裁剪"，按提示拾取柱管需保留部分，按空格键，选择 Y 正向为投影方向，拾取 15°斜线为剪刀线，并选择方向，单击右键结束，裁剪结果如图 3-28 所示。

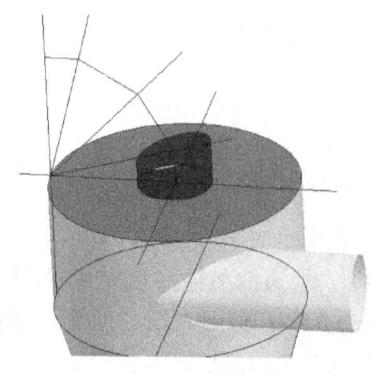

图 3-28　曲面裁剪

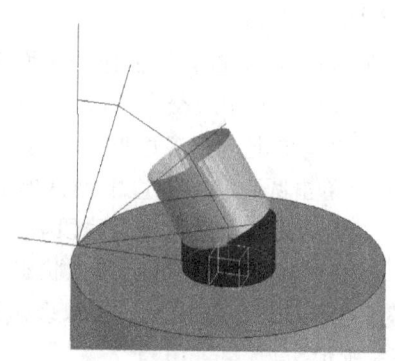

图 3-29　再作管道面

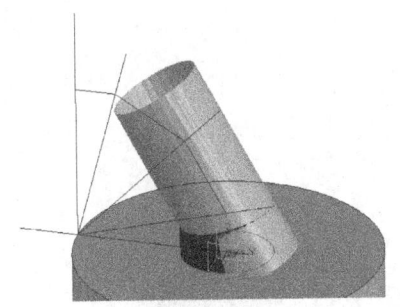
图 3-30　双向延伸

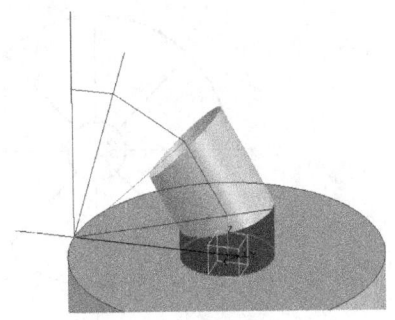
图 3-31　裁剪管道面

（25）单击"导动面"→选择"管道曲面"、"起始半径 15"、"终止半径 15"，按提示，拾取多边形第二条边为导动线，选择导动方向，又得到一段柱面管，如图 3-29 所示。

（26）单击曲面延伸"　"按钮，选择"长度延伸"、"长度 20"，拾取柱面管上沿，再拾取柱面管下沿，双向延伸，如图 3-30 所示。

（27）单击曲面裁剪"　"按钮，选择"投影线裁剪"、"裁剪"，按提示拾取柱管需保留部分，按空格键，选择 Y 正向为投影方向，拾取 15°斜线为剪刀线，并选择方向，单击右键结束；同样，再以 45°斜线裁剪圆柱管上面，得到结果如图 3-31 所示。

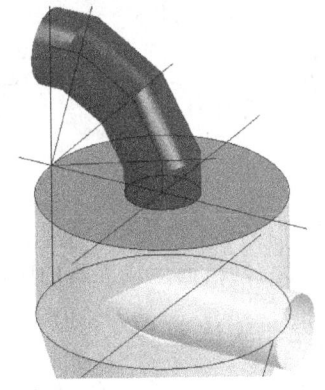
图 3-32　管道面造型完成

（28）其他各段柱管造型依次类推，管道面造型完成结果如图 3-32 所示。

任务三　可乐瓶底的曲面造型

◎任务背景

比较复杂的曲面生成往往可以采用网格面工具，网格面工具可以生成各种自由曲面、不规则曲面，但是，如何正确地绘制出网格面的 U 向线、V 向线是解决问题的关键。本例通过可乐瓶底的曲面造型，介绍了如何根据曲面特征，构建 U 向线、V 向线，生成网格面的应用操作。

◎任务要求

根据图 3-33 所给的尺寸，完成可乐瓶底的曲面造型。

◎任务解析

此曲面可以采用网格面造型方式实现。U 向线有两条，分别是上下两条整圆曲线；V 向线有 8 根截面线，它们是相间分布的曲线 1 和曲线 2。

☆本案例的重点、难点

（1）绘图平面的选择和适时变换，U 向线和 V 向线的生成。

（2）曲线的生成，曲线的打断、组合以及旋转阵列。

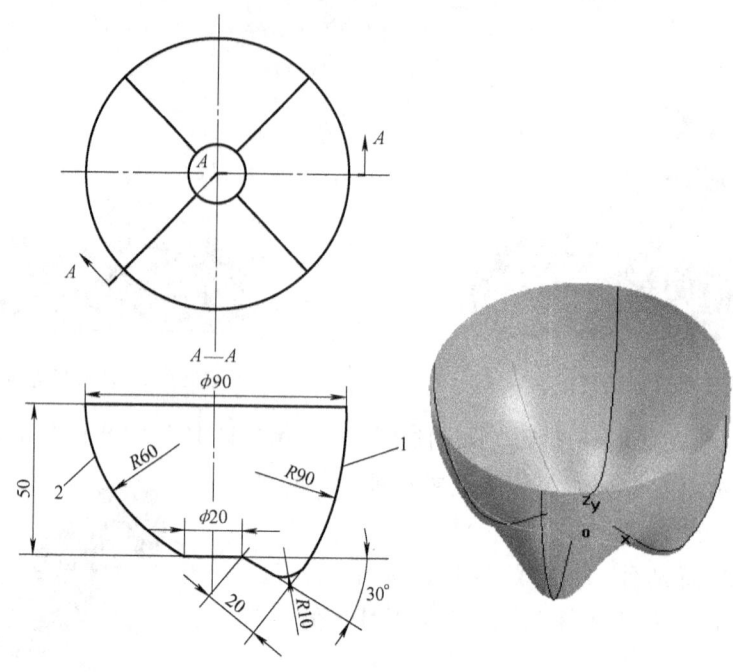

图 3-33 可乐瓶底

（3）网格面生成工具的应用操作。

【操作步骤详解】

绘制 U 向线

（1）根据圆心和半径作出两个整圆，如图 3-34 所示。

绘制 V 向线

（2）绘制截面线 1：按 F9 切换作图平面为 XOZ。①点击"直线"→选择"角度线"、"X 轴夹角"、"角度 = -30"，按左下角提示，以 φ20 整圆与 X 轴交点为第一点，输入长度 20，按回车键"Enter"完成，如图 3-35 所示。②点击"圆弧"→选择"两点_半径"，按左下角提示，以 -30°斜线端点为第一点，输入（45，0，50）为第二点，输入半径 R = 90，按回车键完成，如图 3-36 所示。③点击"曲线过渡"→选择"半径 = 10"、"裁剪曲线 1、裁剪曲线 2"，分别拾取斜线和圆弧线，结果如图 3-37 所示。注意：将此三段曲线组合。

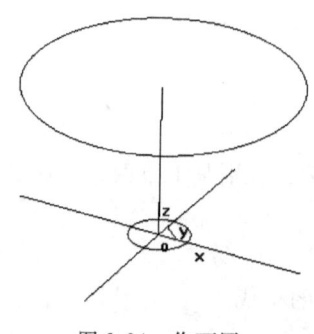

图 3-34 作两圆

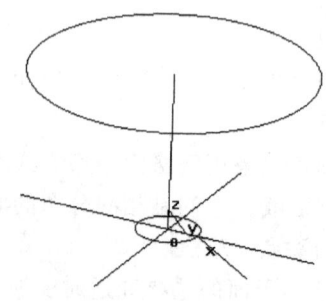

图 3-35 作 30°斜线

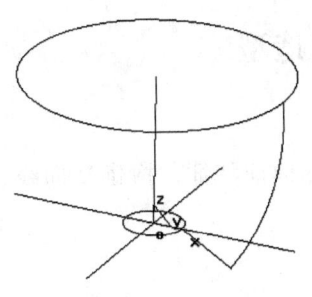
图 3-36　作 R = 90 圆弧

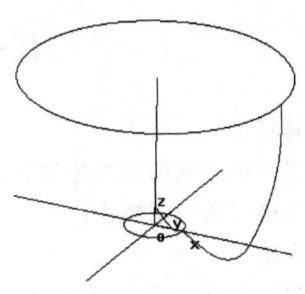
图 3-37　得到截面线 1

（3）绘制截面线 2：点击"圆弧"→选择"两点_半径"，按左下角提示，以 φ20 整圆与 – X 轴交点为第一点，输入（– 45, 0, 50）为第二点，输入半径 60，按回车键完成，如图 3-38 所示。

（4）将截面线 1 绕 Z 轴旋转 45°：点击"旋转"→选择"移动"、"角度 = 45"，按左下角提示，拾取旋转轴起点、终点，拾取截面线 1，单击鼠标右键完成，如图 3-39 所示。

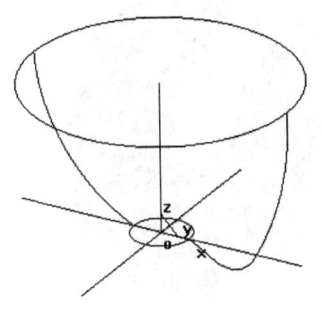
图 3-38　作截面线 2

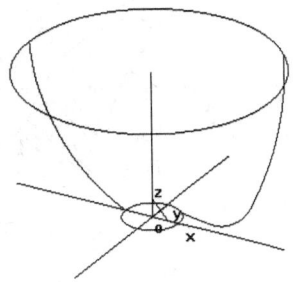
图 3-39　截面线 1 旋转 45°

（5）旋转拷贝截面线：单击"旋转"→选择"拷贝"、"份数 = 4"、"角度 = 90"，按左下角提示，拾取旋转轴起点、终点，拾取截面线 1，单击鼠标右键完成；同样，旋转拷贝截面线 2，如图 3-40 所示。

曲面生成

（6）单击"网格面"→按左下角提示，分别拾取 2 个整圆为 U 向截面线，单击鼠标右键确认，再按左下角提示，依次拾取 8 根截面线为 V 向截面线，单击鼠标右键，可乐瓶底曲面造型完成，如图 3-41 所示。

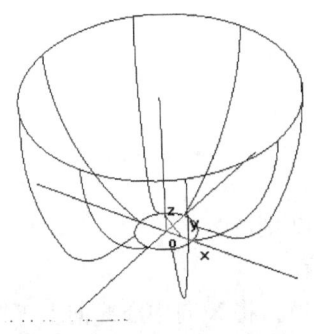
图 3-40　旋转拷贝截面线

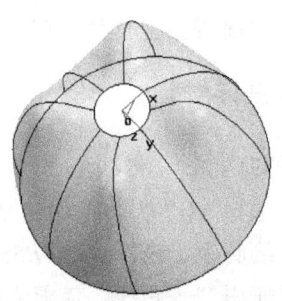
图 3-41　可乐瓶底曲面造型

任务四 吊钩的曲面造型

◎ **任务背景**

本例通过吊钩的曲面造型，进一步加深理解如何根据曲面特征，构建 U 向线、V 向线，并生成网格面的应用操作。

◎ **任务要求**

根据图 3-42 所示，完成吊钩零件的曲面造型设计。

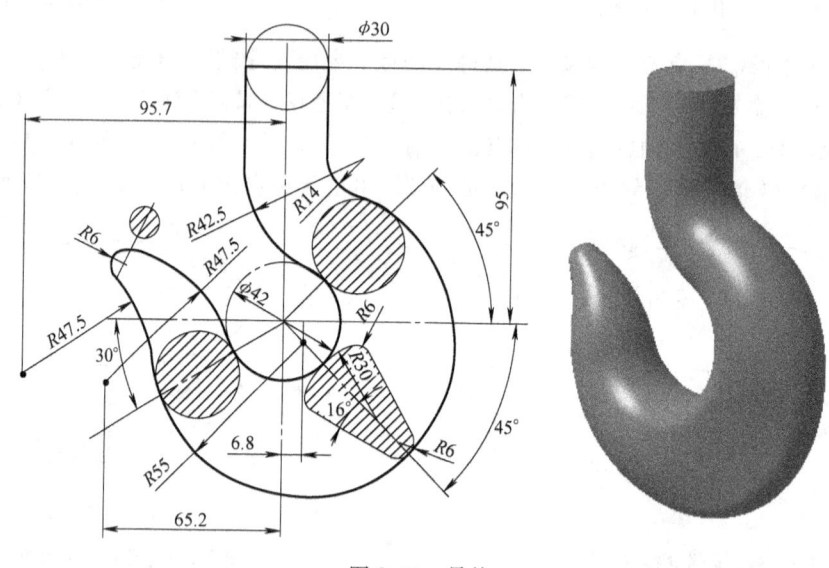

图 3-42 吊钩

◎ **任务解析**

此曲面可以采用网格面造型方式实现。U 向线有两条，分别是吊钩的内、外轮廓线；V 向线有 5 根曲线，分别是吊钩的 5 个剖面轮廓线。以对称平面将吊钩轮廓曲面分为上下两半，先完成半个曲面造型，再采用镜像功能拷贝完成另一半曲面。

☆ **本案例的重点、难点**

（1）绘图平面的选择，内外轮廓曲线和剖面线的绘制。
（2）曲线的裁剪、组合以及旋转。
（3）网格面生成工具的应用操作。
（4）曲面拼接工具的应用。

【操作步骤详解】

绘制吊钩内外轮廓线

（1）选择 XOY 为当前作图平面，坐标原点设定在 φ42 圆心处。
（2）绘制中心线，φ42、R55 圆弧曲线如图 3-43 所示。
（3）使用"等距线"工具，将 Y 向中心线左右等距 15，将 X 向中心线向上等距 95，并裁剪多与线头，得到 φ30 圆柱柄部轮廓线如图 3-44 所示。

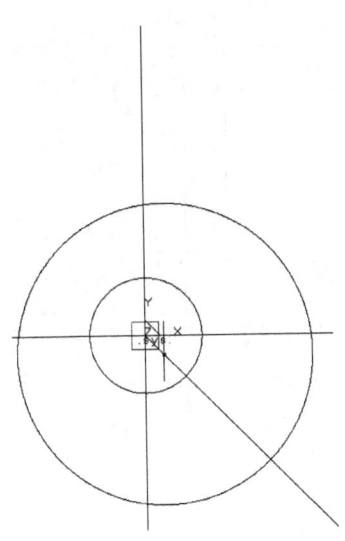

图 3-43 绘制 φ42、R55 圆弧曲线

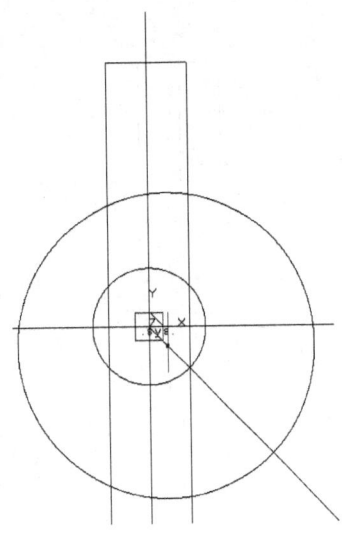

图 3-44 绘制 φ30 圆柱柄部轮廓

（4）使用"曲线过渡"工具，作出 R14 和 R42.5 过渡圆弧，并使用"曲线拉伸"工具将 φ42、R55 圆弧曲线拉伸至合适长度，如图 3-45 所示。

（5）绘制吊钩尾部 R47.5 圆弧：①以半径 R68.5 绘制 φ42 的同心圆，以距离 65.2 作 Y 向中心线左等距线，得到两个交点，以下面交点为圆心，R47.5 为半径，得到吊钩尾部内圆弧（删除辅助线，以免影响视觉）。②以半径 R102.5 绘制 R55 的同心圆，以距离 95.7 作 Y 向中心线左等距线，得到切点，以切点为圆心，R47.5 为半径，得到吊钩尾部外圆弧，如图 3-46 所示。

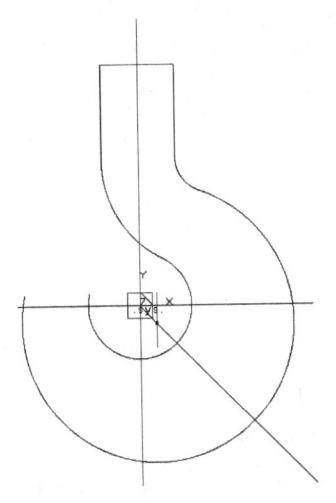

图 3-45 作出 R14 和 R42.5 过渡圆弧

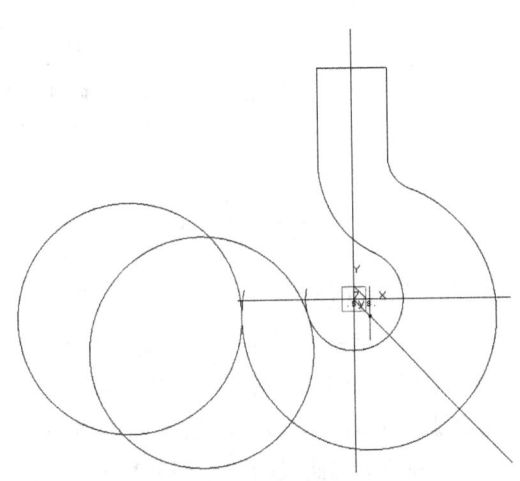

图 3-46 绘制吊钩尾部 R47.5 圆弧

（6）使用"曲线过渡"工具，作吊钩尾端 R6 过渡圆弧，裁剪多余线头后，得到吊钩内外轮廓曲线，如图 3-47 所示。

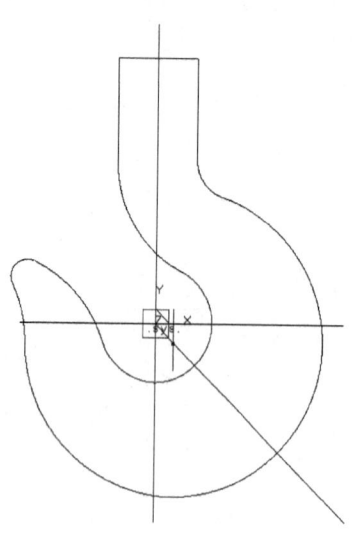
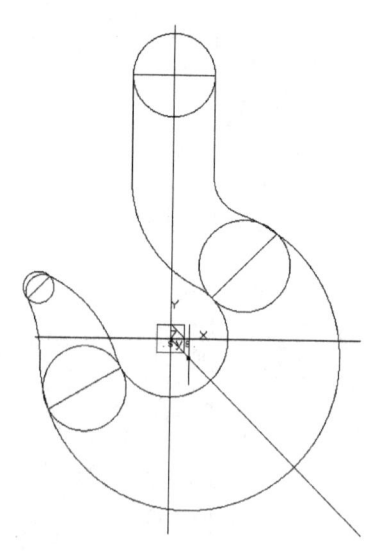

图 3-47 吊钩内外轮廓线　　　　　　图 3-48 绘制剖面线圆

作剖面线

(7) 作圆形剖面线：选 XOY 为作图平面，首先作出各个剖面中心线，裁剪后得到直径线段，单击整圆"⊕"按钮，选择"圆心-半径"，单击直径线中点为圆心，再单击直径线端点，得到剖面线圆，如图 3-48 所示。

(8) 作压扁部剖面线：①单击整圆"⊕"按钮，选择"两点-半径"，单击交点 1，按"T"键（切点）后，在单击 $\phi42$ 圆弧，输入半径：30，按回车键"Enter"，得到 $R30$ 圆弧；②单击整圆"⊕"按钮，选择"两点-半径"，按"S"键（缺省点）后，单击交点 2，再按"T"键（切点）后，在单击 $R55$ 圆弧，输入半径：6，按回车键"Enter"，得到 $R6$ 圆弧；③单击直线"╱"按钮，在立即菜单中选择"角度线"→"直线夹角"→"角度 = -16"，按左下角提示，单击斜线 12 为拾取直线，按"T"键后，选择 $R6$ 圆弧，向上拖动鼠标画出 16°角度切线，再按"S"键后，单选线段终点；④单击曲线过渡"⌒"按钮，作出 $R6$ 过渡圆弧，得到压扁剖面线，如图 3-49 所示。注意：将压扁剖面 4 段曲线组合。

生成吊钩网格面

(9) 按 F8 键轴测显示，单击旋转"🛞"按钮，选择"移动"→"角度 = 90"，按左下角提示，选择剖面中心线两个端点为旋转轴起点和终点，拾取剖面线为元素，单击鼠标右键，则完成一个剖面旋转，其他剖面旋转同理。结果如图 3-50 所示。

(10) 将各个剖面线的下半部分裁剪掉，并将吊钩内轮廓线从 1 点至 2 点各段组合，再将吊钩外轮廓线从 3 点至 4 点各段组合，如图 3-51 所示。注意：选择"删除原曲线"方式，两端 $R6$ 圆弧与直线不组合。

(11) 单击网格面"🔲"按钮，按左下角提示，选择内、外轮廓线为 U 向线，单击鼠标右键，再依次选择各剖面线为 V 向线，单击鼠标右键，得到网格面如图 3-52 所示。

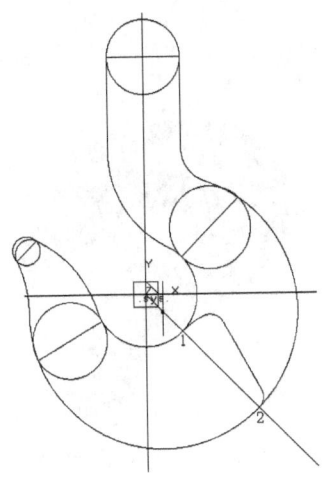

图 3-49 作各个剖面线

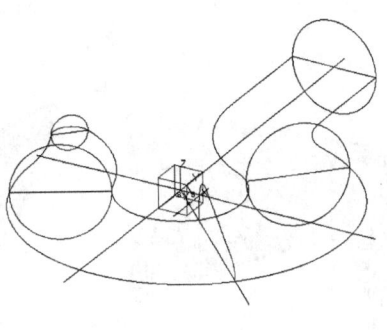

图 3-50 旋转各个剖面线 90°

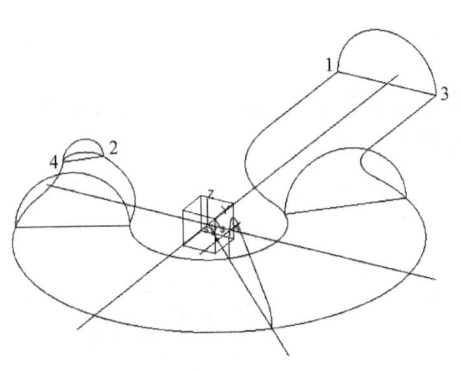

图 3-51 裁剪剖面线下半部分

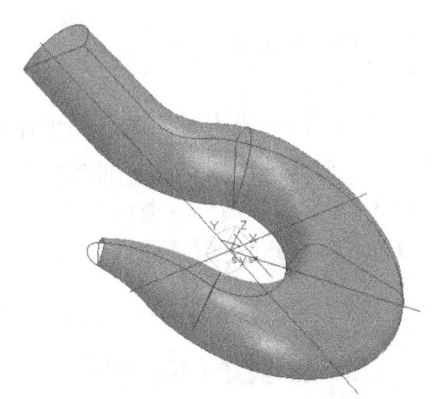

图 3-52 吊钩网格面

吊钩尾部曲面拼接

（12）①单击扫描面"⌷"按钮，在立即菜单中选择"起始距离=0"→"终止距离10"→"扫描角度0"，按左下角提示输入扫描方向，单击空格键，在弹出的快捷菜单中选择"Z轴负方向"，拾取 R6 圆弧为元素，作出辅助面如图 3-53 所示；②单击曲面拼接"⌷"按钮，选择"两面拼接"，按左下角提示，选择网格面与辅助面对应点，完成拼接如图 3-54 所示。吊钩上半部分曲面如图 3-55 所示。

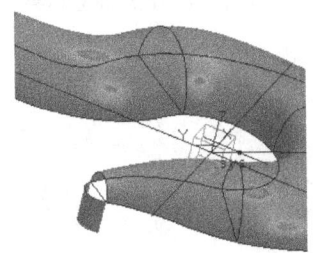

图 3-53 R6 圆弧扫描面

曲面镜像拷贝

（13）单击镜像"⌷"按钮，按左下角提示，选择中心线的三个端点为镜像平面上的点，分别拾取网格面和尾部拼接面为元素，单击鼠标右键，镜像完成，删除或隐藏曲线后，得到吊钩曲面造型结果如图 3-56 所示。

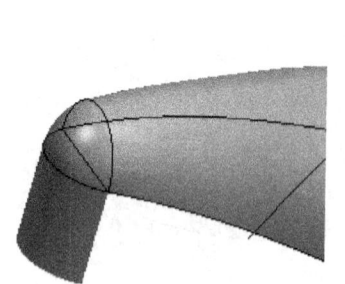 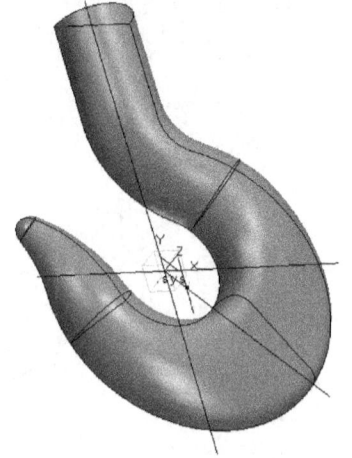 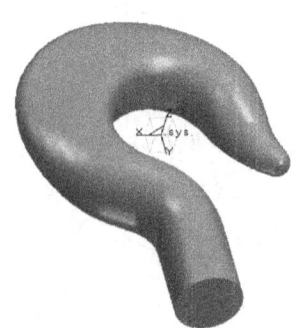

图 3-54　曲面拼接　　　　图 3-55　吊钩上半部分曲面　　　　图 3-56　吊钩曲面造型

知识点拓展

一、曲面的生成

1. 直纹面

直纹面是由一根直线两端点分别在两曲线上匀速运动而形成的轨迹曲面。直纹面生成有三种方式：曲线+曲线、点+曲线和曲线+曲面，如图3-57所示。

图3-58为用"曲线+曲线"方式生成的直纹面，图3-59为用"点+曲线"方式生成的直纹面，图3-60为用"曲线+曲面"方式生成直纹面。

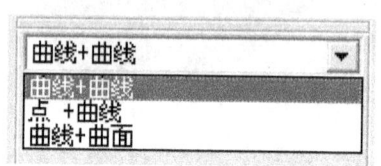 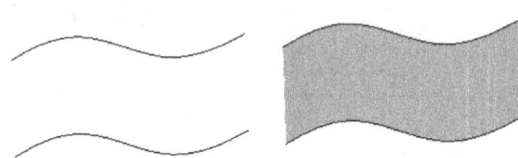

图3-57　直纹面立即菜单　　　　图3-58　用"曲线+曲线"方式生成直纹面

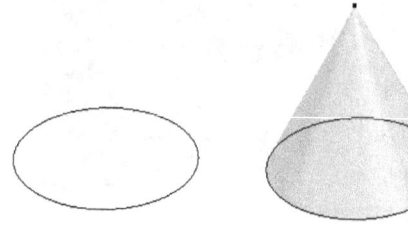 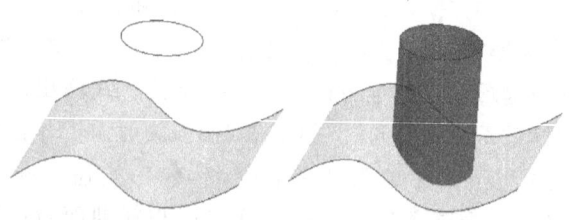

图3-59　用"点+曲线"方式生成的直纹面　　　　图3-60　用"曲线+曲面"方式生成直纹面

【注意】

（1）生成方式为"曲线+曲线"时，在拾取曲线时应注意应拾取曲线的同侧对应位置，否则将使两曲线的方向相反，生成的直纹面发生扭曲。

（2）生成方式为"曲线+曲线"时，如系统提示"拾取失败"，可能是由于拾取设置中没有这种类型的曲线。解决方法是点取"设置"菜单中的"拾取过滤设置"在"拾取过滤设置对话框"的"图形元素的类型"中选择"选中所有类型"。

(3) 生成方式为"曲线+曲面"时，输入方向时可利用矢量工具菜单。在需要这些工具菜单时，按空格键或鼠标中键即可弹出工具菜单。

(4) 生成方式为"曲线+曲面"时，当曲线沿指定方向，以一定的锥度向曲面投影作直纹面时，如曲线的投影不能全部落在曲面内时，直纹面将无法作出。

2. 旋转面

按给定的起始角度、终止角度将曲线绕一旋转轴旋转而生成的轨迹曲面，如图 3-61 所示。

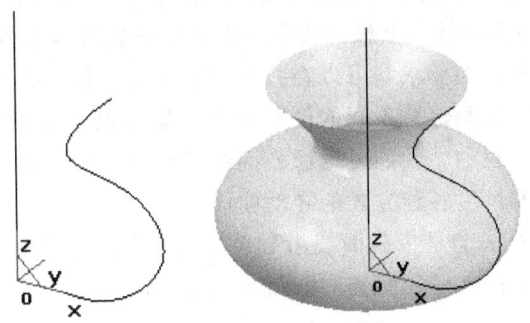

图 3-61 旋转曲面的生成

【注意】

(1) 在拾取母线时，可以利用曲线拾取工具菜单（按空格键）。选择轴线方向时，箭头与曲面旋转方向遵循右手螺旋法则。旋转时以母线的当前位置为零起始。

(2) 如果旋转生成的是球面，而其上部分还是要被加工的面，要做成四分之一的圆作为母线旋转 360°，否则，法线方向不对，而无法加工。

3. 扫描面

按照给定的起始位置和扫描距离将曲线沿指定方向以一定的锥度扫描生成曲面。

【操作】

(1) 单击"造型"，指向"曲面生成"，单击"扫描面"，或者单击"⊞"按钮。

(2) 填入起始距离、扫描距离、扫描角度和精度等参数。

(3) 按空格键弹出矢量工具，选择扫描方向，如图 3-62 所示。

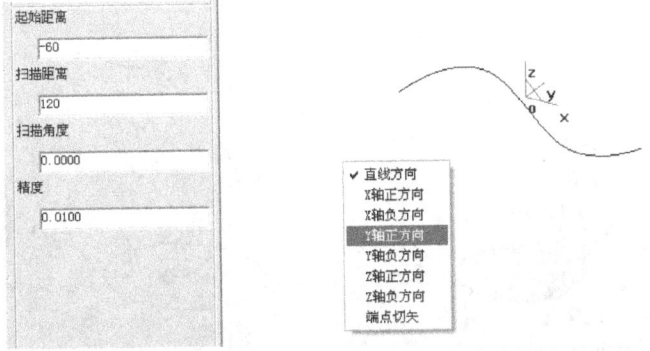

图 3-62 立即菜单填入参数和快捷菜单选择扫描方向

(4) 拾取空间曲线。

(5) 若扫描角度不为零，选择扫描夹角方向，扫描面生成。

【注意】

(1) 选择不同的扫描方向可以产生不同的结果。

(2) 扫描角度不为零时，需要选择扫描夹角方向。扫描夹角的方向按"右手定则"。

4. 导动面

让特征截面线沿着特征轨迹线的某一方向扫动生成曲面。导动面生成有六种方式：平行导动、固接导动、导动线 & 平面、导动线 & 边界线、双导动线和管道曲面。

【说明】生成导动曲面的基本思想：选取截面曲线或轮廓线沿着另外一条轨迹线扫动生成曲面。为了满足不同形状的要求，可以在扫动过程中，对截面线和轨迹线施加不同的几何约束，让截面线和轨迹线之间保持不同的位置关系，就可以生成形状变化多样的导动曲面。如截面线沿轨迹线运动过程中，我们可以让截面线绕自身旋转，也可以绕轨迹线扭转，还可以进行变形处理，这样就产生各种方式的导动曲面。

(1) 平行导动：平行导动是指截面线沿导动线趋势始终平行它自身移动而扫动生成曲面，截面线在运动过程中没有任何旋转，如图 3-63 所示。

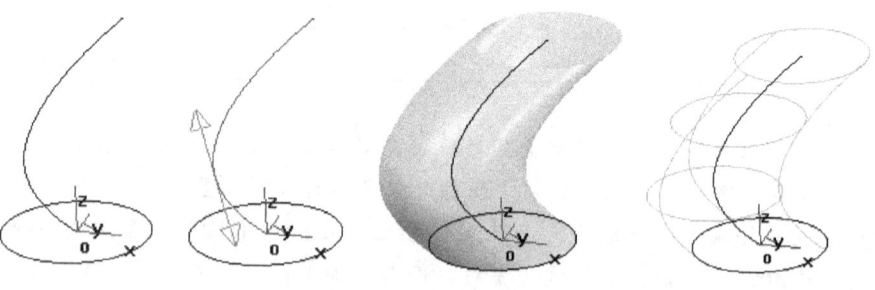

图 3-63 平行导动面生成过程

(2) 固接导动：固接导动是指在导动过程中，截面线和导动线保持固接关系，即让截面线平面与导动线的切矢方向保持相对角度不变，而且截面线在自身相对坐标架中的位置关系保持不变，截面线沿导动线变化的趋势导动生成曲面。

【说明】固接导动有单截面线和双截面线两种，也就是说截面线可以是一条或两条，如图 3-64、图 3-65 所示。

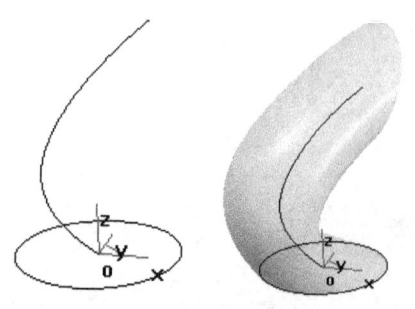

图 3-64 单截面线固接导动面

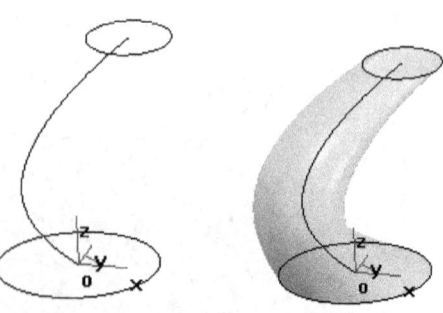

图 3-65 双截面线固接导动面

(3) 导动线 & 平面：截面线按以下规则沿一个平面或空间导动线（脊线）扫动生成的曲面：截面线平行方向与导动线上每一点的切矢方向之间相对夹角始终保持不变；截面线的平面方向与所定义的平面法矢的方向始终保持不变。

【说明】这种导动方式尤其适用于导动线是空间曲线的情形，截面线可以是一条或两条，如图 3-66 所示。

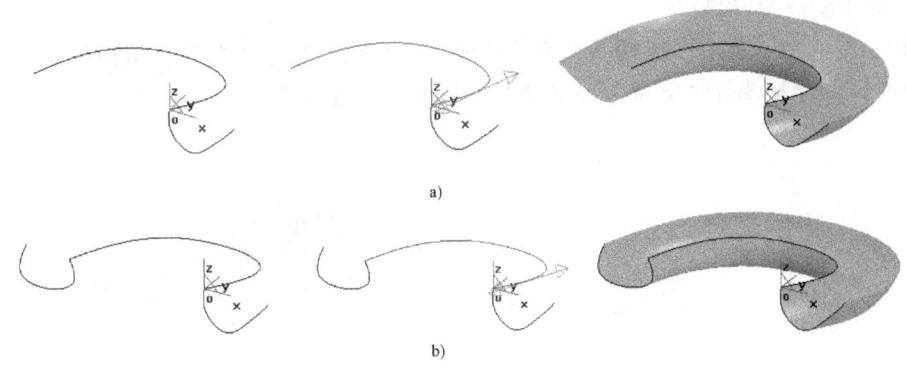

图 3-66 导动线 & 平面操作过程
a) 单截面线 b) 双截面线

(4) 导动线 & 边界线：截面线按以下规则沿一条导动线扫动生成曲面：①运动过程中截面线平面始终与导动线垂直；②运动过程中截面线平面与两边界线需要有两个交点；③对截面线进行缩放，将截面线横跨于两个交点上。截面线沿导动线如此运动时，就与两条边界线一起扫动生成曲面，如图 3-67、图 3-68 所示。

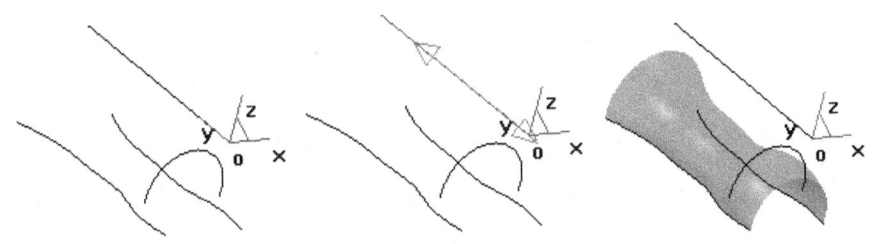

图 3-67 单截面线变高导动

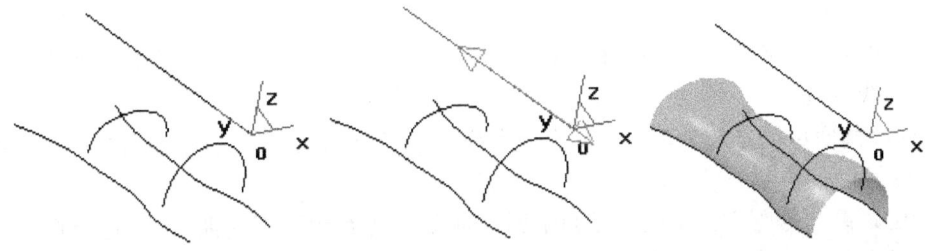

图 3-68 双截面线变高导动

【说明】
1) 在导动过程中，截面线始终在垂直于导动线的平面内摆放，并求得截面线平面与边界线的两个交点。在两截面线之间进行混合变形,并对混合截面进行缩放变换,使截面线正好横跨在两个边界线的交点上。

2) 若对截面线进行缩放变换时,仅变化截面线的长度,而保持截面线的高度不变,称为等高导动。

3) 若对截面线进行缩放变换时,不仅变化截面线的长度,同时等比例地边变化截面线的高度,称为变高导动。

(5) 双导动线:将一条或两条截面线沿着两条导动线匀速地扫动生成曲面。

【说明】双导动线导动支持等高导动和变高导动,如图3-69所示。

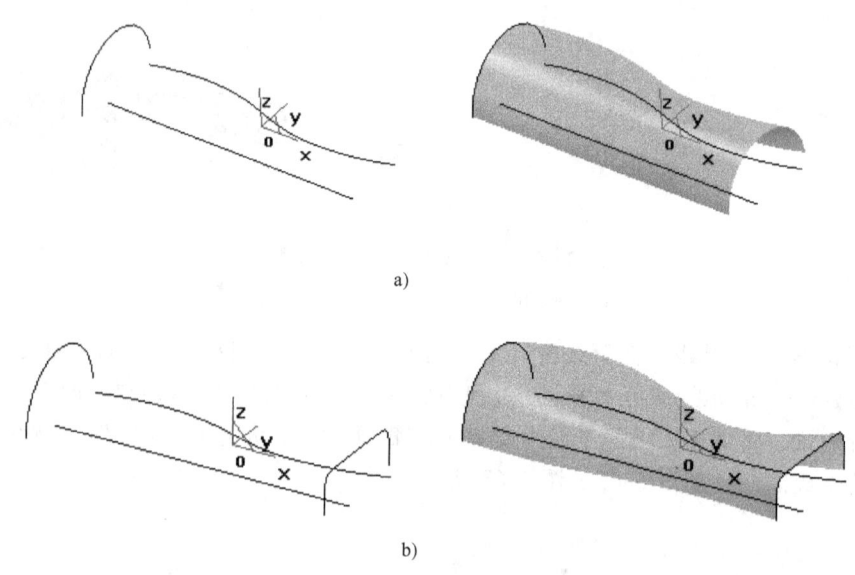

图3-69 双导动线生成导动面
a) 单截面线等高导动 b) 双截面线变高导动

(6) 管道曲面:给定起始半径和终止半径的圆形截面沿指定的中心线扫动生成曲面,如图3-70所示。

【说明】

1) 起始半径是指管道曲面导动开始的圆的半径。终止半径是指管道曲面导动终止时的半径。

2) 截面线为一整圆,截面线在导动过程中,其圆心总是位于导动线上,且圆所在平面总是与导动线垂直。

3) 圆形截面可以是两个,由起始半径和终止半径分别决定,生成变半径的管道面。

5. 等距面

按给定距离与等距方向生成与已知平面(曲面)等距的平面(曲面)。这个命令类似曲线中的"等距线"命令,不同的是"线"改成了"面"。

【说明】等距距离是指生成平面在所选的方向上的离开已知平面的距离。

【注意】如果曲面的曲率变化太大,等距的距离应当小于最小曲率半径。

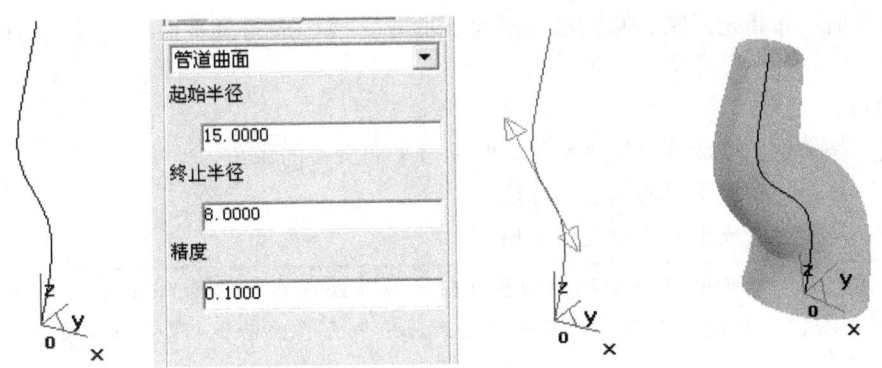

图 3-70 管道曲面生成过程

6. 平面

用多种方式生成所需平面。

平面与基准面的比较：基准面是在绘制草图时的参考面，而平面则是一个实际存在的面。

(1) 裁剪平面：由封闭内轮廓进行裁剪形成的有一个或者多个边界的平面。封闭内轮廓可以有多个。

【操作】

1) 单击"造型"，指向"曲面生成"，单击"平面"，或者单击" 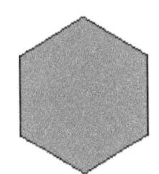 "按钮。

2) 选择裁剪平面。

3) 拾取平面外轮廓线，并确定链搜索方向，选择箭头方向即可。

4) 拾取内轮廓线，并确定链搜索方向，每拾取一个内轮廓线确定一次链搜索方向。

5) 拾取完毕，单击鼠标右键，完成操作，如图 3-71 所示。

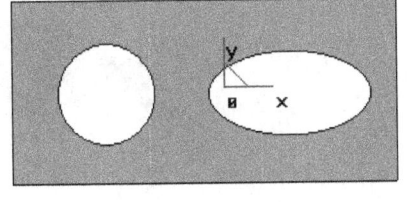

图 3-71 裁剪平面

(2) 工具平面：通过给定长和宽而生成的平面，包括 XOY 平面、YOZ 平面、ZOX 平面、三点平面、矢量平面、曲线平面和平行平面等 7 种方式。

【说明】

XOY 平面：绕 X 或 Y 轴旋转一定角度生成一个指定长度和宽度的平面。

YOZ 平面：绕 Y 或 Z 轴旋转一定角度生成一个指定长度和宽度的平面。

ZOX 平面：绕 Z 或 X 轴旋转一定角度生成一个指定长度和宽度的平面。

三点平面：按给定三点生成一指定长度和宽度的平面，其中第一点为平面中点。

曲线平面：在给定曲线的指定点上，生成一个指定长度和宽度的法平面或切平面。有法平面和包络面两种方式，如图 3-72a、b 所示。

矢量平面：生成一个指定长度和宽度的平面，其法线的端点为给定的起点和终点，如图

3-72c 所示。

平行平面：按指定距离，移动给定平面（曲线）或生成拷贝平面（曲线），如图 3-72d 所示。

【说明】

角度：是指生成平面绕旋转轴旋转，与参考平面所夹的锐角。

长度：是指要生成平面的长度尺寸值。

宽度：是指要生成平面的宽度尺寸值。

【注意】平行平面功能与等距面功能相似，但等距面后的平面（曲面），不能再对其使用平行平面，只能使用等距面；而平行平面后的平面（曲面），可以再对其使用等距面或平行平面。

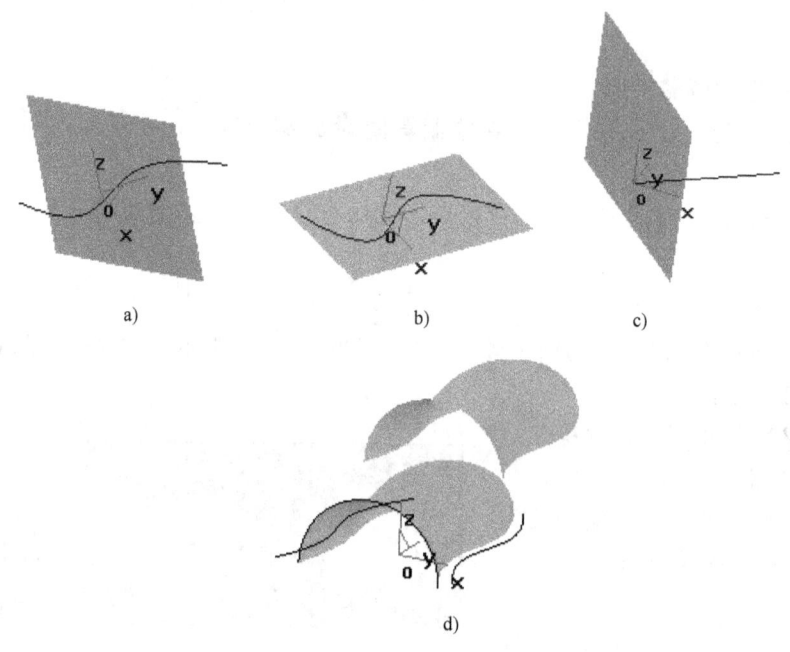

图 3-72 工具平面

7. 边界面

在由已知曲线围成的边界区域上生成曲面。

【说明】边界面有两种类型：四边面和三边面。所谓四边面是指通过四条空间曲线生成平面；三边面是指通过三条空间曲线生成平面。

【注意】拾取的四条曲线必须首尾相连成封闭环，才能作出四边面；并且拾取的曲线应当是光滑曲线。

8. 放样面

以一组互不相交、方向相同、形状相似的特征线（或截面线）为骨架进行形状控制，过这些线生成的曲面称之为放样曲面。有截面曲线和曲面边界两种类型。

（1）截面曲线：通过一组空间曲线作为截面来生成封闭或者不封闭的曲面，如图 3-73

所示。

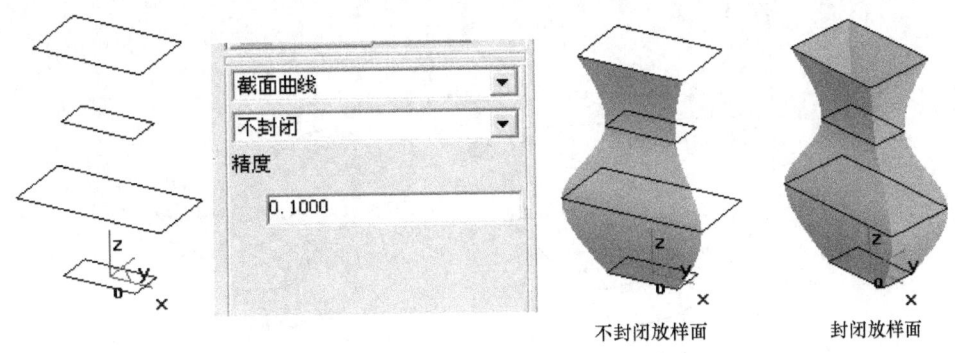

图 3-73 放样面生成过程

（2）曲面边界：以曲面的边界线和截面曲线并与曲面相切来生成曲面。如图 3-74 所示。

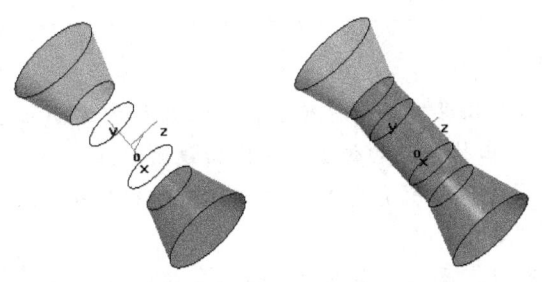

图 3-74 曲面边界线生成

【注意】
1) 拾取的一组特征曲线互不相交，方向一致，形状相似，否则生成结果将发生扭曲，形状不可预料。
2) 截面线需保证其光滑性。
3) 需按截面线摆放的方位顺序拾取曲线。
4) 用户拾取曲线时需保证截面线方向的一致性。

9. 网格面

以网格曲线为骨架，蒙上自由曲面生成的曲面称之为网格曲面。网格曲线是由特征线组成横竖相交线，如图 3-75 所示。

【说明】

（1）网格面的生成思路：首先构造曲面的特征网格线确定曲面的初始骨架形状。然后用自由曲面插值特征网格线生成曲面。

（2）特征网格线可以是曲面边界线或曲面截面线等。由于一组截面线只能反映一个方向的变化趋势，还可以引入另一组截面线来限定另一个方向的变化，这形成一个网格骨架，控制住两方向（U 和 V 两个方向）的变化趋势，如图 3-75a 所示，使特征网格线基本上反映出设计者想要的曲面形状，在此基础上插值网格骨架生成的曲面必然将满足设计者的要求。

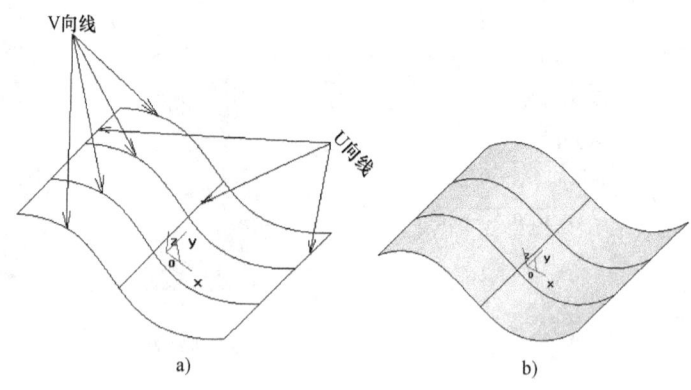

图 3-75 网格面生成

（3）可以生成封闭的网格面。注意，此时拾取 U 向、V 向的曲线必须从靠近曲线端点的位置拾取，否则封闭网格面失败。

【注意】
1）每一组曲线都必须按其方位顺序拾取，而且曲线的方向必须保持一致。曲线的方向与放样面功能中一样，由拾取点的位置来确定曲线的起点。
2）拾取的每条 U 向曲线与所有的 V 向曲线都必须有交点。
3）拾取的曲线应当是光滑曲线。
4）对特征网格线有以下要求：网格曲线组成网状四边形网格，规则四边网格与不规则四边网格均可。插值区域是四条边界曲线围成的，不允许有三边域、五边域和多边域。

10. 实体表面

把通过特征生成的实体表面剥离出来而形成一个独立的面。如图 3-76 所示。

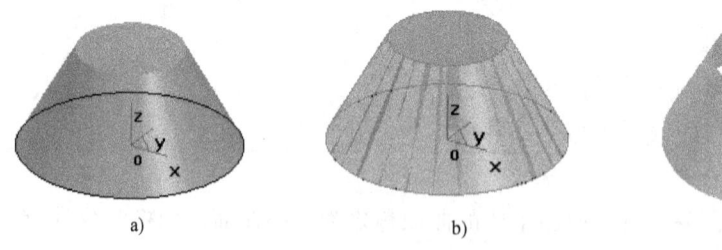

图 3-76 实体表面生成过程

二、曲面的编辑

曲面编辑主要讲述有关曲面的常用编辑命令及操作方法，它是制造工程师的重要功能。曲面编辑包括曲面裁剪、曲面过渡、曲面缝合、曲面拼接和曲面延伸五种功能。

1. 曲面裁剪

曲面裁剪指对生成的曲面进行修剪，去掉不需要的部分。

在曲面裁剪功能中，用户可以选用各种元素，包括各种曲线和曲面来修理和剪裁曲面，获得用户所需要的曲面形态。也可以将被裁剪了的曲面恢复到原来的样子。曲面裁剪有五种方式：投影线裁剪、等参数线裁剪、线裁剪、面裁剪和裁剪恢复。

【说明】在各种曲面裁剪方式中时，用户都可以通过切换立即菜单来采用裁剪或分裂的方式。在分裂的方式中，系统用剪刀线将曲面分成多个部分，并保留裁剪生成的所有曲面部分。在裁剪方式中，系统只保留用户所需要的曲面部分，其他部分将都被裁剪掉。系统根据拾取曲面时鼠标的位置，确定用户所需要的部分，即剪刀线将曲面分成多个部分，用户在拾取曲面时鼠标单击在哪一个曲面部分上，就保留哪一部分。

下面对曲面裁剪的四种方式和"裁剪恢复"依次进行介绍。

（1）投影线裁剪：投影线裁剪是将空间曲线沿给定的固定方向投影到曲面上，形成剪刀线来裁剪曲面。如图 3-77 所示。

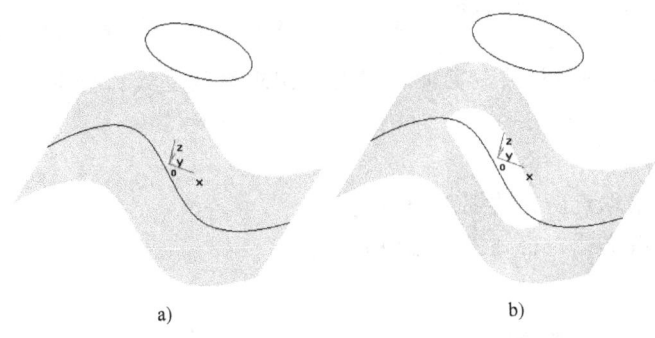

图 3-77 投影线裁剪

【说明】

1）裁剪时保留拾取点所在的那部分曲面。

2）拾取的裁剪曲线沿指定投影方向向被裁剪曲面投影时必须有投影线，否则无法裁剪。

3）在输入投影方向时可利用矢量工具菜单。

【注意】剪刀线与曲面边界线重合或部分重合以及相切时，可能得不到正确的裁剪结果。

（2）线裁剪：曲面上的曲线沿曲面法矢方向投影到曲面上，形成剪刀线来裁剪曲面，如图 3-78 所示。

【说明】

1）裁剪时保留拾取点所在的那部分曲面。

2）若裁剪曲线不在曲面上，则系统将曲线按距离最近的方式投影到曲面上获得投影曲线，然后利用投影曲线对曲面进行裁剪，此投影曲线不存在时，裁剪失败。一般应尽量避免此种情形。

3）若裁剪曲线与曲面边界无交点，且不在曲面内部封闭，则系统将其延长到曲面边界后实行裁剪。

【注意】与曲面边界线重合或部分重合以及相切的曲线对曲面进行裁剪时，可能得不到正确的结果，建议尽量避免这种情况。

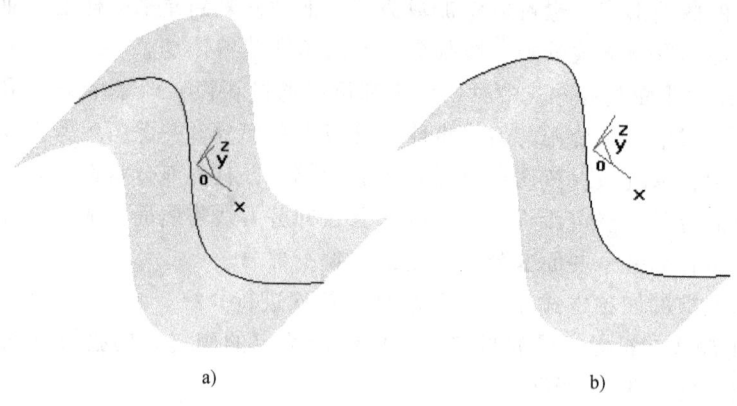

图 3-78　线裁剪

（3）面裁剪：剪刀曲面和被裁剪曲面求交，用求得的交线作为剪刀线来裁剪曲面。如图 3-79 所示。

【说明】

1）裁剪时保留拾取点所在的那部分曲面。

2）两曲面必须有交线，否则无法裁剪曲面。

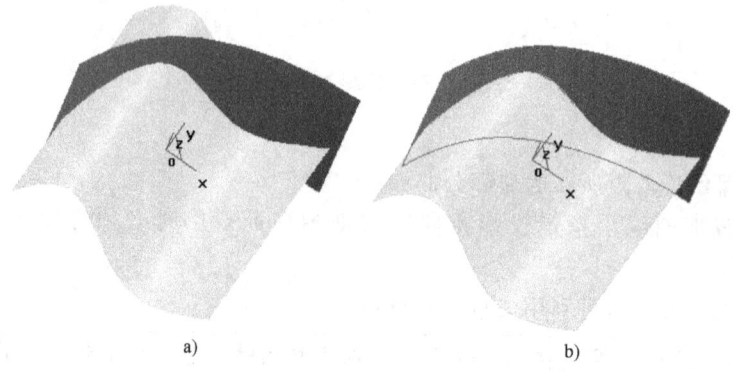

图 3-79　面裁剪

【注意】

1）两曲面在边界线处相交或部分相交以及相切时，可能得不到正确的结果，建议尽量避免这种情况。

2）若曲面交线与被裁剪曲面边界无交点，且不在其内部封闭，则系统将交线延长到被裁曲面边界后实行裁剪。一般应尽量避免这种情况。

（4）等参数线裁剪：以曲面上给定的等参数线为剪刀线来裁剪曲面，有裁剪和分裂两种方式。参数线的给定可以通过立即菜单选择过点或者指定参数来确定，如图 3-80 所示。

（5）裁剪恢复：将拾取到的曲面裁剪部分恢复到没有裁剪的状态。如拾取的裁剪边界是内边界，系统将取消对该边界施加的裁剪。如拾取的是外边界，系统将把外边界回复到原始边界状态。

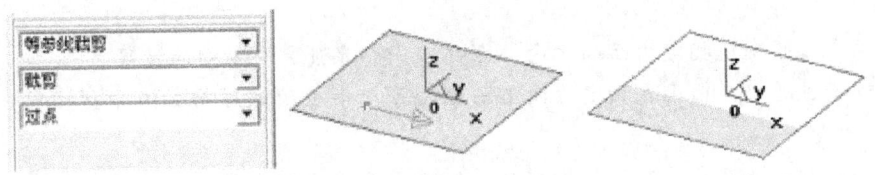

图 3-80　等参数线裁剪操作过程

2. 曲面过渡

在给定的曲面之间以一定的方式作给定半径或半径规律的圆弧过渡面，以实现曲面之间的光滑过渡。曲面过渡就是用截面是圆弧的曲面将两张曲面光滑连接起来，过渡面不一定过原曲面的边界。

曲面过渡共有七种方式：两面过渡、三面过渡、系列面过渡、曲线曲面过渡、参考线过渡、曲面上线过渡和两线过渡。

【说明】曲面过渡支持等半径过渡和变半径过渡。变半径过渡是指沿着过渡面半径是变化的过渡方式。不管是线性变化半径还是非线性变化半径，系统都能提供有力的支持。用户可以通过给定导引边界线或给定半径变化规律的方式来实现变半径过渡。

（1）两面过渡：在两个曲面之间进行给定半径或给定半径变化规律的过渡，生成的过渡面的截面将沿两曲面的法矢方向摆放。两面过渡有两种方式，即等半径过渡、变半径过渡。

【说明】

1）等半径两面过渡有裁剪曲面、不裁剪曲面和裁剪指定曲面三种方式。

2）变半径两面过渡可以拾取参考线，定义半径变化规律，过渡面将从头到尾按此半径变化规律来生成。在这种情况下，依靠拾取的参考线和过渡面中心线之间弧长的相对比例关系来映射半径变化规律。因此，参考曲线越接近过渡面的中心线，就越能在需要的位置上获得给定的精确半径。同样，变半径两面过渡也分为裁剪曲面、不裁剪曲面和裁剪指定由面三种方式。

【操作】等半径过渡与变半径过渡操作步骤不同，下面分别介绍。

等半径过渡操作：

1）在立即菜单中选择"两面过渡"。

2）拾取第一张曲面，并选择方向。

3）拾取第二张曲面，并选择方向，指定方向，曲面过渡完成，如图 3-81 所示。

变半径过渡操作：

1）在立即菜单中选择"两面过渡"。

2）拾取第一张曲面，并选择方向。

3）拾取第二张曲面，并选择方向。

4）拾取参考曲线，指定曲线。

5）指定参考曲线上点并定义半径，在立即菜单中输入半径值。

6）可指定多点及其半径，所有点指定完后，右键确认，曲面过渡完成，如图 3-82 所示。

【注意】
1）用户需正确地指定曲面的方向，方向不同会导致完全不同的结果。
2）进行过渡的两曲面在指定方向上与距离等于半径的等距面必须相交，否则曲面过渡失败。
3）若曲面形状复杂，变化过于剧烈，使得曲面的局部曲率小于过渡半径时，过渡面将发生自交，形状难以预料，应尽量避免这种情形。

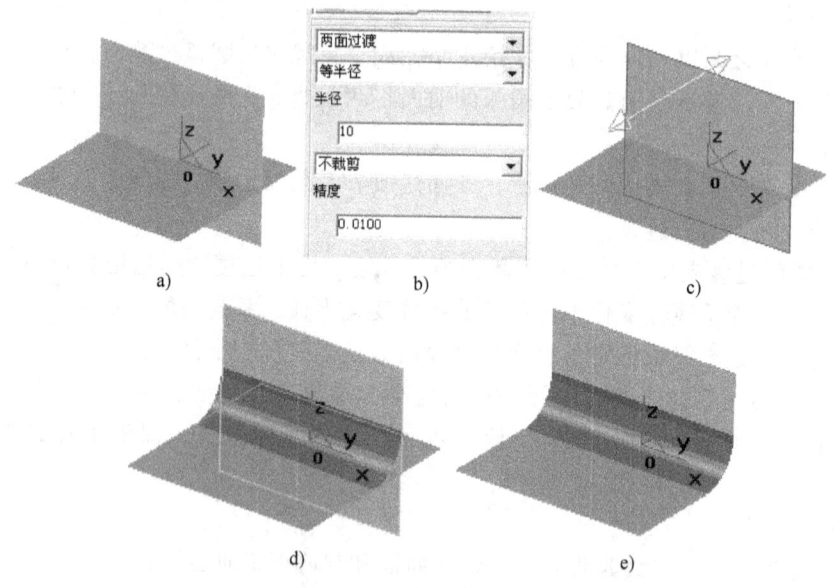

图 3-81　等半径两面过渡

a）待过渡的两曲面　b）两面过渡菜单　c）选择方向　d）不裁剪两曲面　e）裁剪两曲面

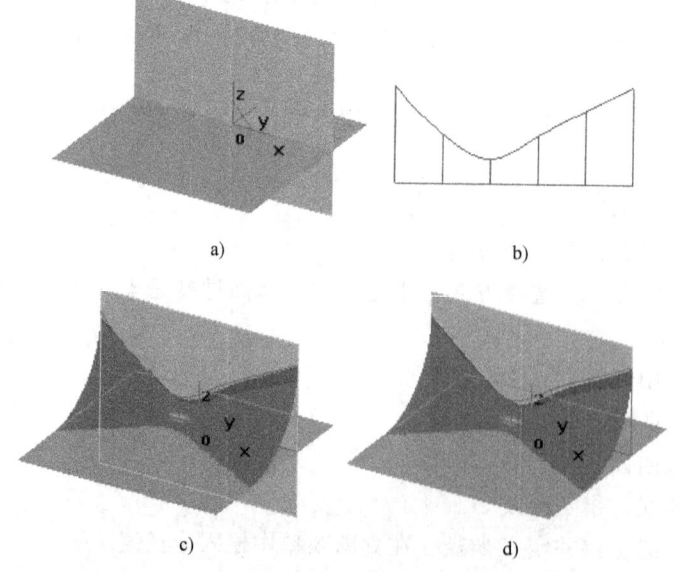

图 3-82　变半径两面过渡

a）待过渡两面　b）半径变化规律　c）不裁剪两面　d）裁剪曲面1

（2）三面过渡：在三张曲面之间对两两曲面进行过渡处理，并用一张角面将所得的三张过渡面连接起来。若两两曲面之间的三个过渡半径相等，称为三面等半径过渡；若两两曲面之间的三个过渡半径不相等，称为三面变半径过渡。如图 3-83 所示为等半径三面内过渡结果；图 3-84 为等半径三面外过渡结果。

【说明】三面过渡的处理过程是：拾取三个曲面：曲面 1、曲面 2 和曲面 3，并选取每个曲面的过渡方向，给定两两曲面之间的三个过渡半径，如曲面 1 和曲面 2 之间过渡半径为 R_{12}，曲面 2 和曲面 3 之间过渡半径为 R_{23}，曲面 3 和曲面 1 之间过渡半径为 R_{31}。系统首先选取 R_{12}、R_{23} 和 R_{31} 中的最大半径和它对应的两张曲面，假设是曲面 1 和曲面 2 之间的 R_{12} 最大，对这两曲面进行两面过渡并自动进行裁剪，形成一个系列面，再用此系列曲面与曲面 3 进行过渡处理，生成三面过渡面。

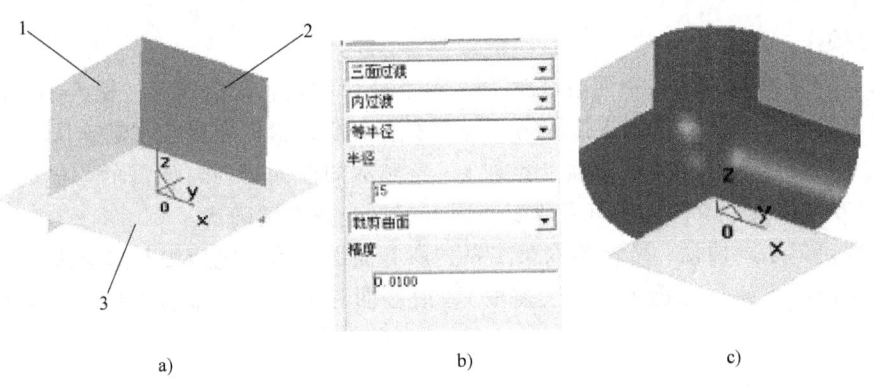

图 3-83　等半径三面内过渡
a) 待过渡的三个曲面　b) 三面过渡菜单　c) 裁剪曲面过渡结果

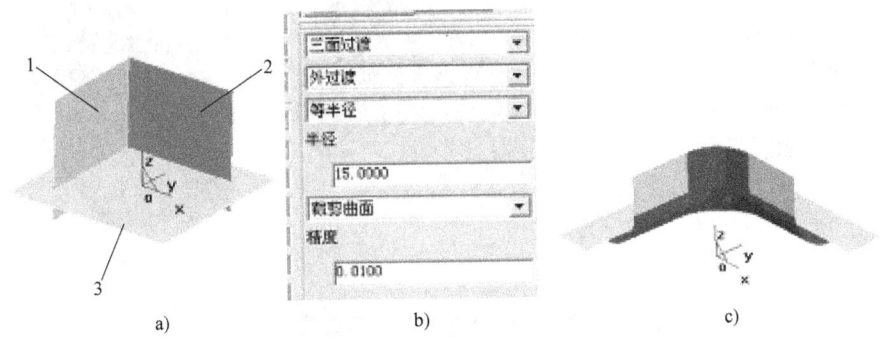

图 3-84　等半径三面外过渡
a) 待过渡的三个曲面　b) 三面过渡菜单　c) 裁剪曲面过渡结果

【注意】
1）需正确地指定曲面的方向，方向不同会导致完全不同的结果。
2）若曲面形状复杂，变化过于剧烈，使得曲面的局部曲率小于过渡半径时，过渡面将发生自交，形状难以预料，应尽量避免这种情形。

（3）系列面过渡：系列面是指首尾相接、边界重合，并在重合边界处保持光滑连接的多张曲面的集合。系列面过渡就是在两个系列面之间进行过渡处理。

【说明】

1）系列面过渡中支持给定半径的等半径过渡和给定半径变化规律的变半径过渡两种方式。在变半径过渡中可以拾取参考线，定义半径变化规律，生成的一串过渡面将依次按此半径变化规律来生成。

2）在一个系列面中，曲面和曲面之间应当尽量保证首尾相连、光滑相接。

3）需正确地指定曲面的方向，方向不同会导致完全不同的结果。

4）若曲面形状复杂，变化过于剧烈，使得曲面的局部曲率小于过渡半径时，过渡面将发生自交，形状难以预料，应尽量避免这种情形。

【操作】

等半径操作：

1）在立即菜单中选择"系列面过渡"、"等半径"和是否裁剪曲面，输入半径值。

2）拾取第一系列曲面：依次拾取第一系列所有曲面，拾取完后按右键确认。

3）改变曲线方向（在选定曲面上点取），当显示的曲面方向与所需的不同时，点取该曲面，曲面方向改变，改变完所有需改变曲面方向后，按右键确认。

4）拾取第二系列曲面：依次拾取第二系列所有曲面，拾取完后按右键确认。

5）改变曲线方向（在选定曲面上点取），改变曲面方向后，按右键确认，系列面过渡完成，如图 3-85 所示。

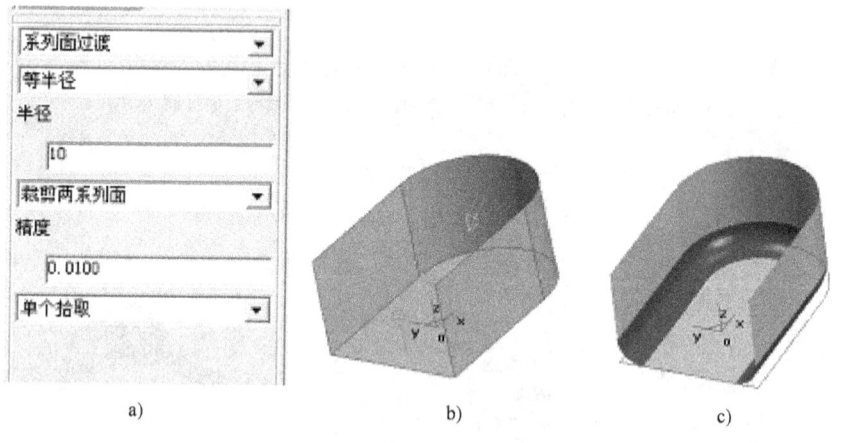

图 3-85　等半径系列面过渡

a）等半径系列面过渡菜单　b）系列面过渡方向　c）过渡结果

变半径操作：

1）在立即菜单中选择"系列面过渡"、"变半径"和是否裁剪曲面。

2）拾取第一系列曲面：依次拾取第一系列所有曲面，按右键确认。

3）改变曲线方向（在选定曲面上点取），改变曲面方向后，按右键确认。

4）拾取第二系列曲面：依次拾取第二系列所有曲面，拾取完后按右键确认。

5）改变曲线方向（在选定曲面上点取），改变曲面方向后，按右键确认。

6）拾取参考曲线。

7）指定参考曲线上点并定义半径，指定点，弹出输入半径对话框，输入半径值，单击"确定"按钮。指定完要定义的所有点后，按鼠标右键确定，系列面过渡完成，如图3-86所示。

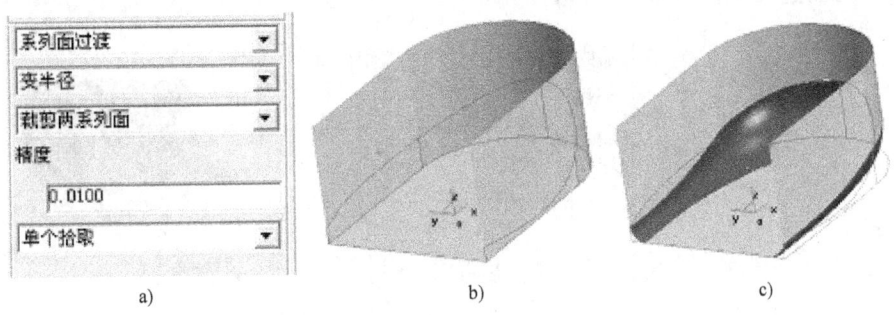

图3-86 变半径系列面过渡
a）变半径系列面过渡菜单 b）拾取参考曲线 c）过渡结果

【注意】在变半径系列面过渡中，参考曲线只能指定一条曲线。因此，可将系列曲面上的多条相接曲线组合成一条曲线，作为参考曲线，或者也可以指定不在曲面上的曲线。

（4）曲线曲面过渡：过曲面外一条曲线，做曲线和曲面之间的等半径或变半径过渡面。

【操作】

等半径操作：

1）在立即菜单中选择"曲线曲面过渡"。

2）拾取曲面。

3）单击所选方向。

4）拾取曲线，曲线曲面过渡完成，如图3-87所示。

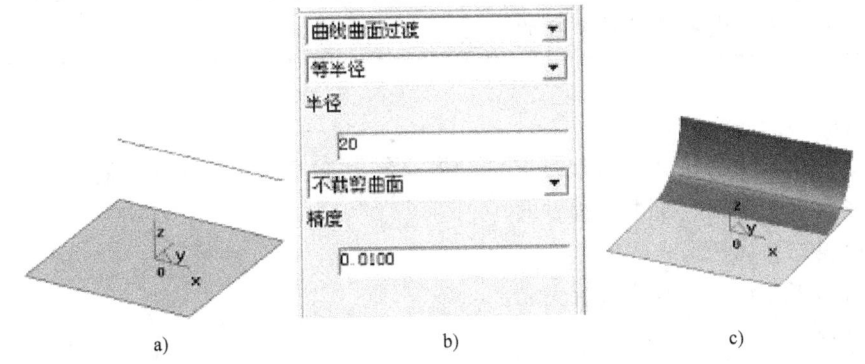

图3-87 等半径曲线曲面过渡
a）待过渡曲线、曲面 b）曲线曲面过渡菜单 c）过渡结果

变半径操作：

1）在立即菜单中选择"曲线曲面过渡"。

2）拾取曲面。

3）单击所选方向。

4）拾取曲线。

5）指定参考曲线上点，输入半径值，单击按钮确定。指定完要定义的所有点后，按右键确定，系列面过渡完成，如图 3-88 所示。

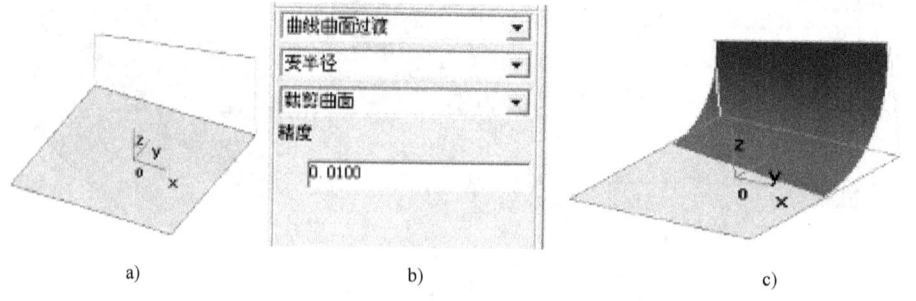

图 3-88 变半径曲线曲面过渡
a）待过渡曲线曲面 b）曲线曲面过渡菜单 c）过渡结果

（5）参考线过渡：给定一条参考线，在两曲面之间做等半径或变半径过渡，生成的相切过渡面的截面将位于垂直于参考线的平面内。

【说明】这种过渡方式尤其适用各种复杂多拐的曲面，其曲率半径较小而需要做大半径过渡的情形。这种情况下，一般的两面过渡生成的过渡曲面将发生自交，不能生成满意、完整的过渡曲面，但在参考线过渡方式中，只要用户选用合适简单的参考曲线，就能获得您满意的结果。

【注意】
1）参考线应该是光滑曲线。
2）在没有特别要求的情况下，参考线的选取应尽量简单。
3）变半径过渡时，用户可以在参考线上选定一些位置点定义所需要过渡半径，将获得在给定截面位置上是所需精确半径的过渡曲面。

【操作】
等半径操作：
1）在立即菜单中选择"参数线过渡"、"等半径"和是否裁剪曲面，输入半径值。
2）拾取第一张曲面，单击所选方向。
3）拾取第二张曲面。
4）拾取参考曲线，参数线过渡完成。
变半径操作：
1）在立即菜单中选择"参数线过渡"、"变半径"和是否裁剪曲面。
2）拾取第一张曲面，单击选择方向。
3）拾取第二张曲面。
4）拾取参考曲线。
5）指定参考曲线上点，输入半径值，单击按钮确定。指定完要定义的所有点后，按右键确定，参数线过渡完成，如图 3-89 所示。

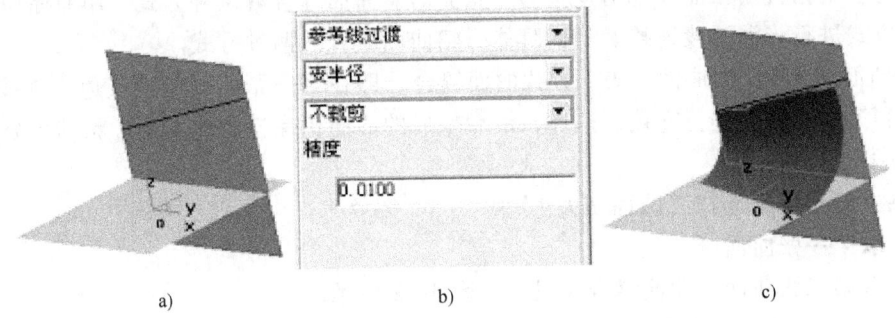

图 3-89　变半径参考线过渡
a）待过渡曲面、参考线　b）参考线过渡菜单　c）过渡结果

（6）曲面上线过渡：两曲面做过渡，通过指定第一曲面上的一条线为过渡面的导引边界线的过渡方式。系统生成的过渡面将和两张曲面相切，并以导引线为过渡面的一个边界，即过渡面过此导引线和第二曲面相切。

【说明】导引线必须光滑，并在第一曲面上，否则系统不予处理，如图 3-90 所示。

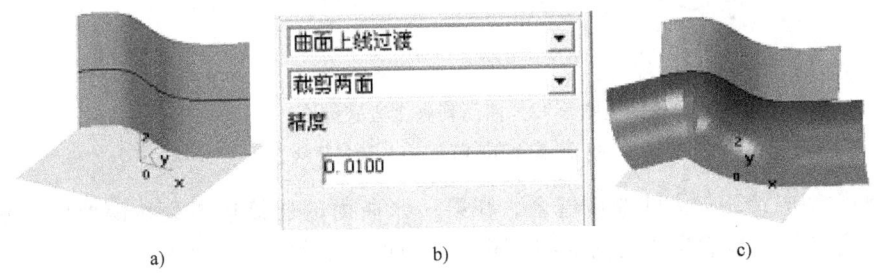

图 3-90　曲面上线过渡
a）待过渡曲面、曲线　b）曲面上线过渡菜单　c）过渡结果

（7）两线过渡：两曲线间作过渡，生成给定半径的以两曲面的两条边界线或者一个曲面的一条边界线和一条空间脊线为边生成过渡面，如图 3-91 所示。

两线过渡有两种方式：脊线 + 边界线和两边界线。

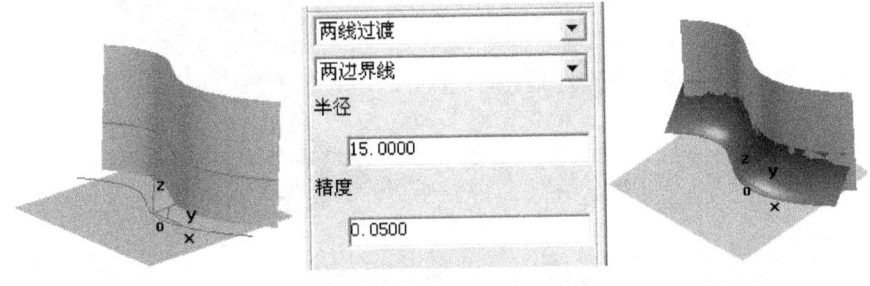

图 3-91　两线过渡

3. 曲面缝合

曲面缝合是指将两张曲面光滑连接为一张曲面。曲面缝合有两种方式：用曲面切矢 1 和平均切矢方式进行光滑过渡连接。下面具体介绍曲面缝合的两种方式。

（1）曲面切矢 1：用曲面切矢 1 方式曲面缝合，即在第一张曲面的连接边界处按曲面 1 的切方向和第二张曲面进行连接，这样，最后生成的曲面仍保持有曲面 1 形状的部分。

【操作】

1）在立即菜单中选择"曲面切矢 1"。

2）拾取第一张曲面。

3）拾取第二张曲面，曲面缝合完成，如图 3-92 所示。

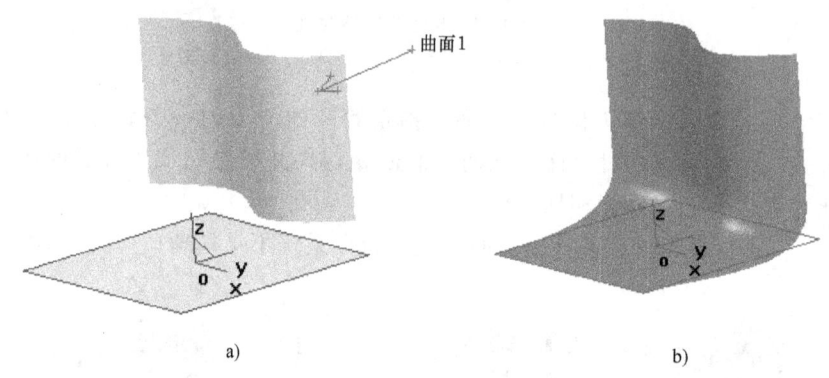

图 3-92 曲面切矢 1 方式缝合
a）待缝合的两曲面 b）缝合结果

（2）平均切矢：切矢方式曲面缝合，在第一张曲面的连接边界处按两曲面的平均切矢方向进行光滑连接。最后生成的曲面在曲面 1 和曲面 2 处都改变了形状。

【操作】

1）在立即菜单中选择"平均切矢"。

2）拾取第一张曲面。

3）拾取第二张曲面，曲面缝合完成，如图 3-93 所示。

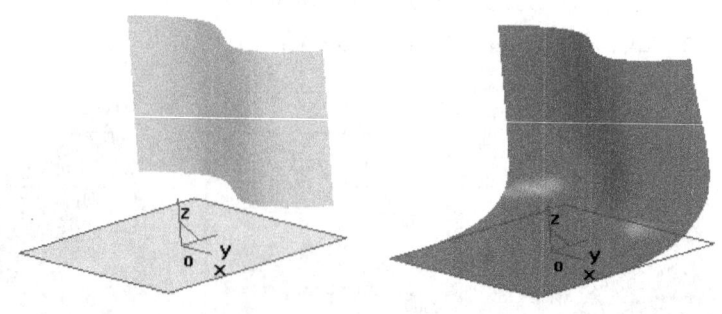

图 3-93 平均切矢方式缝合

4. 曲面拼接

曲面拼接是曲面光滑连接的一种方式，它可以通过多个曲面的对应边界，生成一张曲面与这些曲面光滑相接。曲面拼接共有三种方式：两面拼接、三面拼接和四面拼接。

【说明】在许多物体的造型中，通过曲面生成、曲面过渡、曲面裁剪等工具生成物体的型面后，总会在一些区域留下一片空缺，我们称之为"洞"。曲面拼接就可以对这种情形进行"补洞"处理。

（1）两面拼接：做一曲面，使其连接两给定曲面的指定对应边界，并在连接处保证光滑。当遇到要把两个曲面从对应的边界处光滑连接时，用曲面过渡的方法无法实现，因为过渡面不一定通过两个原曲面的边界。这时就需要用到曲面拼接的功能，过曲面边界光滑连接曲面。

【说明】拾取时请在需要拼接的曲面边界附近单击曲面。拾取时，需要保证两曲面的拼接边界方向一致，这是由拾取点在边界线上的位置决定，即拾取点与边界线的哪一个端点距离最近，那一个端点就是边界的起点。两个边界线的起点应该一致，这样两个边界线的方向一致；如果两个曲面边界线方向相反，拼接的曲面将发生扭曲，形状不可预料。

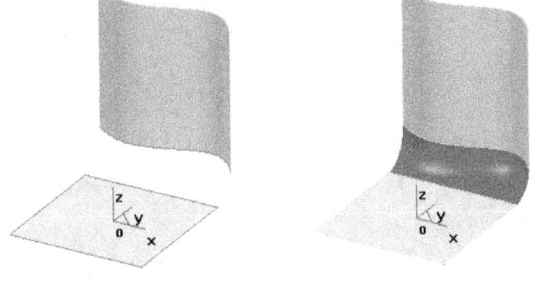

【操作】

1）拾取第一张曲面。

2）拾取第二张曲面，拼接完成，如图 3-94 所示。

图 3-94　两面拼接

（2）三面拼接：做一曲面，使其连接三个给定曲面的指定对应边界，并在连接处保证光滑。

【说明】三个曲面在角点处两两相接，成为一个封闭区域，中间留下一个"洞"，三面拼接就能光滑拼接三张曲面及其边界而进行"补洞"处理。

在三面拼接中，使用的元素并不局限于曲面，还可以是曲线，即可以拼接曲面和曲线围成的区域，拼接面和曲面保持光滑相接，并以曲线为边界。如图 3-95 和图 3-96 所示，可以对两张曲面与一条曲线围成的区域和一张曲面和两条曲线围成的区域进行三面拼接。

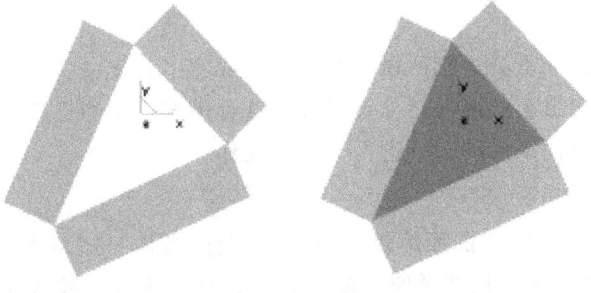

图 3-95　三面拼接

【注意】

1）要拼接的三个曲面必须在角点相交，要拼接的三个边界应该首尾相连，形成一串曲线，它可以封闭，也可以不封闭，如图 3-97 所示。

2）操作中，拾取曲线时需先按右键，再单击曲线才能选择曲线。

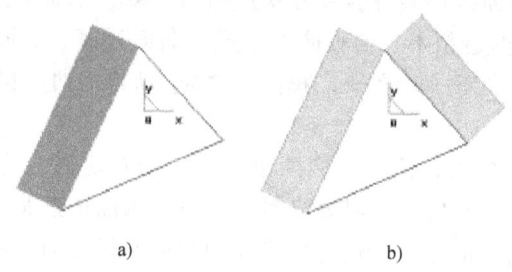

图 3-96 包含曲线的三面拼接
a) 一面两线三面拼接　b) 两面一线三面拼接

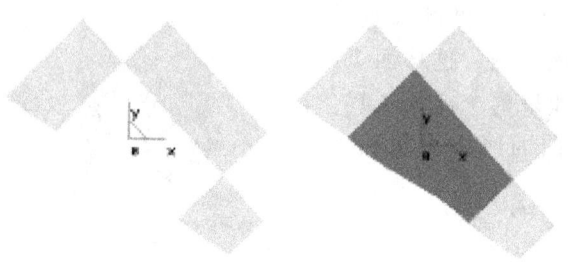

图 3-97 非封闭区域的三面拼接

（3）四面拼接

做一曲面，使其连接四个给定曲面的指定对应边界，并在连接处保证光滑。

【说明】四个曲面在角点处两两相接，形成一个封闭区域，中间留下一个"洞"，四面拼接就能光滑拼接四张曲面及其边界而进行"补洞"处理。

在四面拼接中，使用的元素不仅局限于曲面，还可以是曲线，即可以拼接曲面和曲线围成区域，拼接面和曲面保持光滑相接，并以曲线为边界。四面拼接可以对三张曲面和一条曲线围成的区域，两张曲面和两条曲线围成的区域，一张曲面和三条曲线围成的区域进行四面拼接。其操作方式与三面拼接类似，故此略。

5. 曲面延伸

在应用中的很多情况下会遇到所做的曲面短了或窄了，无法进行一些操作。这就需要把一张曲面从某条边延伸出去。曲面延伸就是针对这种情况，把原曲面按所给长度沿相切的方向延伸出去，扩大曲面，以帮助用户进行下一步操作。

【操作】

1）单击"造型"，指向"曲面编辑"，单击"曲面延伸"或单击"　"按钮。

2）在立即菜单中选择"长度延伸"或"比例延伸"方式，输入长度或比例值。

3）状态栏中提示"拾取曲面"，单击曲面，延伸完成。

【注意】曲面延伸功能不支持裁剪曲面的延伸。

6. 曲面优化

在实际应用中，有时生成的曲面的控制顶点很密很多，会导致对这样的曲面处理起来很慢，甚至会出现问题。曲面优化功能就是在给定的精度范围之内，尽量去掉多余的控制顶点，使曲面的运算效率大大提高。

【操作】

1) 单击"造型"，指向"曲面编辑"，单击"曲面优化"或单击" 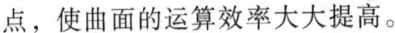 "按钮。
2) 在立即菜单中选择"保留原曲面"或"删除原曲面"方式，输入精度值。
3) 状态栏中提示"拾取曲面"，单击曲面，优化完成。

【注意】曲面优化功能不支持裁剪曲面的优化。

7. 曲面重拟合

在很多情况下，生成的曲面是 NURBS 表达的（即控制顶点的权因子不全为1），或者有重节点，这样的曲面在某些情况下不能完成运算。这时，需要把曲面修改为 B 样条表达形式（没有重节点，控制顶点权因子全部是1）。曲面重拟合功能就是把 NURBS 曲面在给定的精度条件下拟合为 B 样条曲面。

【操作】

1) 单击"造型"，指向"曲面编辑"，单击"曲面重拟合"或单击" "按钮。
2) 在立即菜单中选择"保留原曲面"或"删除原曲面"方式，输入精度值。
3) 状态栏中提示"拾取曲面"，单击曲面，拟合完成。

【注意】曲面重拟合功能不支持裁剪曲面。

思考与练习题

3-1 填空题

(1) 直纹面生成方法有：_____、_____和_____三种。

(2) 导动曲面生成方法有六种，分别是：_____、_____、_____、_____、_____和_____。

(3) 曲面裁剪的方式有：_____、_____、_____和_____。

(4) 按指定的起始角度、终止角度将曲线绕旋转轴旋转而生成的曲面称为_____。

(5) 用双截面线生成导动面，最后选择截面线时，需注意鼠标选取的位置应_____，否则，生成的曲面将会扭曲变形。

(6) "曲线+曲面"方式生成直纹面时，如果曲线的投影_____时，不能生成直纹面。

(7) 面裁剪时，两曲面必须_____，否则无法裁剪曲面。

(8) 工具平面共有七中生成方式，分别是：_____、_____、_____、_____、_____、_____和_____。

(9) 线裁剪曲面时，若裁剪曲线不在曲面上，则系统将曲线按_____的方式投影到曲面上获得投影曲线，然后利用投影曲线对曲面进行裁剪。

(10) 投影线裁剪在拾取的剪刀线沿指定的方向投影时，在曲面上必须有_____，否则，会弹出投影失败的信息提示，只能重新开始选择。

3-2 按如图 3-98 所给的尺寸，完成吊钩模型的曲面造型。提示：R6 段除外，将吊钩内、外轮廓线做成 2 条 U 向截面线，各剖面轮廓线作为 V 向截面线，使用网格面功能作出吊钩曲面，如图 3-99 所示。

3-3 根据图 3-100 所给的尺寸，完成鼠标的曲面造型。

3-4 根据图 3-101 所给的尺寸，完成喇叭口零件的曲面造型。

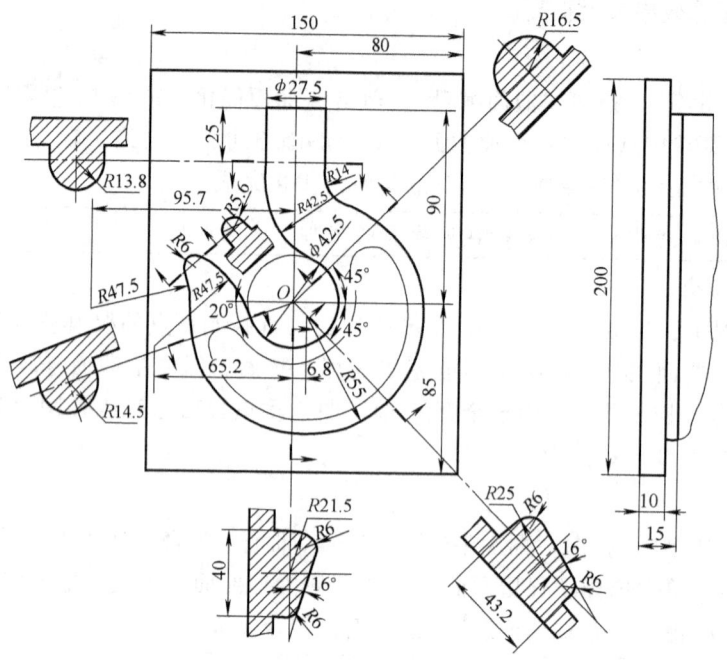

图 3-98 题 3-2 图 1

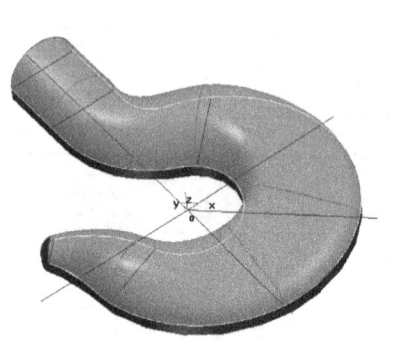

图 3-99 题 3-2 图 2

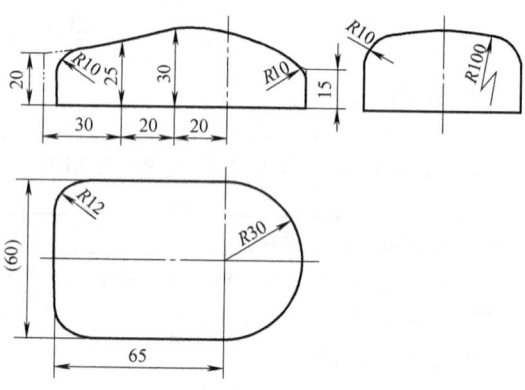

图 3-100 题 3-3 图

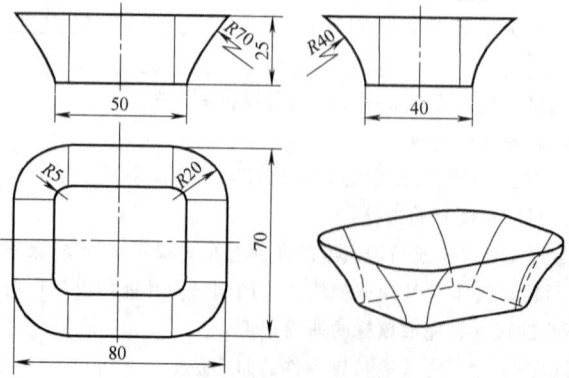

图 3-101 题 3-4 图

模块四 实体造型

● 知识能力目标
1. 理解草图的概念,掌握草图平面的选择与设置,草图的绘制和编辑方法。
2. 学习特征实体的生成、编辑和几何变换,掌握实体造型的工具及应用。
3. 学会分析实体的形成特点,选择正确而简练的实体造型方法。
4. 熟悉各种立即菜单、快捷菜单、快捷键和鼠标左右键的应用。
5. 熟悉空间曲线与草图曲线的关系及其转换。
6. 掌握曲面实体混合造型的工具及其操作。
7. 掌握实体布尔运算的工具及造型方式。
8. 学会坐标系设置及变换方法。

任务一 蜡烛灯的实体造型

◎ 任务背景

CAXA 制造工程师 2013 软件提供了丰富的特征实体造型工具,并且提供了各种实体特征变换、处理工具,掌握这些工具的应用,是学习三维实体造型设计的重要基础。本例通过蜡烛灯的实体造型设计,学习回转体类形体的三维实体作图方法和步骤。

◎ 任务要求

根据图 4-1 所给的尺寸,完成蜡烛灯的三维实体造型设计。

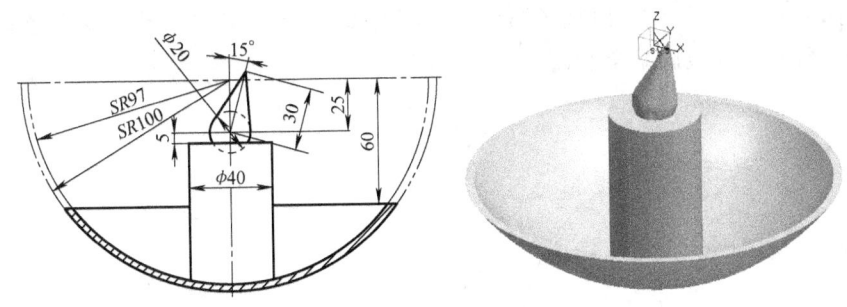

图 4-1 蜡烛灯

◎ 任务解析
(1) 选择作图平面为 XOZ,坐标原点为球面 SR100 中心处。
(2) 实体可以分为蜡烛圆柱体、球面托碗和火苗三个部分。
(3) 球面托碗和蜡烛是同一轴线的回转体,可以一次做出。
(4) 火苗的造型是由同一轴线的球体和圆锥体组成,做出其轴线是关键。

☆ 本案例的重点、难点
(1) 形体特征分析,草图平面的选择及草图的绘制。

(2) 回转体特征造型工具的应用。

【操作步骤详解】

(1) 选择 XOZ 为当前绘图平面，坐标原点为球面 SR100 中心。单击"主菜单"→"特征管理"，或者直接点击左下角"特征…"，得到"特征管理"特征树，如图 4-2 所示。

(2) 在"特征管理"状态树中单击"平面 XZ"，则绘图区作图平面显示为 XOZ，并且显示草图平面红色线框，如图 4-3 所示。

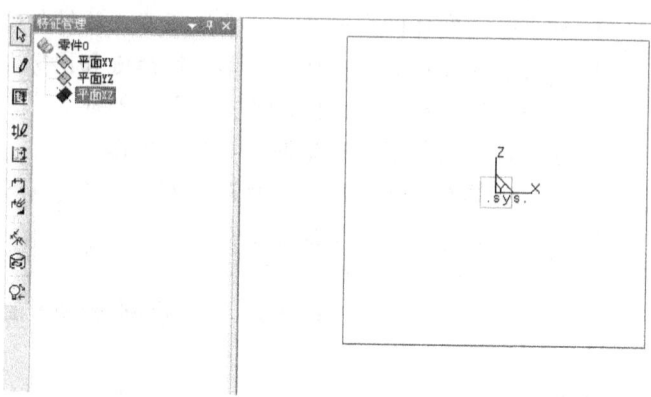

图 4-2 "特征管理"特征树　　　　　　图 4-3 选择平面 XZ 为草图平面

(3) 单击"⌒"按钮，进入草图绘制状态，绘制中心线，SR100、SR97 圆弧，将垂直中心线向右等距 20，将水平中心线向下等距 30、60，得到草图 1，如图 4-4 所示。

(4) 对草图 1 进行裁剪，删除等处理，得到封闭线框草图 2，如图 4-5 所示。注意：草图要求线条必须封闭，不能有开口和重叠。欲采用旋转造型的草图线框，只能在轴线一侧，不能超越旋转轴线，故只画半个截面。

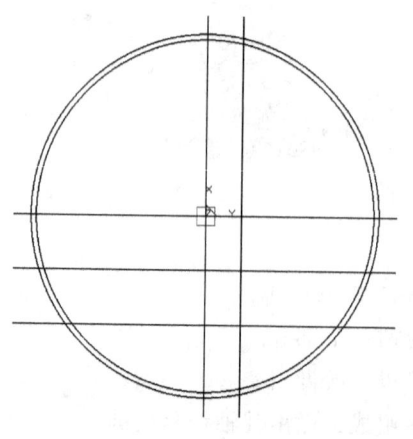
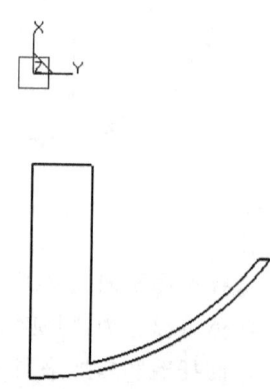

图 4-4 草图 1　　　　　　　　　图 4-5 草图 2

(5) 再次单击"☑"按钮，退出草图。点击直线"╱"按钮，过原点画一条 Z 向空间直线，作为旋转轴线，如图 4-6 所示。注意：旋转轴线必须是空间直线。

(6) 按 F8 显示轴测图，选择主菜单"造型"→"特征生成"→"增料"→"旋转"，或单击"🔄"按钮，弹出"旋转"对话框，点选草图、轴线，各参数选项如图 4-7 所示，单击"确定"，完成"蜡烛"和"托碗"造型，如图 4-8 所示。

图 4-6 绘制旋转轴线　　　　　　　　　　图 4-7 "旋转"对话框

(7) 单击"╱"按钮，在立即菜单中选择"角度线"→"X 轴夹角"→"角度=75"，按左下角提示，按"Enter"键，输入第一点坐标：0，0，-25，再输入长度：30，得到"火苗"轴线，如图 4-9 所示。

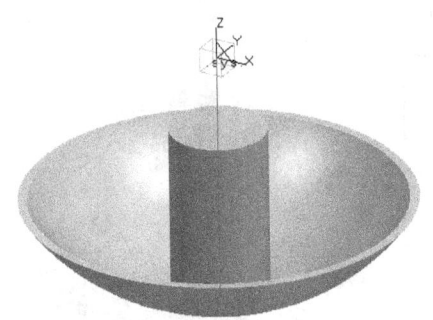 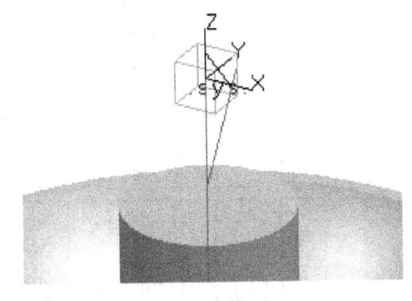

图 4-8 "蜡烛"和"托碗"造型　　　　　　图 4-9 "火苗"轴线

(8) 选择平面 XZ 作为草图平面，进入草图，单击曲线投影"🔄"按钮，拾取"火苗"轴线，得到"火苗"轴线的草图线；再单击整圆"⊕"按钮，绘制 Φ20 圆；单击"╱"按钮，在立即菜单中选择"两点线"→"连续"→"非正交"，绘制过火苗轴线顶点的 Φ20 圆的切线，"火苗"草图 1 如图 4-10 所示。单击曲线拉伸"🔄"按钮，点取火苗轴线下端，拉伸至 Φ20 圆之下，然后，修剪草图为封闭线框，"火苗"草图 2 如图 4-11 所示。

(9) 退出草图，单击"🔄"按钮，弹出"旋转"对话框，选取"火苗"草图、"火苗"轴线，各参数选项如图 4-12 所示，单击"确定"，完成蜡烛灯造型设计。

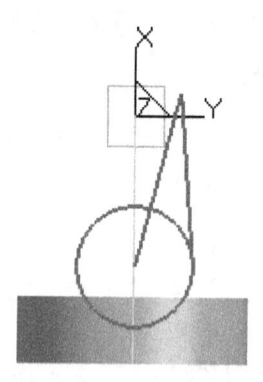
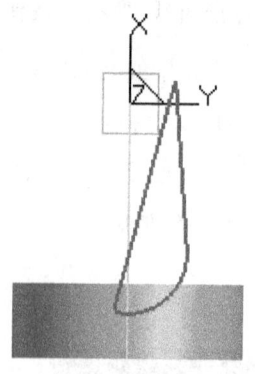
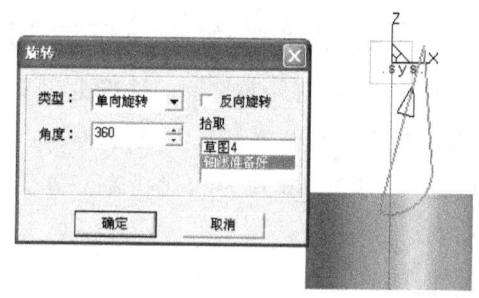

图 4-10 "火苗"草图 1　　图 4-11 "火苗"草图 2　　图 4-12 "火苗"旋转造型

任务二　轴承盖的实体造型

◎任务背景

通过上例蜡烛灯的造型设计,学习回转体类形体的三维实体作图方法和步骤。本例通过轴承盖的造型,学习拉伸增料、拉伸除料、打孔、线性阵列等功能工具的应用,进一步理解草图平面、空间曲线与草图线的概念与关系。

◎任务要求

根据图 4-13 所给的尺寸,完成轴承盖的三维实体造型设计。

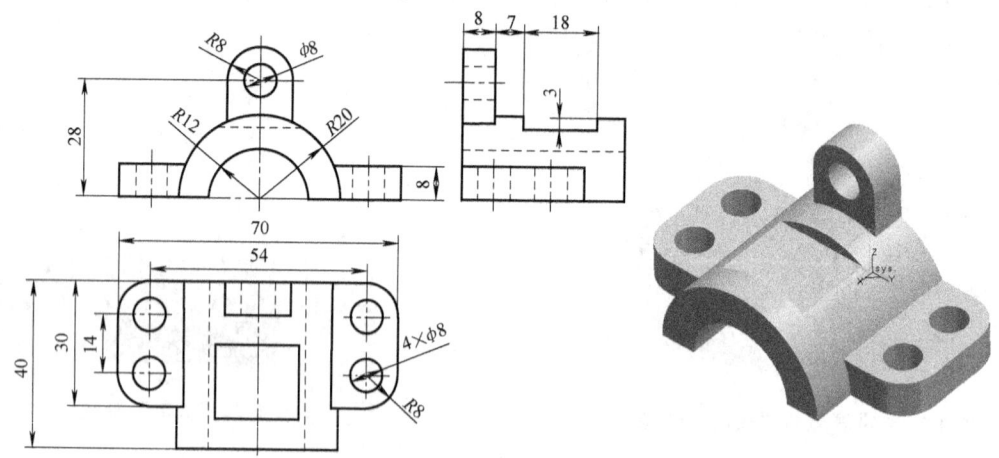

图 4-13　轴承盖

◎任务解析

（1）选择作图平面为 YOZ，坐标原点为 $R20$ 圆柱体后端面与轴线交点处。

（2）实体可以分为连接板、圆柱套、拱形板、圆孔和截交平面组成。

（3）以主视图（最能反映零件特征的视图）轮廓绘制空间曲线图形。

（4）通过草图曲线投影工具，三次拉伸得到零件基本体。

（5）构建草图平面，拉伸除料得到矩形截交平面。

模块四 实体造型　87

（6）打孔，做矩形阵列。

☆**本案例的重点、难点**

（1）形体特征分析，绘制空间曲线轮廓。

（2）空间曲线投影为草图曲线。

（3）拉伸增料、拉伸除料工具的应用。

（4）打孔工具的应用。

（5）矩形阵列功能的应用。

【**操作步骤详解**】

（1）单击 F6 键，选择 YOZ 为当前绘图平面，坐标原点为 R20 圆柱体后端面与轴线交点处。

（2）绘制主视图空间曲线，如图 4-14 所示。

（3）单击左下角"特征…"，在特征树中选择"平面 YZ"，单击" "按钮进入草图。单击曲线投影" "按钮，拾取"连接板"线框，修剪后得到"连接板"封闭草图线框，如图 4-15 所示。提示：要求实体造型不能有相互不接触的两个实体存在，所以把圆柱套部分也投影为草图。

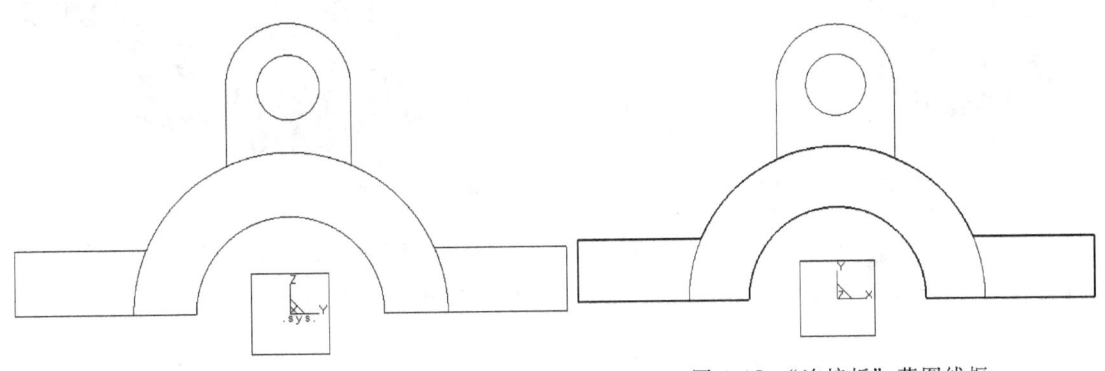

图 4-14　主视图空间曲线　　　　　　　图 4-15　"连接板"草图线框

（4）单击" "按钮退出草图，单击拉伸增料" "按钮，弹出"拉伸增料"对话框，选择草图线（变红色），参数设置如图 4-16 所示，单击"确定"，得到"连接板"造型。

（5）再次选择"平面 YZ"，单击" "按钮进入草图。单击曲线投影" "按钮，拾取"圆柱套筒"线框，修剪后得到封闭草图线框，如图 4-17 所示。

（6）退出草图，单击拉伸增料" "按钮，弹出"拉伸增料"对话框，选择草图线（变红色），参数设置如图 4-18 所示，单击"确定"，得到"圆柱套筒"造型。

（7）再次选择"平面 YZ"，单击" "按钮进入草图。单击曲线投影" "按钮，拾取"拱形板"线框，修剪后得到封闭草图线框，如图 4-19 所示。

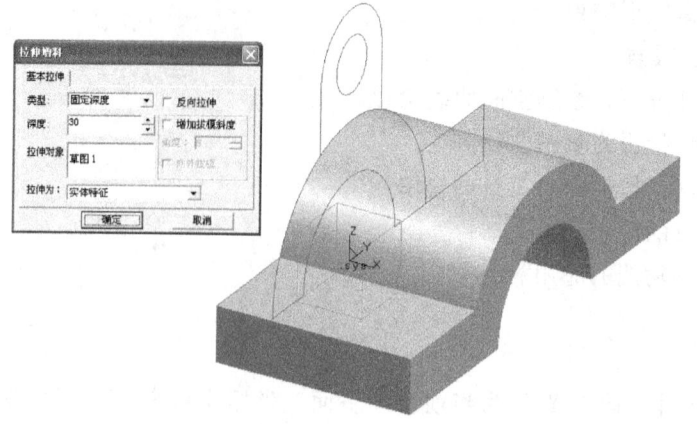

图 4-16 "连接板"造型

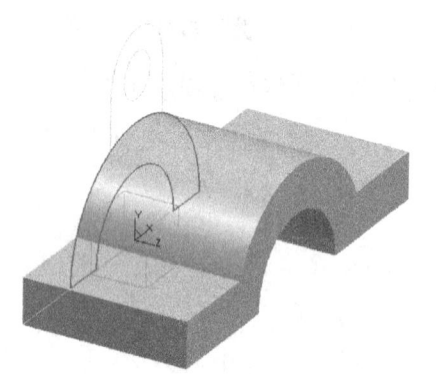

图 4-17 "圆柱套筒"草图线框

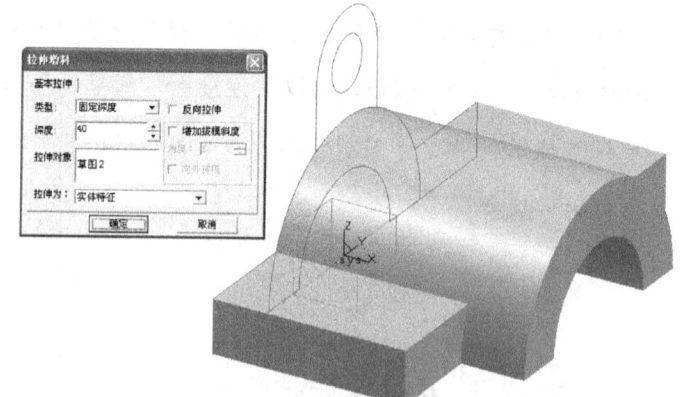

图 4-18 "圆柱套筒"造型

（8）退出草图，单击拉伸增料" "按钮，弹出"拉伸增料"对话框，选择草图线（变红色），参数如图 4-20 所示，单击"确定"，得到"拱形板"造型。

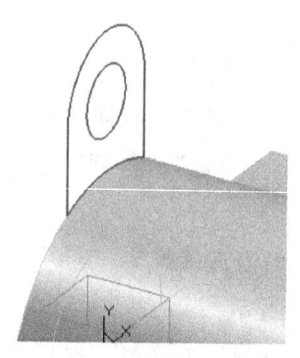

图 4-19 "拱形板"草图线框

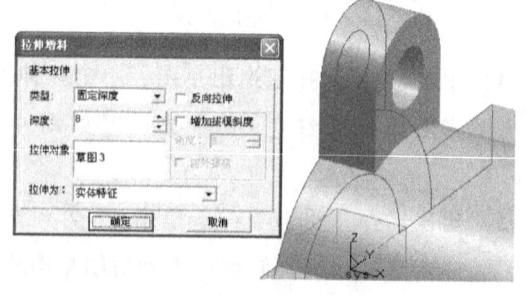

图 4-20 "拱形板"造型

（9）单击主菜单"造型"→"特征生成"→"基准面"，或直接单击" "按钮，弹出"构造基准面"对话框，"构造方法"选择第一项"等距平面"，距离为 20，选择"平面 XY"为"拾取平面"，单击"确定"，得到草图基准面，如图 4-21 所示。

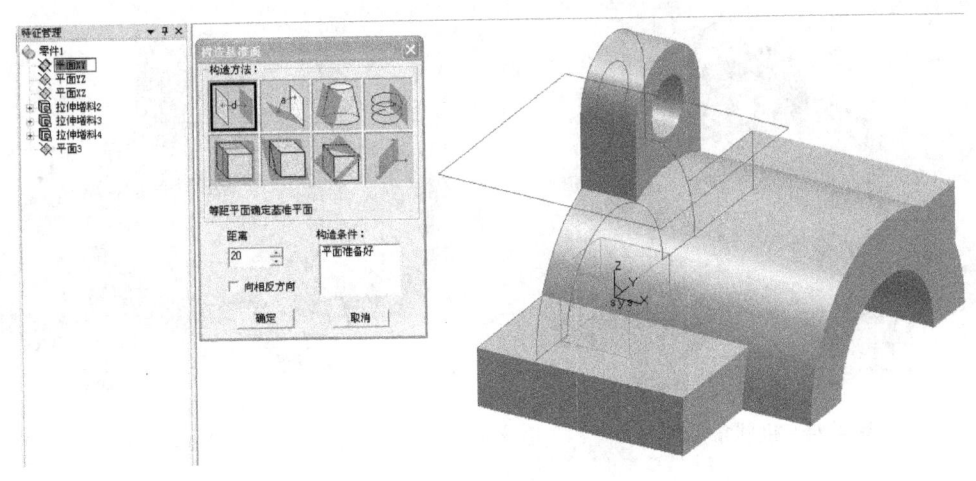

图 4-21 构建草图平面

（10）特征树中单击构建的基准面（平面 3），单击" "按钮进入草图，绘制矩形线框，尺寸如图 4-22 所示。修剪后得到"截交平面"封闭草图线框。提示：由于宽度截交线是自然形成，所以画图时可以比实际尺寸大一些，本例取 30，但不能取小。

（11）退出草图，单击拉伸除料" "按钮，弹出对话框，填写参数，选择草图，单击"确定"，得到"截交平面"造型，如图 4-23 所示。

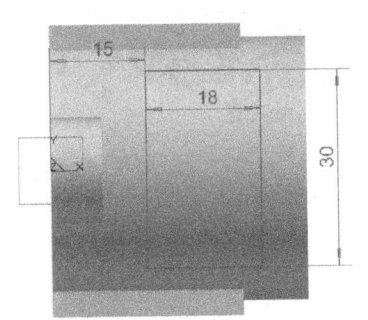

图 4-22 "截交线"草图线框

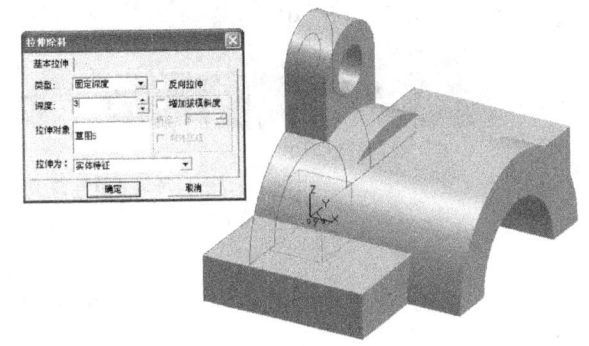

图 4-23 "截交平面"造型

（12）点击过渡" "按钮，在"过渡"对话框中输入半径 8，选择"连接板"四条棱线，单击"确定"，完成倒圆角操作，如图 4-24 所示。

（13）单击打孔" "按钮，弹出"孔的类型"对话框，按左下角提示选取"连接板"上表面为打孔平面，选择第一项为孔的类型，单击鼠标右键，按"Enter"键，弹出孔的定位点坐标输入框，输入：8，27，再按"Enter"键，单击"下一步"，填入孔的参数：直径 8，通孔，单击"完成"，打孔结果如图 4-25 所示。

（14）单击线性阵列" "按钮，弹出"线性阵列"对话框，拾取孔为阵列对象，拾取"连接板"Y 向棱边为第一方向，当箭头与欲阵列方向相反时，勾选"反转方向"，填入

 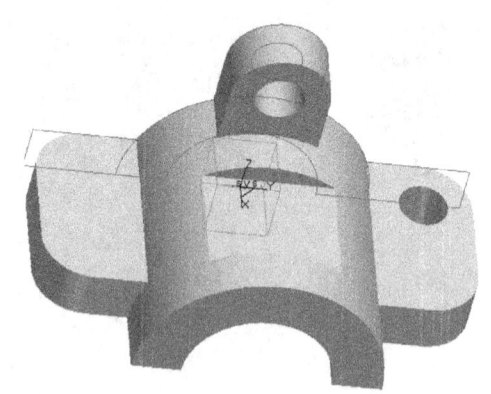

图 4-24 倒圆角操作　　　　　　　　图 4-25 打孔操作

距离 54，数目 2；单击""选阵列方向为第二方向，拾取"连接板"X 向棱边为当前方向 2，距离 14，数目 2，如图 4-26 所示，单击"确定"，完成线性阵列，结果如图 4-27 所示。

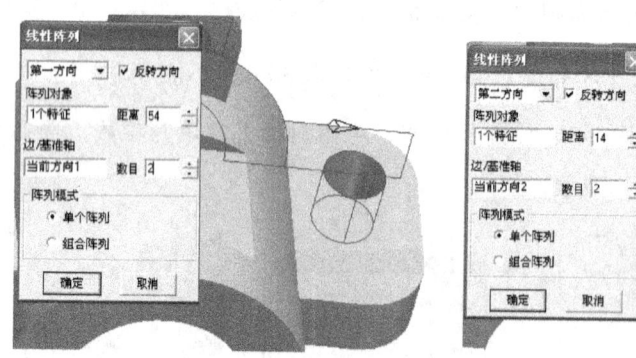

图 4-26 "线性阵列"对话框

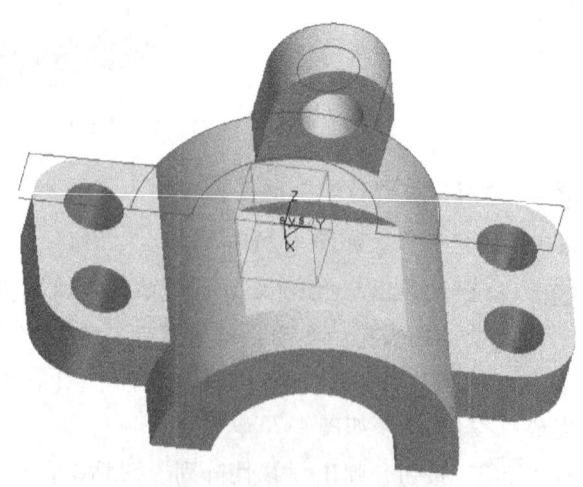

图 4-27 "线性阵列"操作

任务三 弯管的实体造型

◎**任务背景**

本例通过弯管的实体造型,学习导动增料、导动除料、环形阵列等功能工具的应用,加深理解草图平面、空间曲线与草图线的概念与关系。

◎**任务要求**

根据图 4-28 所给的尺寸,完成弯管的实体造型设计。

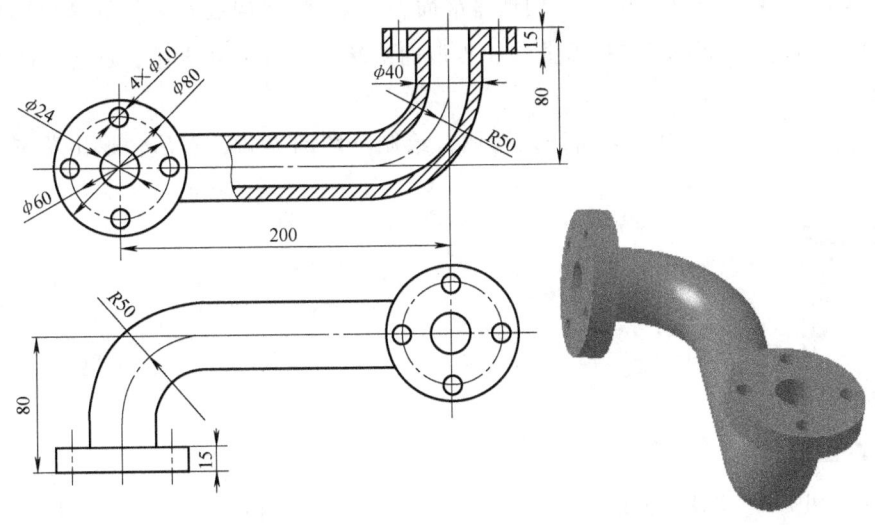

图 4-28 弯管

◎**任务解析**

(1) 坐标原点定在弯管轴线中点处。

(2) 首先做出弯管轴线(空间曲线),在弯管轴线端点建立法平面(作为草图平面),作出弯管截面草图线。

(3) 使用导动增料、导动除料得到弯管体部分。

(4) 以弯管体端面作为草图平面,绘制法兰截面轮廓草图,得到法兰盘。

(5) 打孔,做环形阵列得到法兰盘均布连接孔。

☆**本案例的重点、难点**

(1) 绘制弯管轴线的空间曲线。

(2) 导动增料、导动除料。

(3) 打孔,孔的环形阵列。

【操作步骤详解】

(1) 单击 F8 键立体显示,通过 F9 键切换作图平面为 XOY,单击直线 " ✏ " 按钮,绘制 80、200 和 80 三段直线,如图 4-29 所示;使用旋转 " 🗘 " 工具,将右端 80 线段旋转

90°至 Z 轴方向，再使用曲线过渡"▱"工具，以半径 R50 过渡，得到弯管轴线，结果如图 4-30 所示。

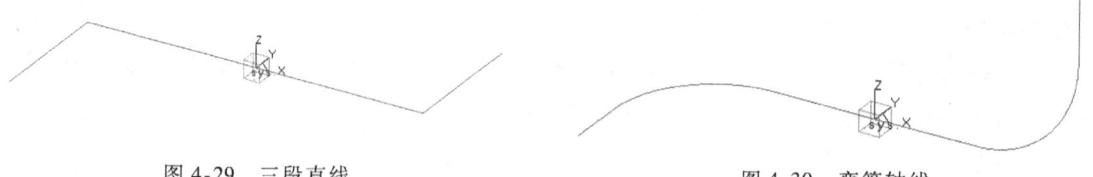

图 4-29　三段直线　　　　　　　　　图 4-30　弯管轴线

（2）单击"◈"按钮，弹出"构造基准面"对话框，"构造方法"选择第四项"过点且垂直于曲线确定基准平面"，拾取曲线，点取曲线端点，得到草图基准面（平面 3），如图 4-31 所示。

（3）选择"平面 3"为基准面进入草图，绘制草图圆 Φ40，然后，退出草图，如图 4-32 所示。

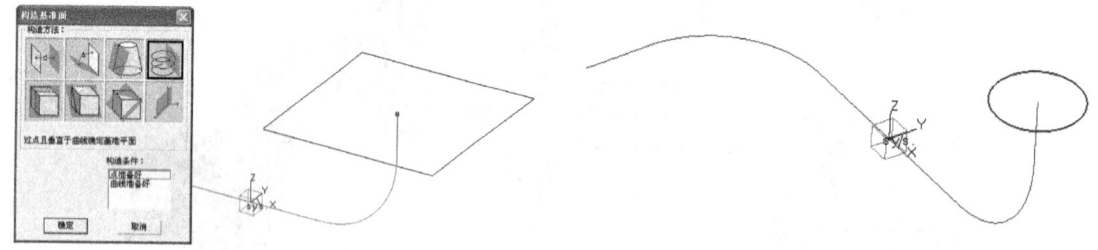

图 4-31　草图基准面　　　　　　　　图 4-32　草图圆 Φ40

（4）单击导动增料"▱"按钮，弹出"导动"对话框，按要求先选择弯管轴线为轨迹线，点选处为右端起始段，选择向下方向，单击右键结束；然后，选择草图圆为轮廓截面线，选择"固接导动"，单击"确定"完成弯管导动增料操作，如图 4-33 所示。

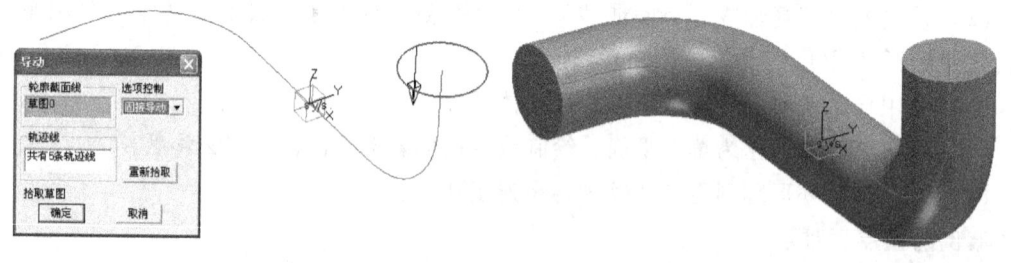

图 4-33　弯管导动增料操作

（5）拾取弯管右端面为草图基准面，进入草图，以弯管轴线右端点为圆心，绘制草图圆 Φ80，退出草图，单击拉伸增料"▱"按钮，选择草图，填写参数为深度 15，方向向下，点"确定"后，得到法兰盘体，如图 4-34 所示。

（6）同理，完成弯管左端法兰盘体造型。

（7）拾取右端法兰盘端面为草图基准面，进入草图，以弯管轴线端点为圆心，绘制草图圆 Φ24，退出草图。单击导动除料"▱"按钮，弹出"导动"对话框，先选弯管轴线为

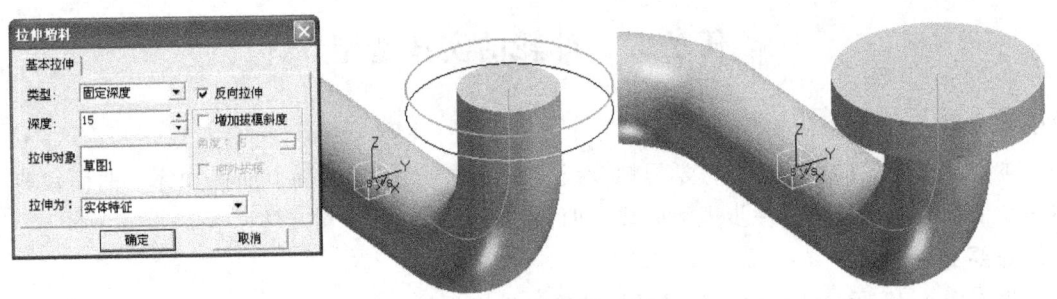

图 4-34 法兰盘体拉伸操作

轨迹线,选择右端起始段,方向向下,单击鼠标右键结束,再拾取草图线为轮廓截面线,选择"固接导动",单击"确定"后,得到弯管体如图 4-35 所示。

(8) 切换当前作图平面为 XOY,以弯管轴线右端点为圆心,画圆 Φ60,单击点"■"按钮,点取圆周上 4 个象限分界点之一(自动捕捉),得到一个孔的中心点,如图 4-36 所示。

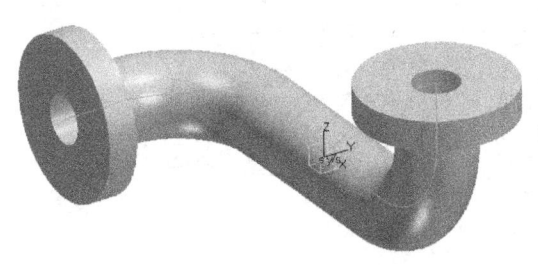

图 4-35 弯管体　　　　　　　　图 4-36 画出孔中心点

(9) 单击孔"■"按钮,弹出"孔的类型"对话框,选法兰端面为打孔平面,孔的类型为第一项圆柱孔,直接点选孔中心点,单击"下一步",输入孔参数为:孔直径 10,深度 15,单击"完成",打孔结束。单击环形阵列"■"按钮,弹出"环形阵列"对话框(图 4-37),选择孔为阵列对象,拾取中心直线为旋转轴,角度 90,数目 4,单击"确定",完成孔的环形阵列。另一法兰盘孔操作同理,要注意画 Φ60 圆时切换作图平面为 XOZ。法兰盘孔操作结果如图 4-38 所示。

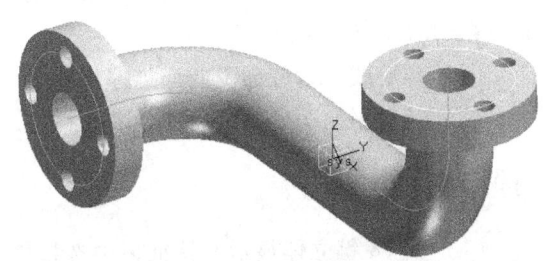

图 4-37 环形阵列操作　　　　　　图 4-38 法兰盘孔操作结果

任务四 叶轮的实体造型

◎**任务背景**

本例通过叶轮的实体造型，学习螺旋线（公式曲线）、螺旋面、曲面加厚、曲面裁剪实体等功能工具的应用，进一步理解曲线、曲面和实体的联系及相互转换。

◎**任务要求**

根据图 4-39 所给的尺寸，完成叶轮的实体造型设计。

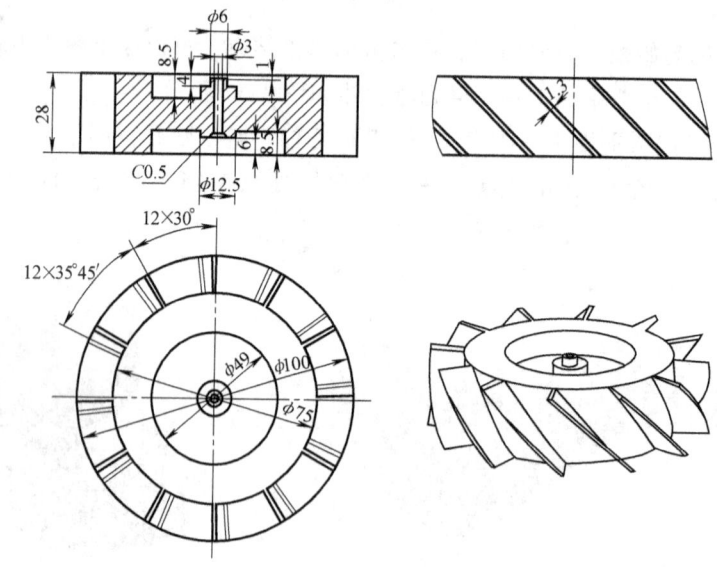

注：螺旋线导程=28×360/35.75=281.96

图 4-39 叶轮

◎**任务解析**

（1）坐标原点定在下端面轴线中点处。

（2）叶轮可以看成是由轮毂和叶片两部分组成，轮毂的造型比较简单；而叶片关键要先做出螺旋面，然后通过曲面加厚及裁剪后得到。

（3）先画出螺旋线、做出螺旋面边界线框，使用边界面（或网格面）作出螺旋面。

（4）使用曲面加厚增料工具，得到叶片实体。

（5）叶片做环形阵列，并使用曲面裁剪实体工具完成叶片造型。

☆**本案例的重点、难点**

（1）螺旋线、螺旋面及曲面加厚增料。

（2）裁剪平面的绘制，曲面裁剪实体工具的应用。

【操作步骤详解】

（1）按 F8 键立体显示，特征树中选择"平面 XY"作为基准面，进入草图，画圆 $\phi 75$，退出草图，拉伸增料，深度 28，得到圆柱体，如图 4-40 所示。

(2) 单击公式曲线 "f(x)" 按钮，弹出 "公式曲线" 对话框，公式库中选择 "三维螺旋线"，其他参数如图 4-41 所示。

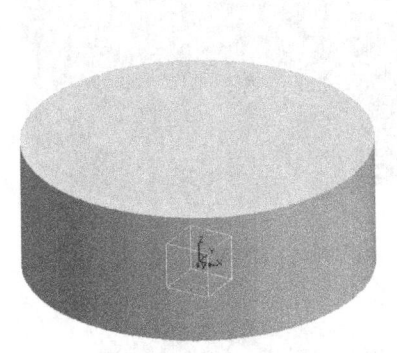

图 4-40 圆柱体

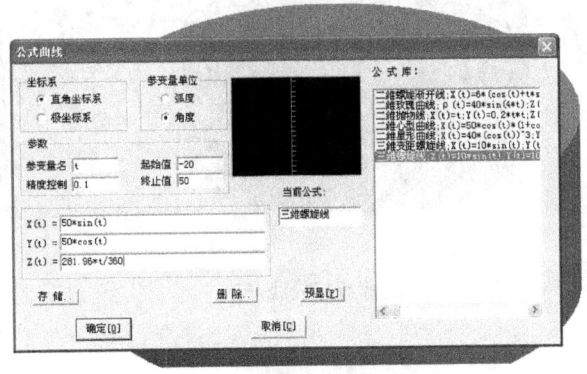

图 4-41 公式曲线对话框

(3) 切换作图平面为 XY，单击公式曲线对话框中 "确定"，按左下角提示，拾取坐标原点为曲线定位点，生成螺旋线，如图 4-42 所示。

(4) 按 F6 键切换视图至 YZ 平面，画铅垂线，其端点坐标为 (0, 0, -5) 和 (0, 0, 33)；再单击 "直线" → 选择 "两点线"、"正交"、"点方式"，分别以铅垂线端点为第一点，画出两条 Y 轴的平行线，如图 4-43 所示。单击 "曲线裁剪"，选择 "投影线裁剪"，按照左下角提示，拾取 Y 向线为剪刀线，拾取螺旋线保留部分，裁剪螺旋线后，删除两条 Y 向线，如图 4-44 所示。

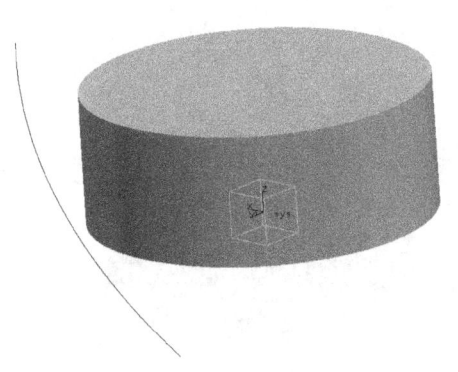

图 4-42 螺旋线

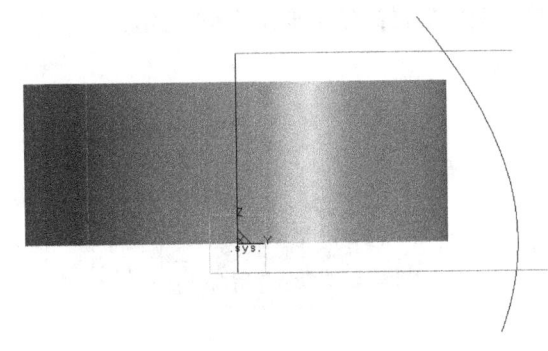

图 4-43 两条 Y 向剪刀线

(5) 单击 "直线" 工具，选择 "非正交"、"点方式"，分别连接铅垂线端点与螺旋线端点，得到四边界线框，如图 4-45 所示。

(6) 单击边界面 "◇" 按钮，在立即菜单中选择 "四边面"，依次拾取线框四条边界线，生成叶片螺旋曲面，如图 4-46 所示。提示：也可以用网格面生成螺旋面。

(7) 单击曲面加厚增料 "▱" 按钮，弹出 "曲面加厚" 对话框，点选 "双向加厚"，厚度 1 = 0.65，厚度 2 = 0.65，拾取螺旋面，得到叶片实体如图 4-47 所示。

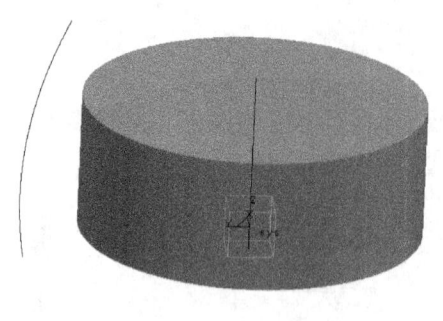
图 4-44 裁剪后螺旋线

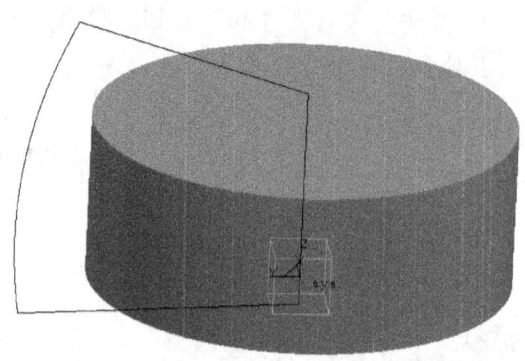
图 4-45 截面线

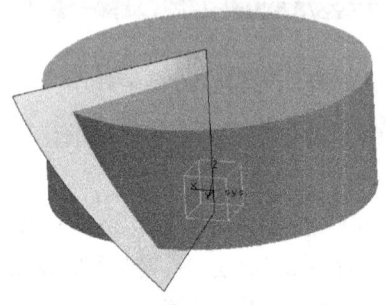
图 4-46 螺旋曲面

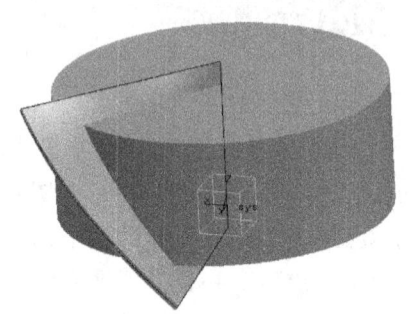
图 4-47 叶片实体

(8) 单击环形阵列 "" 按钮，以铅垂线为旋转轴，设置阵列参数如图 4-48 所示，单击确定后得到结果如图 4-49 所示。

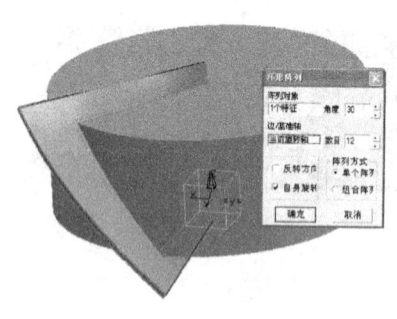
图 4-48 环形阵列操作

图 4-49 叶片阵列结果

(9) 分别以点 (0, 0, 0) 和点 (0, 0, 28) 为圆心，作半径为 R70 的两个圆，单击平面 " " 按钮，选择 "裁剪平面"，拾取圆周曲线，点选方向箭头，点击鼠标右键两次，得到圆形平面，如图 4-50 所示。单击曲面裁剪除料 " " 按钮，拾取曲面，选择方向，完成裁剪，再删除掉多余曲面和线条，得到叶片实体裁剪结果如图 4-51 所示。

(10) 使用拉伸除料、拉伸增料和打孔工具，完成轮毂的造型，过程略。

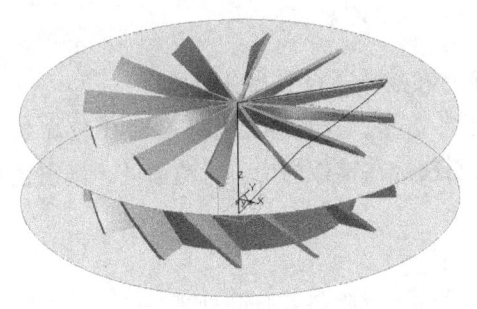
图 4-50 作两个裁剪曲面

图 4-51 叶片实体裁剪结果

任务五 支架的实体造型

◎**任务背景**

本例通过支架的实体造型，学习叉架类零件的实体造型的方法和步骤，以及如何根据零件的结构特点，采取巧妙的手段，精准、快捷地完成造型设计，本例还学习加强筋（即加强肋）功能工具的应用。

◎**任务要求**

按照图 4-52 所给的尺寸，完成支架的实体造型。

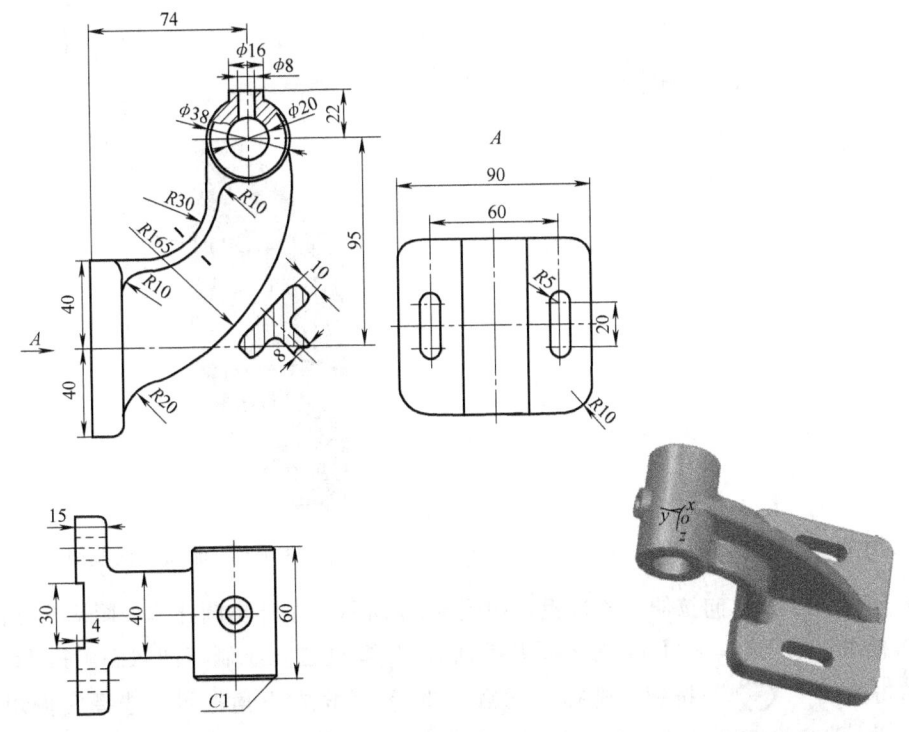
图 4-52 支架

◎任务解析

（1）坐标原点定在 Φ38 圆柱轴线中点处。

（2）支架是由底板、连接板、圆柱体、加强筋和油孔凸台五部分组成。

（3）如果按照一般思路会依次把这五部分逐一造型，这样会增加步骤。比较高效的方法是：抓住零件对称性的特点，将初始草图基准面选定在零件的中心对称面处，画出主视图轮廓空间曲线，采用多次拉伸的方式完成造型设计。

（4）使用筋板工具，得到加强筋实体。

（5）油孔凸台可用拉伸到面的命令生成，最后再进行除料及打孔处理。

☆本案例的重点、难点

（1）零件结构特点分析，确定正确和简捷的造型方法和步骤。

（2）学习筋板功能的应用。

【操作步骤详解】

（1）按 F6 键，选 YZ 为当前工作面。绘制主视图轮廓空间曲线，如图 4-53 所示。

（2）拾取状态树中的"平面 YZ"作为草图基准面，进入草图。单击曲线投影"〰"按钮，拾取底板矩形轮廓线，修剪后得到封闭草图线框。退出草图，按 F8 键进入轴测图显示状态，单击拉伸增料"▣"按钮，选择"双向拉伸"、"深度 = 90"，确定后得到结果如图 4-54 所示。

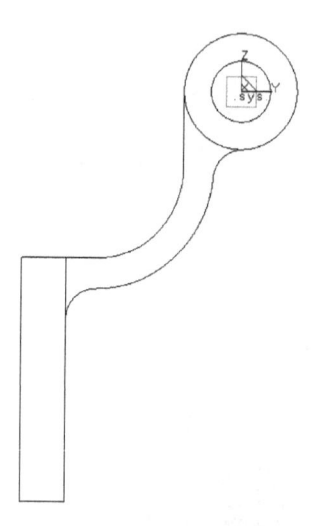
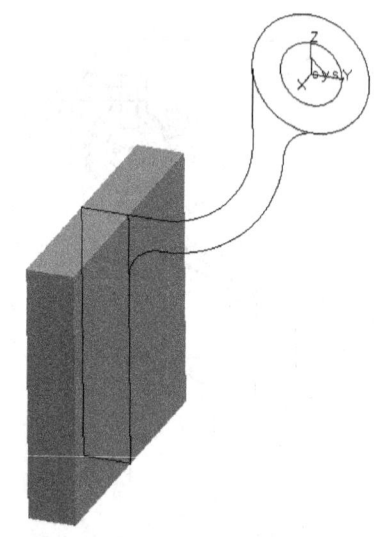

图 4-53　轮廓空间曲线　　　　　　　图 4-54　底板双向拉伸

（3）同样方法，双向拉伸出连接板，如图 4-55 所示，拉伸出圆柱体如图 4-56 所示。

（4）按 F6 键，选择平面 YZ 为草图基准面，按 F2 键进入绘制草图状态。按 F8 键轴测显示。单击整圆"⊕"按钮，选择"两点_半径"，按左下角提示，选择底板矩形线端点为第一点，按空格键弹出点工具菜单，选择"切点"，拾取矩形边线自动得到第二点，输入半径 20，得到结果如图 4-57 所示。

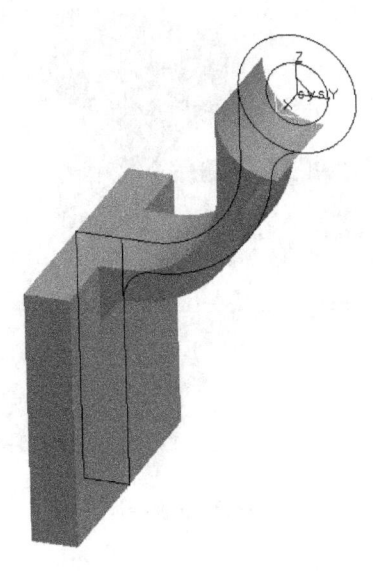 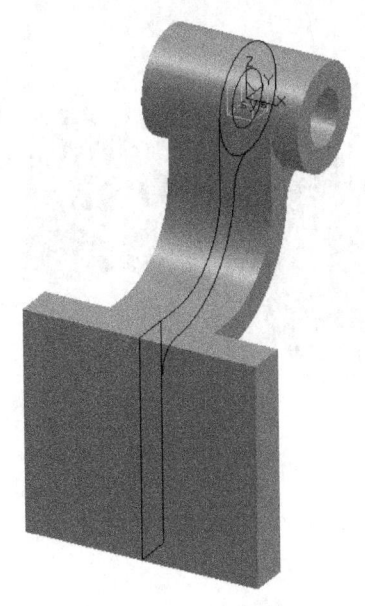

图 4-55 连接板双向拉伸　　　　　图 4-56 圆柱体双向拉伸

（5）单击 " " 按钮，将 Φ38 曲线投影为草图线，用 "两点_半径" 方式，点工具菜单选择 "切点"，分别单击上一步的 R20 整圆和柱体大圆 Φ38 切点附近，调整图形为所需状态后，输入半径值 165，得到结果如图 4-58 所示。

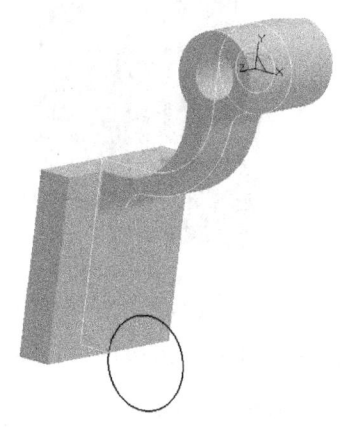 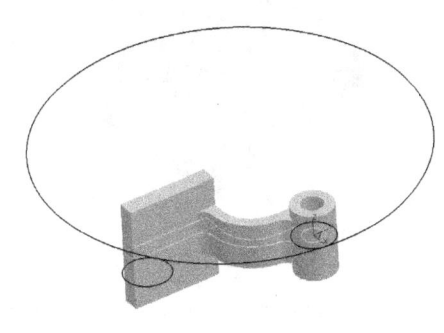

图 4-57 做出 R20 整圆　　　　　图 4-58 做出公切圆 R165

（6）使用曲线裁剪功能及删除功能，将多余曲线修剪掉，便得到筋板的草图线如图 4-59 所示。

（7）退出草图状态，单击筋板 " " 按钮，参数选择如图 4-60 所示。单击确定后得到结果如图 4-61 所示。

（8）单击 "显示旋转" 按钮，将底板底面转到正面位置，并以底面作为草图基准面，进入草图绘制状态。单击 "直线" → 选择 "水平/铅垂线"、"铅垂"、"长度 = 60"，捕捉底板矩形线中点位置，画出草图直线段。单击 "矩形" → 选择 "中心_长_宽"、"长度 = 10"、"宽度 = 30"，中心选择上一步做出直线的两端点，画出两矩形线框。如图 4-62 所示。

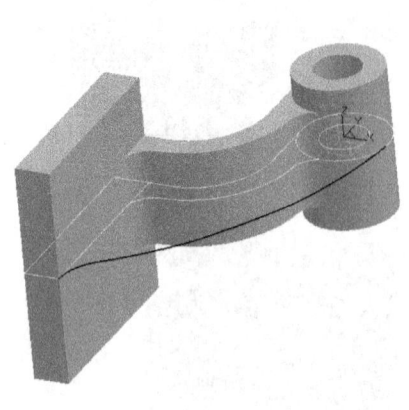

图 4-59　绘制筋板草图线

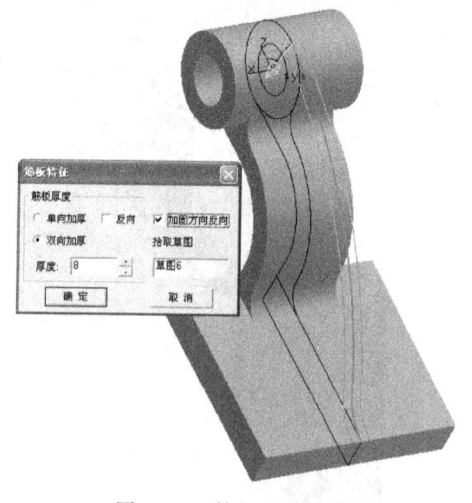

图 4-60　筋板特征操作

图 4-61　做出筋板

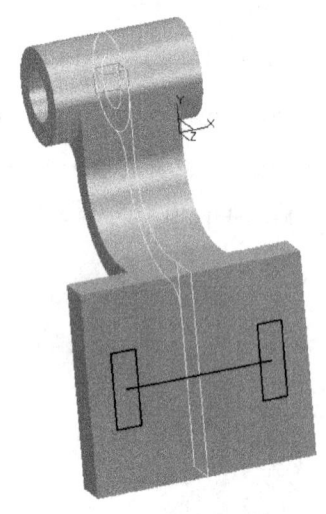

图 4-62　画出底板上两矩形草图

(9) 单击 "圆弧" →选择 "三点圆弧"，按空格键，在点工具菜单中选择 "切点"，拾取矩形三边，画出孔的半圆弧轮廓线，将多余线段修剪掉，如图 4-63 所示。

(10) 单击 "拉伸除料"，选择 "贯穿"，拾取两长圆孔草图，确定后生成两特征孔。选取底板侧面为草图基准面，进入草图状态。单击 "矩形"，选择 "中心_长_宽"、"长度 = 30"、"宽度 = 8"，中心选择矩形顶点，画出矩形线框，如图 4-64 所示。退出草图，单击 "拉伸除料"，选择 "贯穿"，确定后便得到底板凹槽。

(11) 单击构造基准面 " ◇ " 按钮，选择 "用等距平面确定基准平面" 方法，拾取特征树中 "平面XY"，输入距离 = 22，确定后得到草图基准面。按 F2 进入草图绘制状态，单击 "整圆"，选择 "圆心_半径"，以草图坐标原点为圆心，半径为 8 画一圆，如图 4-65 所示。

(12) 单击 "拉伸增料" →选择 "拉伸到面"，拾取外圆柱面，确定后得到油孔凸台，如图 4-66 所示。

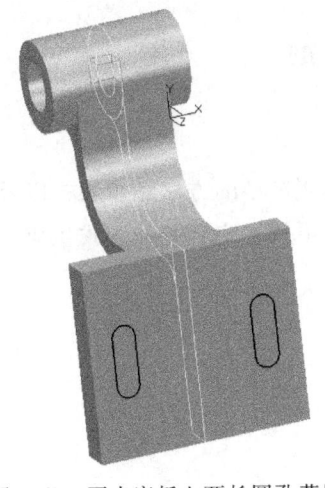
图 4-63 画出底板上两长圆孔草图

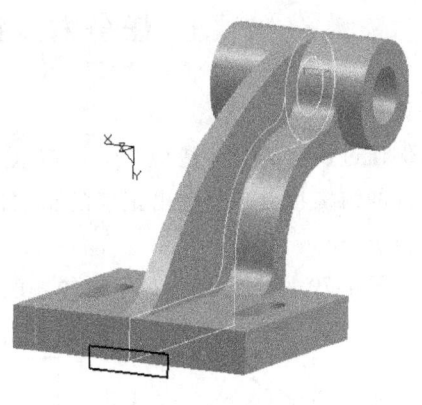
图 4-64 画出底板凹槽草图

图 4-65 画出凸台草图圆

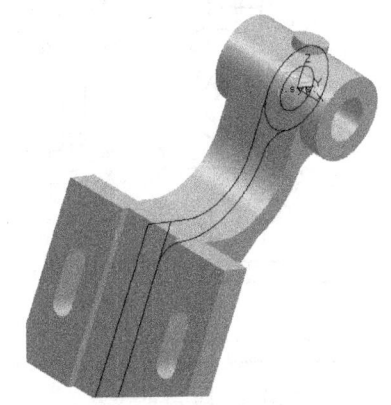
图 4-66 生成油孔凸台

（13）单击"打孔"，拾取凸台平面为打孔平面，孔型为直孔，打孔中心定位在圆心（可通过拾取坐标原点得到），参数选择如图 4-67 所示，确定后得到结果如图 4-68 所示。

（14）单击"倒角"，输入距离＝1，角度＝45，拾取圆柱端面外圆，确定后生成倒角。单击"过渡"，输入半径＝10，拾取底板侧面四条棱边。单击"过渡"，输入半径＝2，实施对其他棱边的圆角过渡处理。删除或隐藏空间线，最后得到结果如图 4-69 所示。

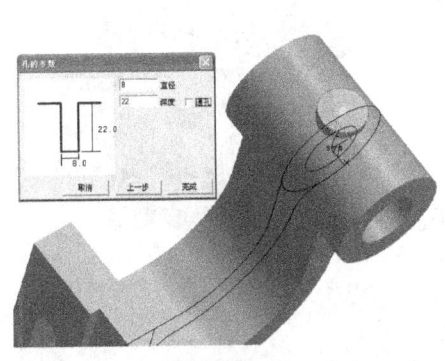
图 4-67 打孔操作

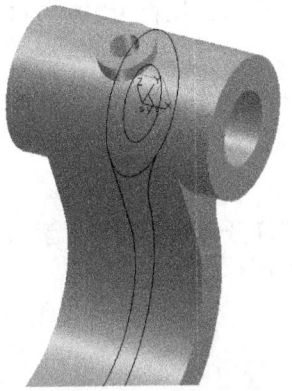
图 4-68 凸台上打孔

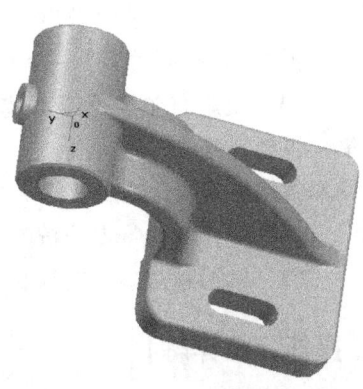
图 4-69 倒角及圆角处理

任务六 铰链的实体造型

◎ **任务背景**

本例通过铰链的实体造型,学习布尔运算功能概念及实体造型的方法和步骤,以及如何根据零件的结构特点,分解出正确的布尔运算元素因子,运用并、交和差的方式生成实体。

◎ **任务要求**

根据图 4-70 所给的尺寸,完成铰链的实体造型设计。

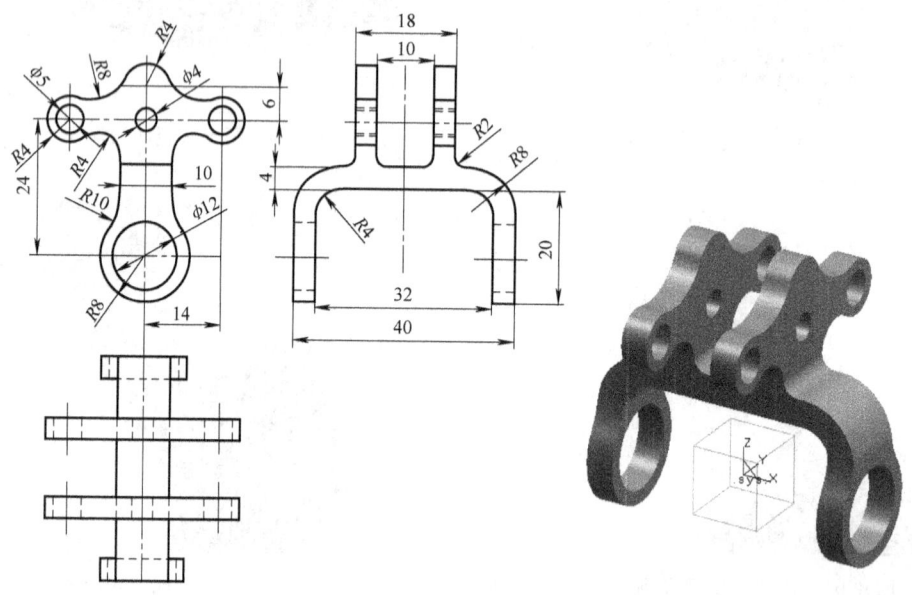

图 4-70 铰链

◎ **任务解析**

(1) 坐标原点定在 Φ12 圆孔轴线中点处。

(2) 铰链可以看成是由两个互相垂直的柱体(布尔运算元素因子)求交集后得到的实体,如图 4-71 所示。

(3) 先在 YZ 平面做出一个柱体,保存为 *X-T 格式文件。再在 XZ 平面做出另一个柱体。

(4) 使用布尔运算工具将当前柱体与前一个柱体求交集,得到铰链的实体造型。

☆ **本案例的重点、难点**

(1) 零件结构特点分析,正确分解布尔运算元素因子。

(2) 掌握布尔运算工具的应用与操作。

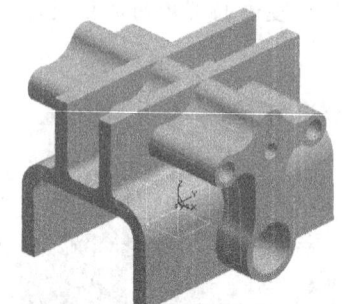

图 4-71 互相垂直的两个柱体

【操作步骤详解】

(1) 按 F6 键,选 YZ 为当前工作面,按 F2 进入草图,绘制主视图轮廓草图曲线,如图

4-72 所示。退出草图，双向拉伸，参数如图 4-73 所示，得到柱体 1 实体造型。

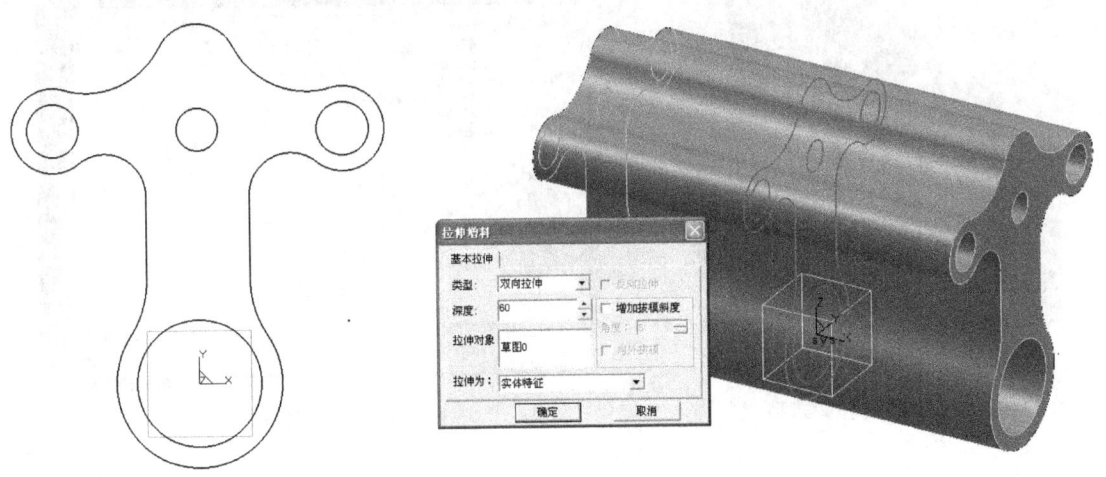

图 4-72　绘制柱体 1 截面草图　　　　　　图 4-73　柱体 1 造型

（2）单击主菜单"文件"→"保存"，弹出"存储文件"对话框，文件名：1，保存类型：（*.X-T），如图 4-74 所示，单击"保存"。

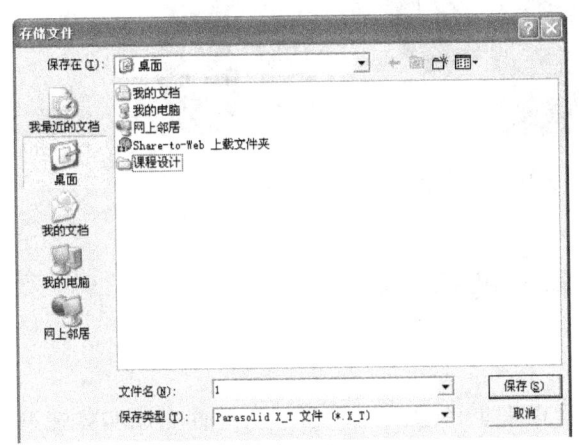

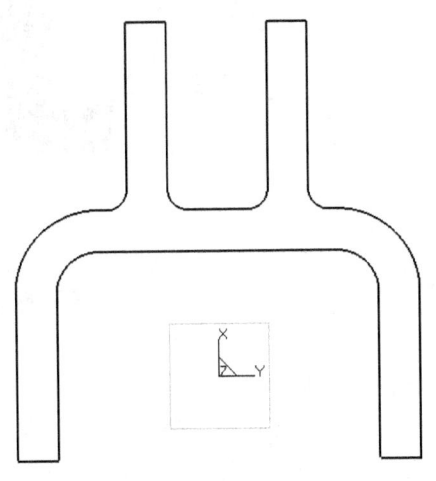

图 4-74　文件保存　　　　　　　　　　　图 4-75　柱体 2 截面草图

（3）按 F8 键，选 XZ 为当前工作面，进入草图，绘制左视图轮廓草图曲线，如图 4-75 所示。退出草图，双向拉伸，得到柱体 2 实体造型，如图 4-76 所示。

（4）单击实体布尔运算""按钮，弹出"打开"对话框，选择柱体 1 文件"1.X-T"，单击"打开"，如图 4-77 所示。

（5）打开柱体 1 文件后，弹出"输入特征"对话框，如图 4-78 所示按左下角提示，点选"当前零件∩输入零件"，点选坐标原点，再点选"拾取定位的 X 轴"，单击"确定"，得到铰链实体造型。

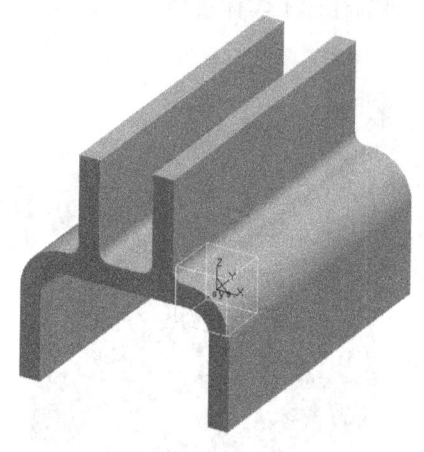

图 4-76 柱体 2 造型

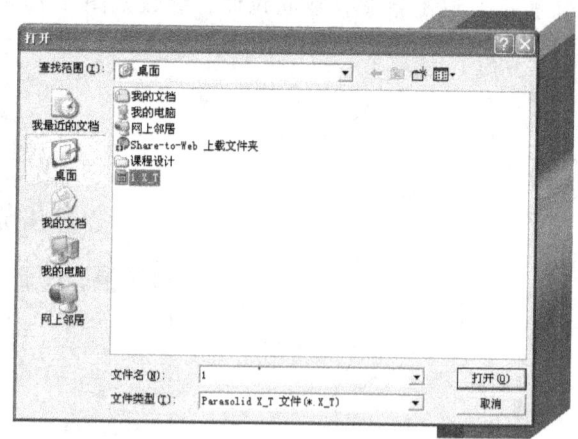

图 4-77 打开柱体 1 文件

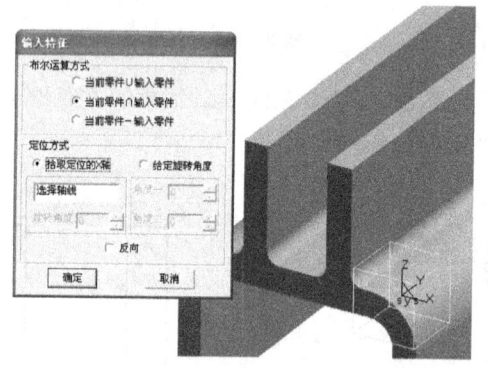

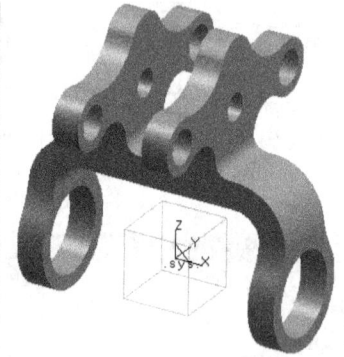

图 4-78 "输入特征"操作

任务七 鼠标的模具生成

◎任务背景

某些需要通过注塑、压铸、铸造等工艺手段来生产加工的产品，当零件完成实体造型后，需要根据零件模型进行模具设计。本例通过鼠标外壳的实体造型及其模具生成设计，来学习 CAXA 制造工程师软件的模具生成功能等的相关知识及应用。

◎任务要求

根据图 4-79 所给的尺寸，完成鼠标外壳的实体造型，并生成其凹模型腔。

◎任务解析

（1）坐标原点定在 $R30$ 圆柱轴线与底面相交点处。

（2）鼠标实体造型是拱形柱体被鼠标上表面曲面裁剪实体后，经过圆角过渡后得到的。

（3）鼠标的上表面的生成是造型的难点。按照主视图提供的尺寸画出导动线（样条曲线），过样条线的端点画出 $R100$ 的截面曲线，通过导动生成鼠标上表面。

（4）经过模型的缩放、型腔和分模生成鼠标外壳的凹模。

模块四 实体造型　105

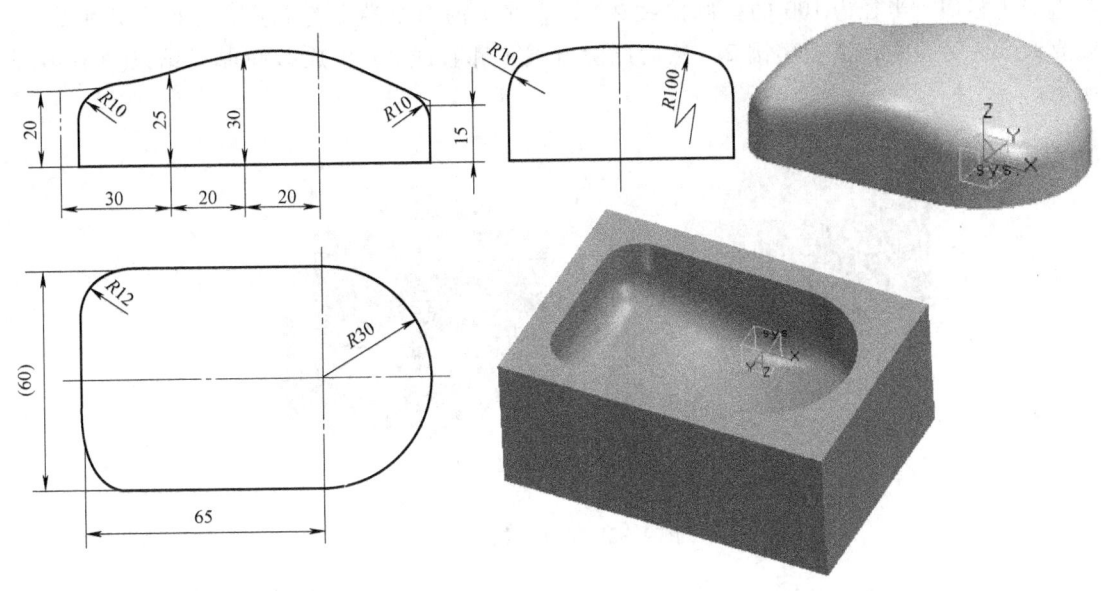

图 4-79　鼠标

☆ **本案例的重点、难点**

（1）零件结构特点分析，确定正确和简捷的造型方法和步骤。
（2）样条线的生成、导动曲面生成和曲面裁剪实体功能的应用。
（3）模具生成工具的应用方法和步骤。

【操作步骤详解】

鼠标实体造型

（1）按 F5 键，选 XY 为当前工作面，进入草图状态，按照俯视图绘制拱形曲线，退出草图，通过拉伸增料得到拱形柱体，如图 4-80 所示。提示：柱体高度应超过 30，本例取 50。

（2）使用点工具，依次作出（30，0，15）、（-20，0，30）、（-40，0，25）、（-70，0，20）四个点，切换 F9 键，选择 XZ 为当前作图平面，单击样条线"～"按钮，在立即菜单中选择"插值"→"缺省切矢"→"开曲线"，依次点选个点，得到样条线如图 4-81 所示。

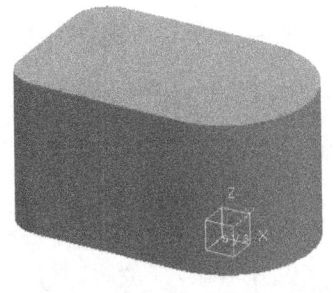

图 4-80　拱形柱体

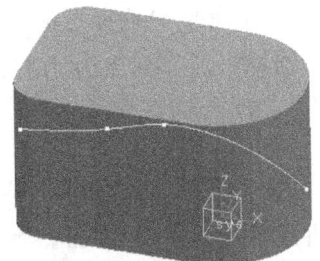

图 4-81　样条线生成

（3）选择 YZ 为当前作图平面，过样条线端点，作一水平线 1（前后大体对称，略长过拱形柱体侧面），再单击整圆"⊕"按钮，选择"两点+半径"方式，作出过样条线端点，与直线 1 相切，半径为 100 的整圆曲线 2，以直线 1 的两个端点为起点，作两条铅垂线 3。以直线 3 为剪刀线，裁剪整圆 2，然后删除直线 1 和直线 3，生成截面曲线结果如图 4-82 所示。

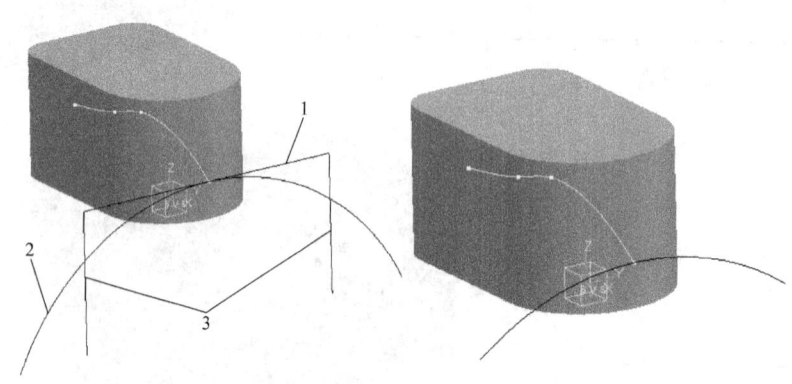

图 4-82 截面曲线生成

（4）单击导动曲面"![]"按钮，选择"平行导动"，按左下角提示，拾取样条线为导动线，选择方向，拾取截面线，得到鼠标上表面曲面如图 4-83 所示。

（5）单击曲面裁剪除料"![]"按钮，弹出"曲面裁剪除料"对话框，拾取鼠标上曲面为裁剪曲面，选择除料方向，单击确定后裁剪完成。圆角过渡后，结果如图 4-84 所示。

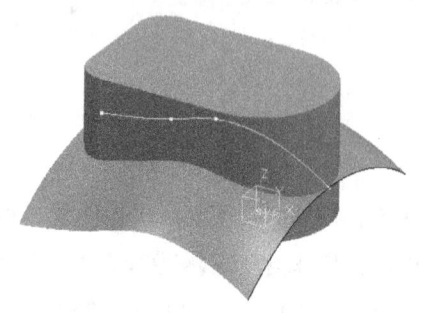

图 4-83 鼠标上表面生成

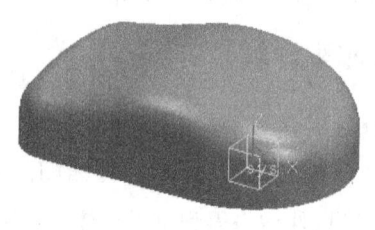

图 4-84 鼠标实体造型

模具生成

（6）单击主菜单"造型"→"特征生成"→"缩放"，或直接单击"![]"按钮，弹出"缩放"对话框，选择基点为"零件质心"，收缩率为"3%"，如图 4-85 所示，单击"确定"完成缩放操作。

（7）单击主菜单"造型"→"特征生成"→"型腔"，或直接单击"![]"按钮，弹出"型腔"对话框，设定收缩率为"3%"，X、Y、Z 轴的正、负方向毛坯的放大尺寸均为"10"，单击"确定"后完成型腔操作。选择"线架显示"，如图 4-86 所示。

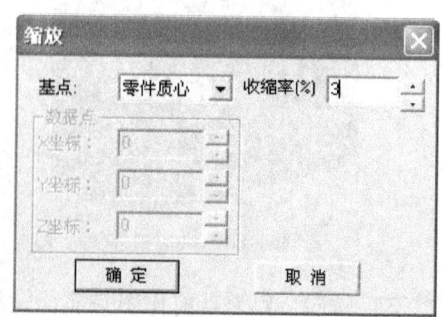

图 4-85 "缩放"对话框

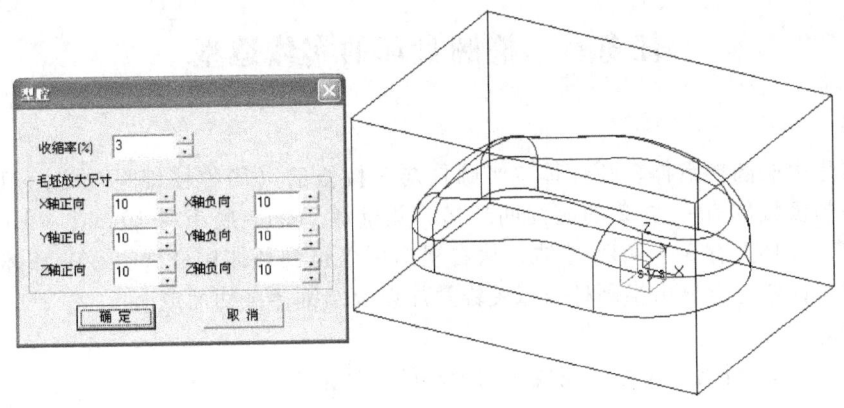

图 4-86 型腔生成

(8) 选择型腔毛坯外侧面作为基准面，进入草图，做一条草图直线（与鼠标壳体下表面重合），供分模用。如图 4-87 所示。

(9) 单击主菜单"造型"→"特征生成"→"分模"，或直接单击"![]"按钮，弹出"分模"对话框，选择分模形式为"草图分模"，拾取草图直线，选择除料方向，如图 4-88 所示。单击"确定"，得到鼠标"凹模"，如图 4-89 所示。

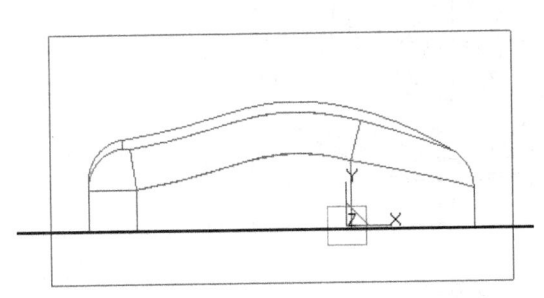

图 4-87 分模草图直线

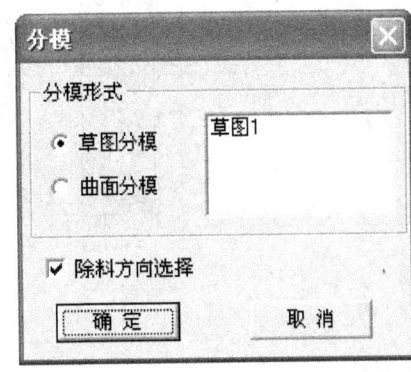

图 4-88 "分模"对话框

图 4-89 鼠标壳体凹模

任务八　椭圆盘环的实体造型

◎ **任务背景**

此形体是由椭圆形盘体、圆环体、半圆柱与三棱锥的（简称柱锥组合体）组合体三部分构成。椭圆盘腰部有一 Φ12 的椭圆凹环槽，侧壁厚 2mm，底板厚 10mm；Φ10 圆环体斜置椭圆盘中，且环上有 3 个 Φ18 球体，从右视图可以得到环体中心线直径和环体中心平面的倾斜角度；柱锥组合体由半圆柱与三棱锥叠加以及圆锥体截切而成。

◎ **任务要求**

根据题图 4-90 所给的尺寸，完成椭圆盘环的实体造型。

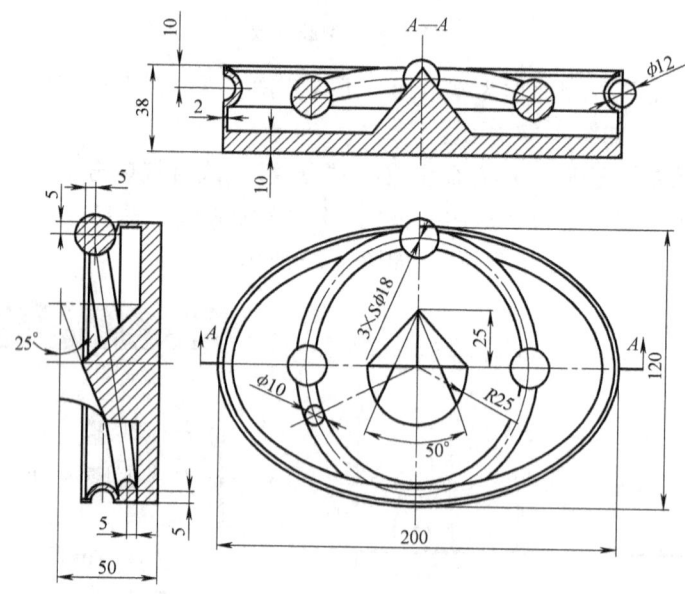

图 4-90　椭圆盘环形体

◎ **任务解析**

（1）坐标原点定在椭圆盘底面中心点处。
（2）拉伸增料得到椭圆柱体，导动除料得到侧面椭圆槽，使用抽壳功能得到内腔。
（3）导动增料得到圆环体，注意截面圆和旋转轴线的生成要正确。
（4）用旋转增料得到环上一个球体，再通过环形阵列完成其他球体造型。
（5）用曲面裁剪得到半圆柱凸台上的锥面，用封闭曲面填充得到三棱锥体。

☆ **本案例的重点、难点**

（1）椭圆柱体侧面环槽的生成及抽壳功能的应用。
（2）圆环体截面圆和旋转轴线的空间定位。
（3）半圆柱凸台上锥面的生成。
（4）封闭曲面填充功能的应用。

【操作步骤详解】

（1）选择 XOY 为作图平面，点击 " ⬭ " 工具，画椭圆（长半轴 100，短半轴 60）及其中心线，如图 4-91 所示。

（2）在状态树中选择 XOY 为草图基准面，点击“　”绘制草图，利用“　”曲线投影，拾取椭圆线，得到椭圆草图线框，退出草图，做拉伸增料操作，得到椭圆柱体如图 4-92 所示。

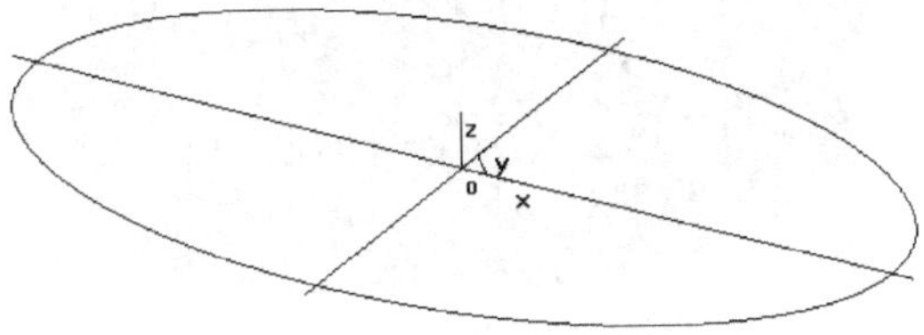

图 4-91　画椭圆

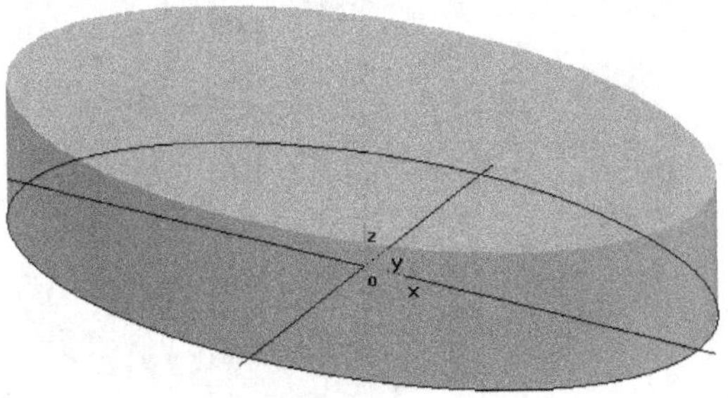

图 4-92　椭圆柱体

（3）点击“　”工具，选择“偏移量”、“拷贝”、“DX = 0、DY = 0、DZ = 28”，将椭圆线、中心线上移；点击“　”工具，将上移椭圆线在 - X 方向交点处打断；按 F9 键，切换作图平面为 XOZ，画出 $\Phi12$ 圆，如图 4-93 所示。

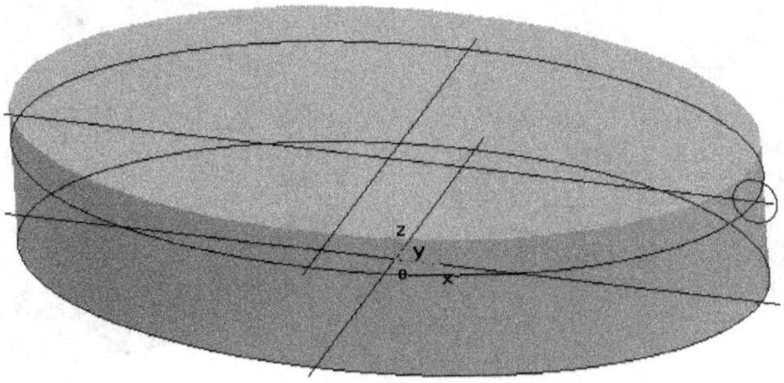

图 4-93　画出 $\Phi12$ 圆

（4）隐藏前半椭圆线，选择 XOZ 为草图基准面，点击“　”绘制草图，利用“　”曲线投影，拾取 $\Phi12$ 圆，草图线圆，退出草图，单击“　”工具，做导动除料操作，拾取后半椭圆线为导动轨迹线，选择“固接导动”，如图 4-94 所示，单击确定，得到结果如图 4-95 所示。

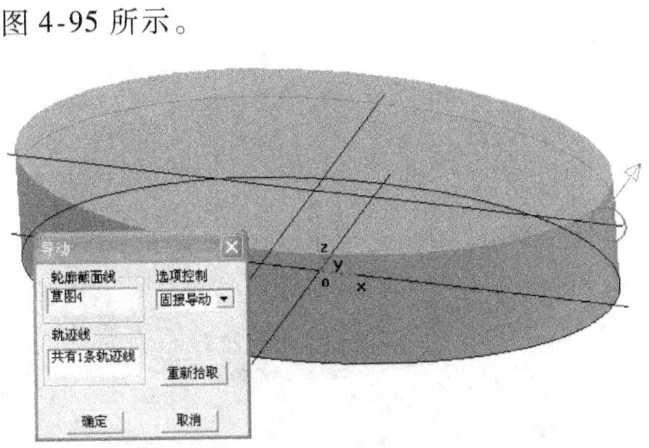

图 4-94　导动除料操作

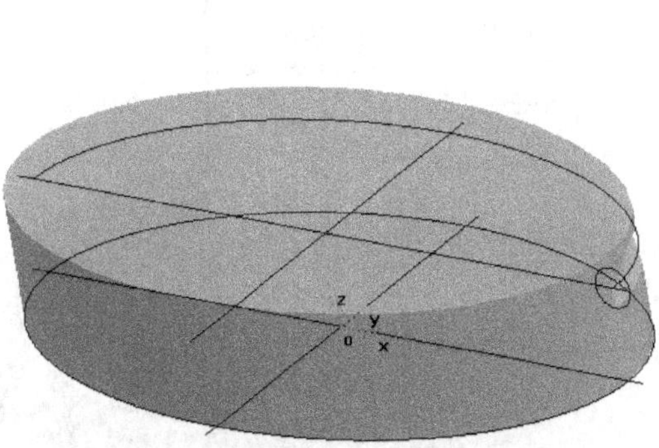

图 4-95　得到后半椭圆凹环

（5）同理，再以前半椭圆线为导动轨迹线进行导动除料，如图 4-96 所示，得到结果如图 4-97 所示。

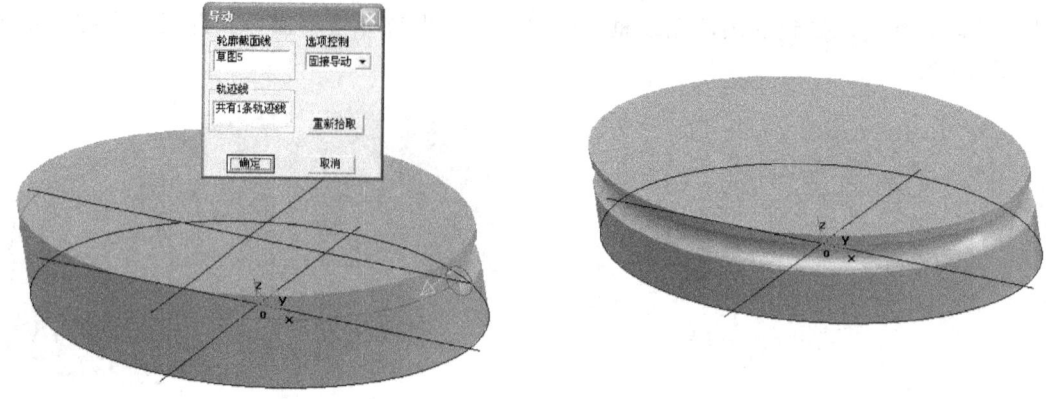

图 4-96　导动除料操作　　　　　　　　图 4-97　椭圆腰环槽造型

（6）单击" "工具，对椭圆柱体上表面进行抽壳操作，如图 4-98 所示，确定后，得到结果如图 4-99 所示。

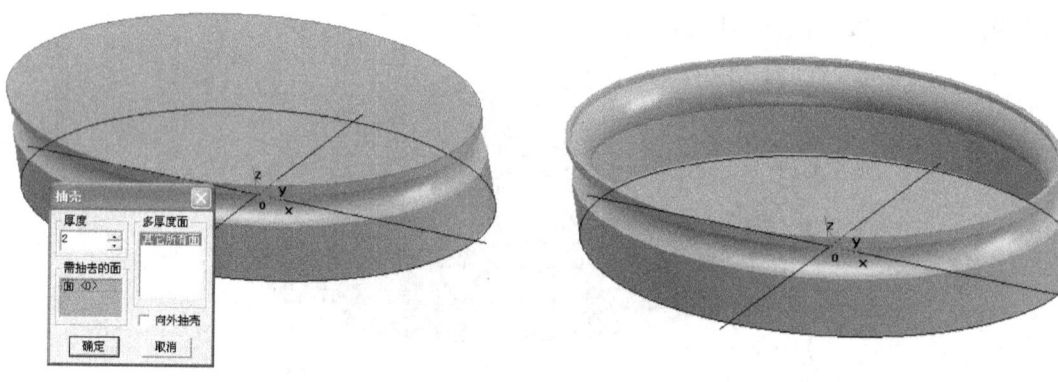

图 4-98　抽壳操作　　　　　　　　图 4-99　椭圆柱抽壳结果

（7）将椭圆绘制草图后，进行拉伸增料操作，如图 4-100 所示，加厚底板至 10，得到椭圆盘造型，如图 4-101 所示。

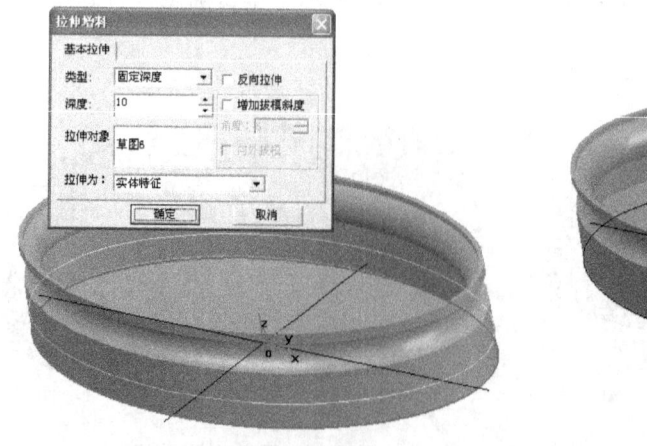 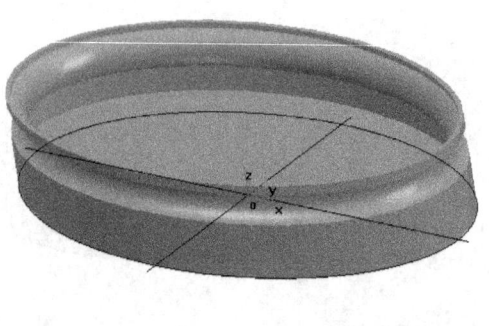

图 4-100　加厚底板操作　　　　　　　　图 4-101　椭圆盘造型

模块四 实体造型 111

(8) 按 F9 键，切换作图平面为 YOZ，根据零件二维视图中右视图所示的尺寸，确定出圆环截面中心点，如图 4-102 所示。

(9) 将圆环两截面中心点连接成一直线段，并使用"角度线"做出此线段的中垂线；再以线段端点为圆心绘制 Φ10 圆，如图 4-103 所示。

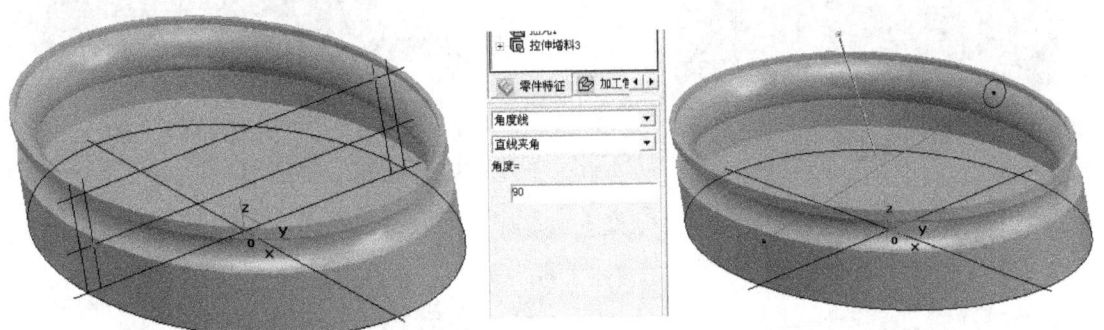

图 4-102 得到圆环截面中心点　　　　图 4-103 绘制中垂线及截面圆

(10) 选择 YOZ 为草图基准面，单击" "绘制草图，利用" "曲线投影，拾取 Φ10 圆，得到草图线圆，退出草图，单击" "工具，以中垂线为旋转轴线，做旋转增料操作，如图 4-104 所示，确定后得到结果如图 4-105 所示。

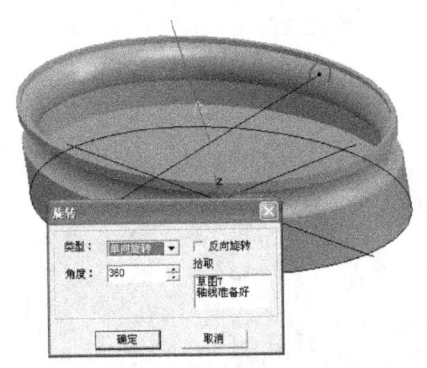 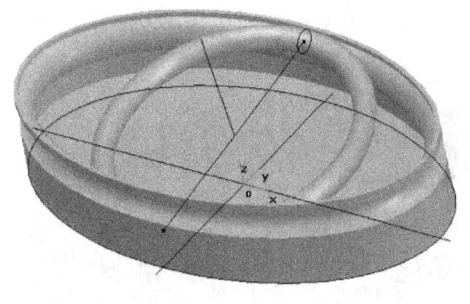

图 4-104 旋转增料操作　　　　　　图 4-105 得到圆环

(11) 单击" "工具，拉伸中心连线至适当位置，绘制 Φ18 圆，如图 4-106 所示。

(12) 以 YOZ 为草图基准面，单击 绘制草图，利用" "曲线投影，拾取 Φ18 圆及中心线，得到半圆草图线，退出草图，点击" "工具，以中心线为旋转轴线，做旋转增料操作，如图 4-107 所示，单击确定后得到 Φ18 球体，如图 4-108 所示。

(13) 单击" "工具，分别对球体进行环形阵列，如图 4-109、图 4-110 所示，得到结果如图 4-111 所示。

(14) 选择 XOY 为作图平面，绘出半圆柱和三棱柱的底面图形以及高 40 的 Z 向轴线，然后点击" "工具，将以上各条线及中心线向上平移 10 至椭圆盘上底表面，如图 4-112 所示。

(15) 按 F9 键，切换作图平面为 YOZ，过三角形定点作高线 H = 40，再过两高线顶点做一条水平线，然后再过三角形顶点高线作一条 25°斜线，如图 4-113 所示。

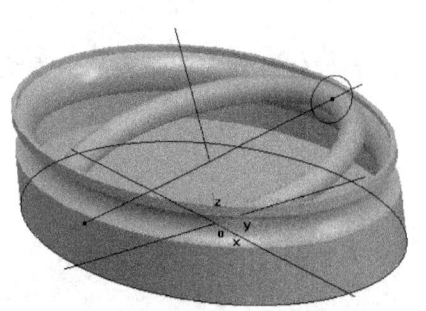

图 4-106　绘制 Φ18 截面线

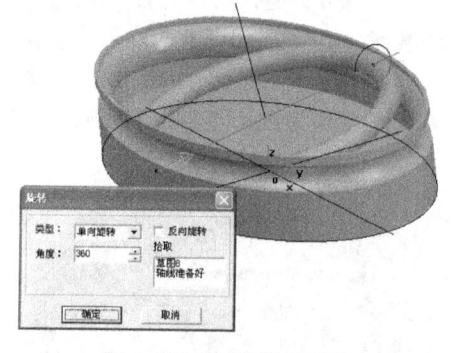

图 4-107　旋转增料操作

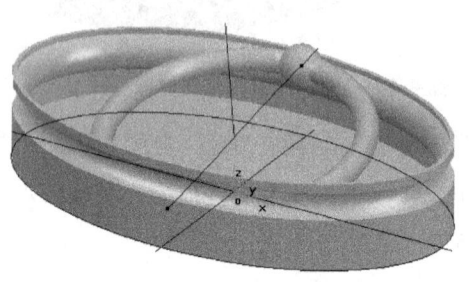

图 4-108　环上球体

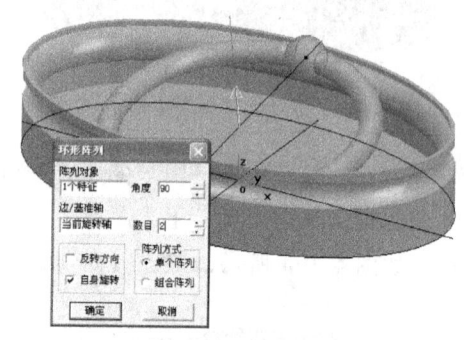

图 4-109　环形阵列 1

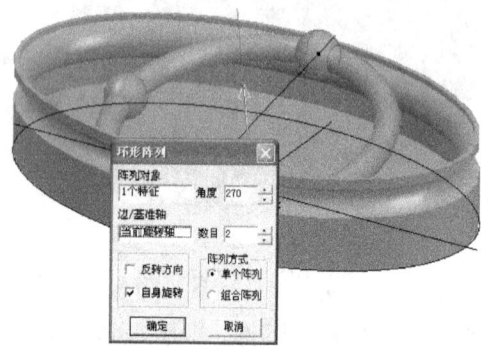

图 4-110　环形阵列 2

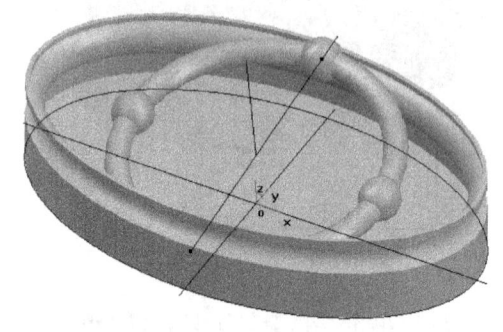

图 4-111　环上球体造型结果

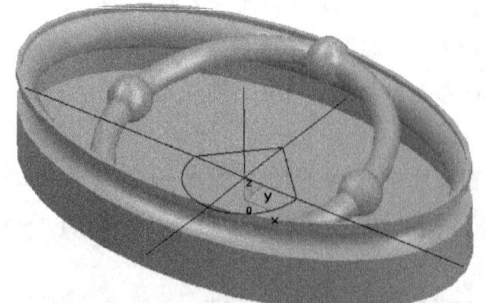

图 4-112　绘制柱锥组合体底面图形

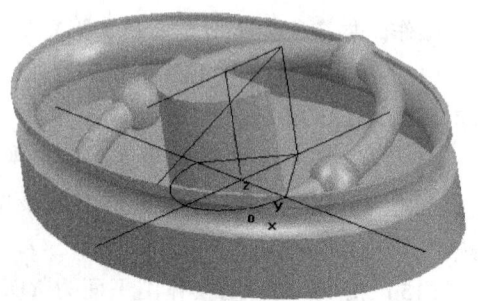

图 4-113　求得锥面顶点、轴线及母线

(16) 单击"⛴"旋转面工具，得到圆锥面，再单击"⛳"工具，以圆锥面裁剪曲面，裁剪半圆柱体，如图4-114所示，得到结果，并删除圆锥面，如图4-115所示。

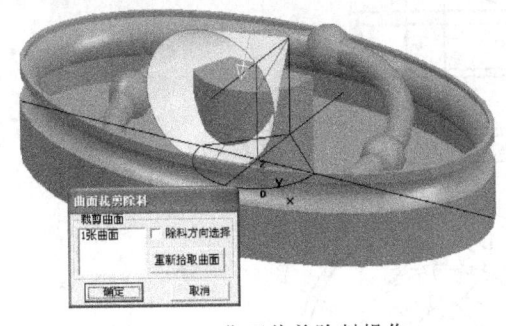
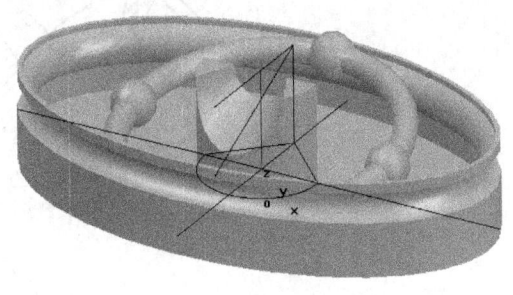

图4-114 曲面裁剪除料操作　　　　　图4-115 曲面裁剪除料结果

(17) 连接三棱锥各个顶点，得到三棱锥线框造型，如图4-116所示。

(18) 用边界面工具，做出三棱锥的四个表面，再用曲面加厚工具的"封闭曲面填充"功能，得到椭圆盘环形体的三维实体造型如图4-117所示。

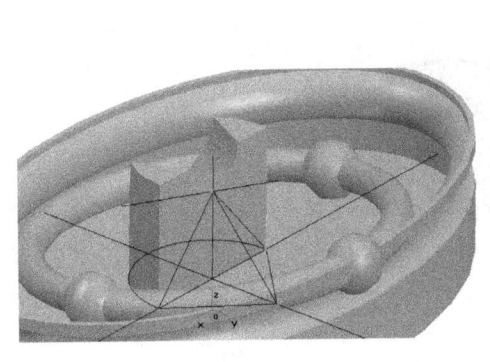
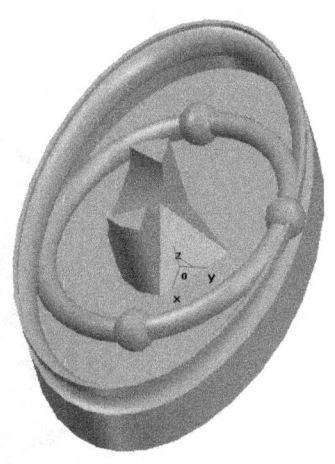

图4-116 三棱锥线框造型　　　　　图4-117 椭圆盘环形体造型

任务九　侧凹壳体的实体造型

◎任务背景

此壳体零件基本上是在一个半球体基础上，挖去一个上圆下方体和上方下圆体而形成内腔；而外形均布了四个侧凹，每一个侧凹可以由五个曲面对球体进行曲面裁剪除料获得，所以做出这五个曲面便是解决问题的关键。

◎任务要求

根据题图4-118所给的尺寸，完成侧凹壳体零件的实体造型。

◎任务解析

(1) 坐标原点定在底面中心点处。

(2) 用拉伸增料、旋转增料生成底板和半球体。

(3) 挖去一个上圆下方体和上方下圆体而形成内腔。

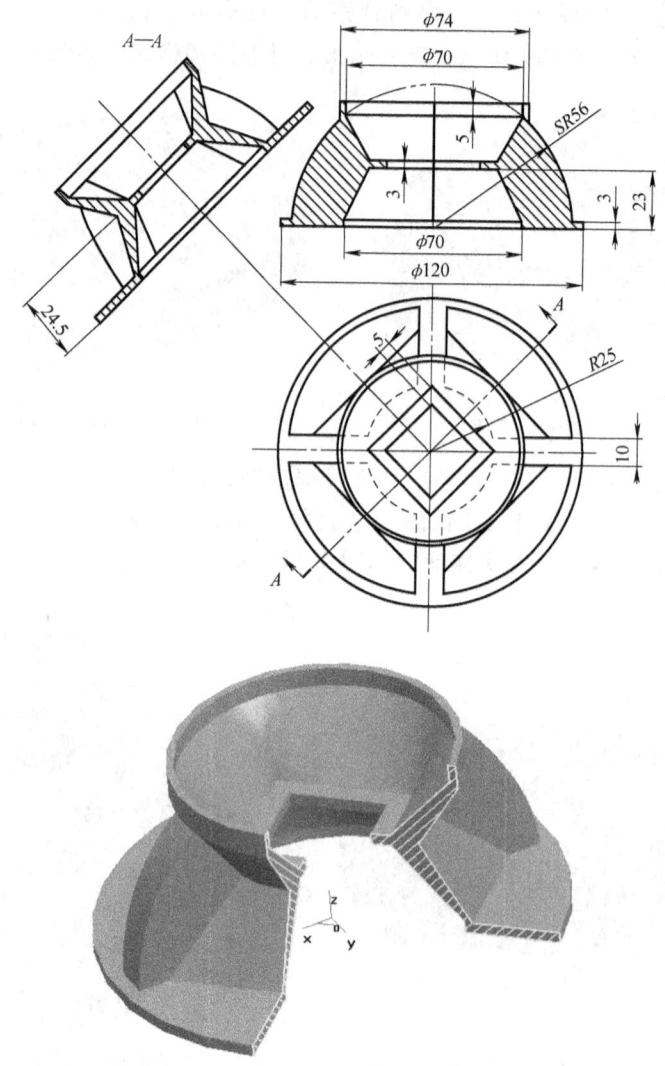

图 4-118 侧凹壳体零件

（4）外形均布了四个侧凹，每一个侧凹可以由五个曲面对球体进行曲面裁剪除料获得。

☆**本案例的重点、难点**

（1）零件图的正确理解，关键尺寸的获取。
（2）重要辅助线、辅助点以及辅助面的生成和运用。
（3）天圆地方和地圆天方形体的生成。
（4）多曲面裁剪实体的操作方法。

【操作步骤详解】

（1）选择 XOY 为作图平面，绘制 $\Phi120$、$R56$ 圆，如图 4-119 所示。
（2）选择 XOY 平面为草图平面，将 $\Phi120$ 做成草图，拉伸增料 3；再将 $R56$ 做成半圆封闭草图线，单击 ⊕ 工具，旋转增料，如图 4-120 所示，得到半球体造型结果如图 4-121 所示。

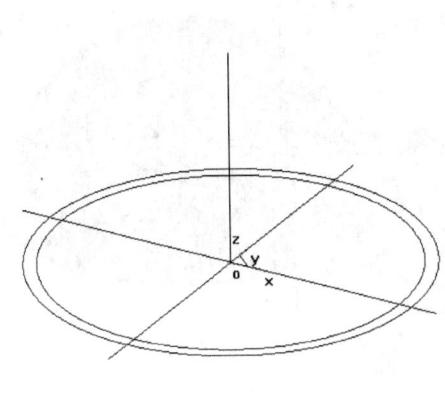
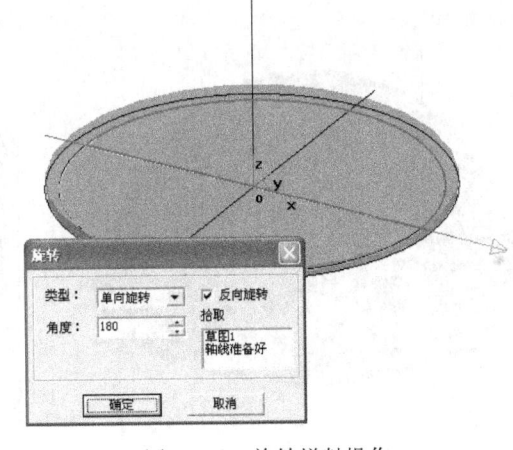

图 4-119　绘制轮廓线　　　　　　　图 4-120　旋转增料操作

(3) 选择 XOZ 为作图平面，绘制 R56 圆弧线，如图 4-122 所示，然后单击 ⤴ 工具，将 Z 向中心线向左右两侧分别等距 35，再将等距线与 R56 圆弧交点连线，如图 4-123 所示。

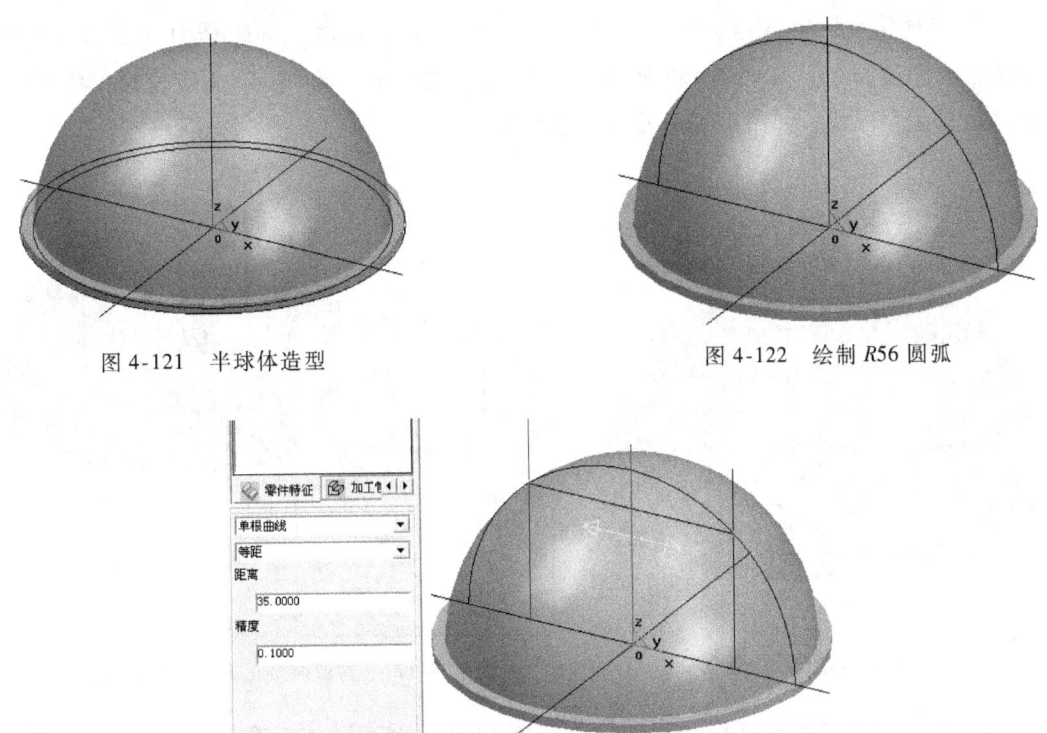

图 4-121　半球体造型　　　　　　　图 4-122　绘制 R56 圆弧

图 4-123　等距线与交点连线

(4) 选择 XOY 为作图平面，以 Z 向中心线与交点连线为圆心，绘制 Φ70 圆，如图 4-124 所示，再以原点为圆心绘制 R25 圆及内接正四边形；选择状态树中 XOY 为构造条件，单击 ◇ 工具，选择"过点且平行平面确定基准平面"方式，以 Φ70 圆心或交点为"点"，构造草图基准面，如图 4-125 所示。

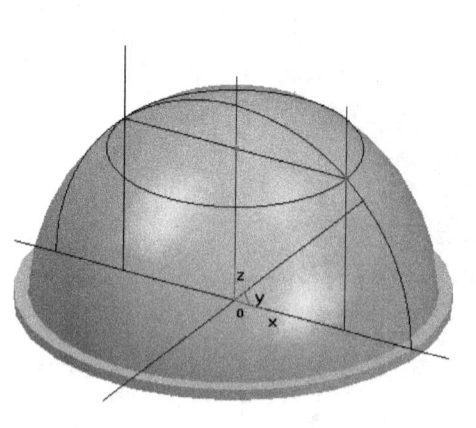

图 4-124 绘制 Φ70 圆　　　　　图 4-125 构造 Φ70 圆草图基准面

（5）单击 ![pen] 绘制草图，利用 ![curve] 曲线投影，拾取 Φ70 圆，得到草图线圆，如图 4-126 所示，退出草图。

（6）选择状态树中 XOY 为构造条件，单击 ![tool] 工具，选择"等距平面确定基准平面"构造方法，距离为 26，如图 4-127 所示，单击 ![pen] 绘制草图，利用 ![curve] 曲线投影，拾取正方形各边，得到草图线，如图 4-128 所示，退出草图。

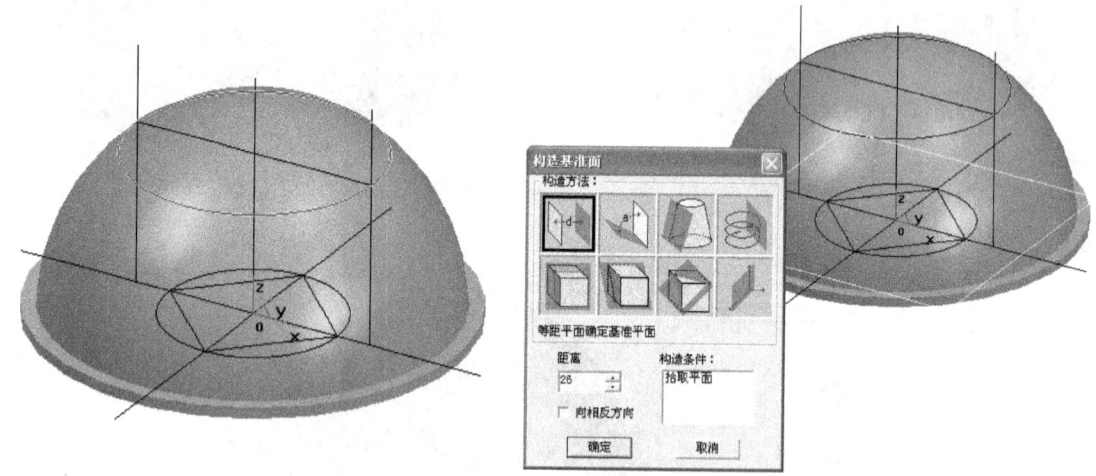

图 4-126 Φ70 草图线圆　　　　　图 4-127 构造内接正方形草图基准面

（7）单击 ![tool] 工具放样除料，分别拾取草图 Φ70 和正方形（注意拾取位置点相对应），在"处理结果模糊情况"对话框中，通过"上一个"或"下一个"键选取要保留部分实体，单击"确定"，得到壳体上腔造型，如图 4-129 所示。

（8）旋转实体至底面向上，以底面为草图基准面，进入草图绘制状态，绘制 Φ70 草图圆，单击 ![tool] 工具，进行拉伸除料操作，如图 4-130 所示。

（9）选择状态树中 XOY 为构造条件，单击 ![tool] 工具，选择"等距平面确定基准平面"

构造方法，距离为23，单击 ![img] 绘制草图，利用 ![img] 曲线投影，拾取正方形各边，得到草图线；再以同样方法，得到距离XOY面为3的Φ70草图线圆，如图4-131所示。

（10）单击 ![img] 工具，放样除料操作如图4-132所示，结果如图4-133所示。

（11）将内接正方形各边向内等距5，得到方孔轮廓正方形，如图4-134所示。

（12）选择XOY为草图基准面，将此正方形做成草图线，点击 ![img] 工具，进行拉伸除料操作，如图4-135所示，得到结果如图4-136所示。

（13）按F7键，切换作图平面至XOZ，绘制壳体顶部环边截面线框，如图4-137所示，然后将多余的线修剪掉。

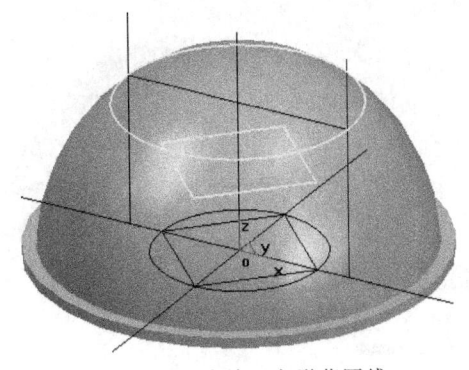

图 4-128　内接正方形草图线

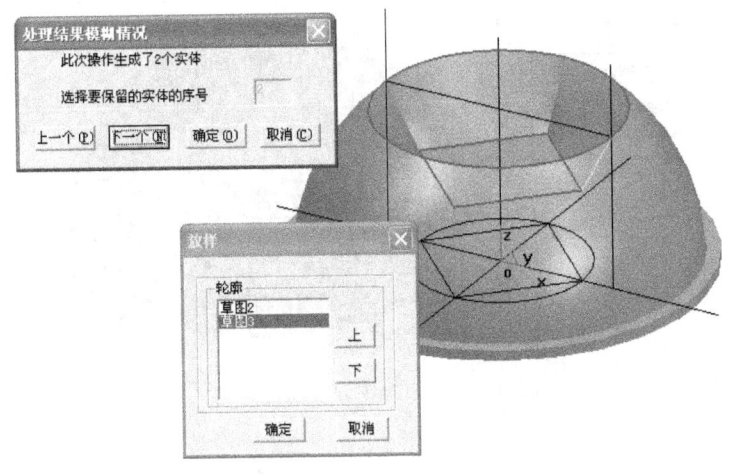

图 4-129　放样除料操作

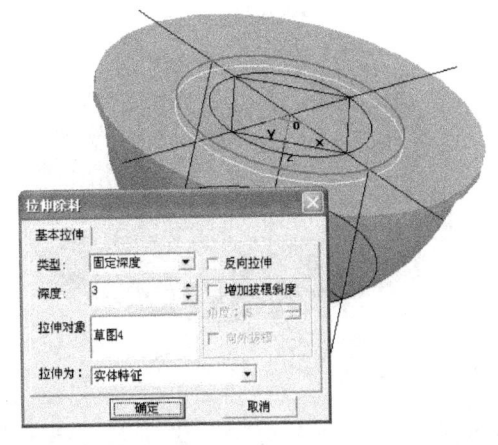

图 4-130　拉伸除料

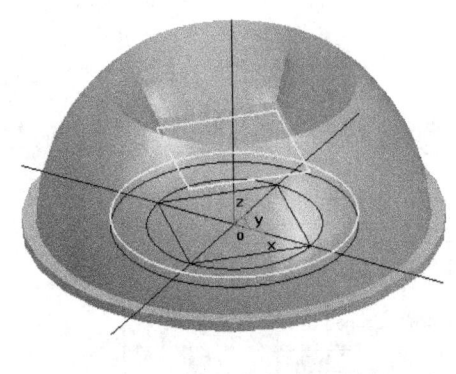

图 4-131　壳体下腔草图线

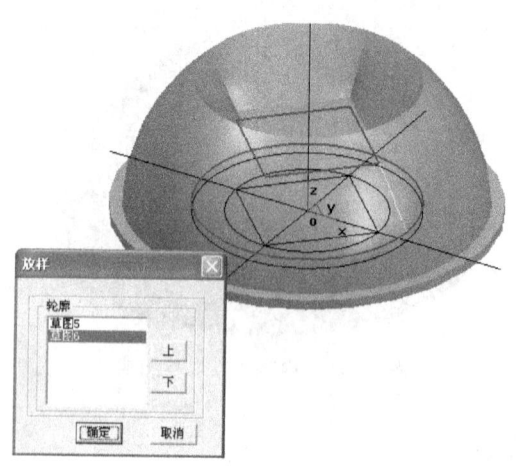
图 4-132 放样除料操作

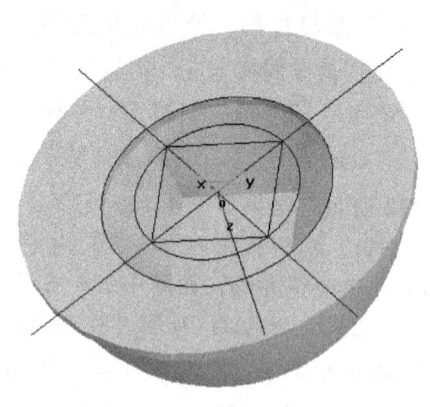
图 4-133 壳体下腔造型

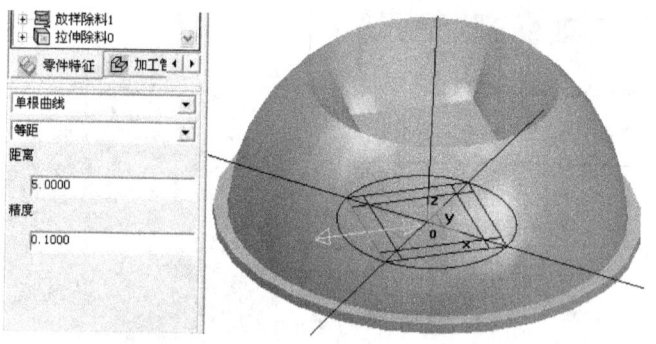
图 4-134 内接正方形向内等距

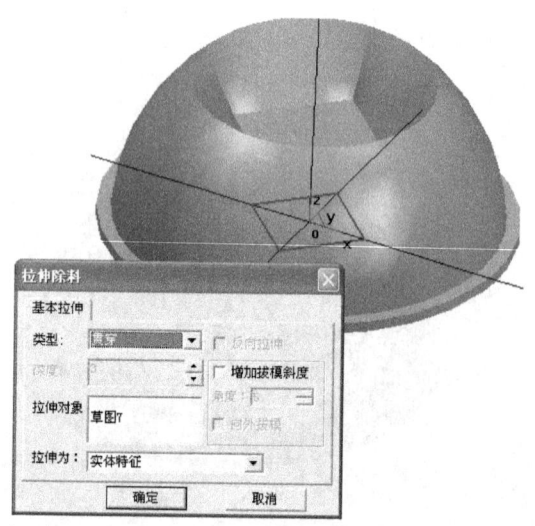
图 4-135 拉伸除料操作

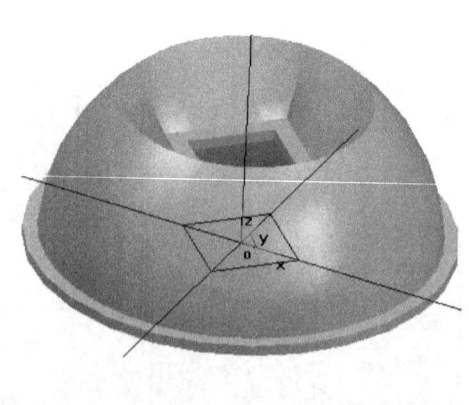
图 4-136 方孔造型完成

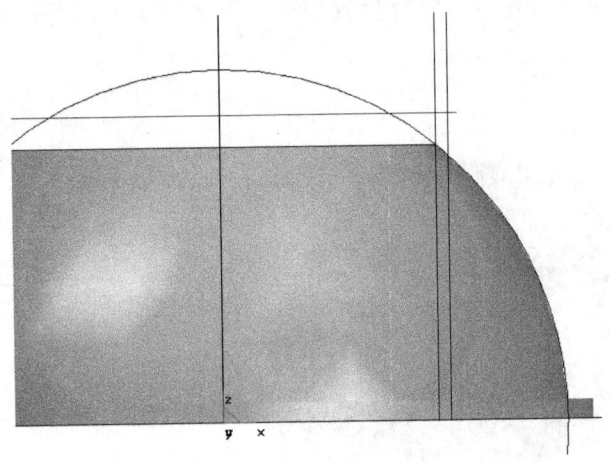

图 4-137　绘制圆环截面线框

（14）选择 XOZ 为草图基准面，单击 [图标] 绘制草图，利用 [图标] 曲线投影，拾取各边，得到截面草图线框；退出草图，进行旋转增料操作如图 4-138 所示，得到结果如图 4-139 所示。

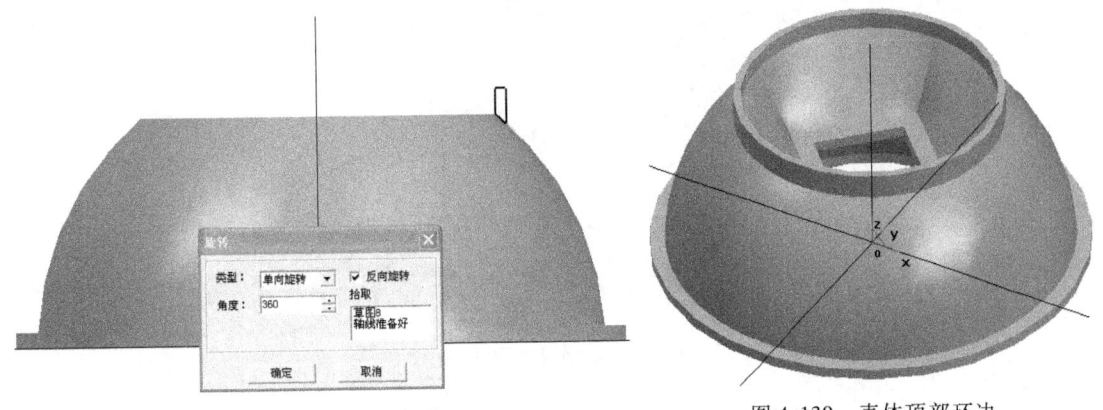

图 4-138　旋转增料操作　　　　　　　　图 4-139　壳体顶部环边

（15）单击 [图标]（相关线）工具，选择"实体边界"，拾取环边与球面交线，得到 $\Phi74$ 圆，在距 XOY 面 24.5 高度作出 $R25$ 圆，在 XOY 面上作 $\Phi74$ 圆，及其各圆的中心线，如图 4-140 所示。

（16）将三圆进行裁剪，留下 1/4，如图 4-141 所示。

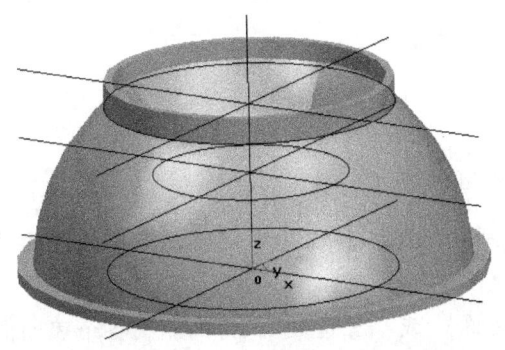
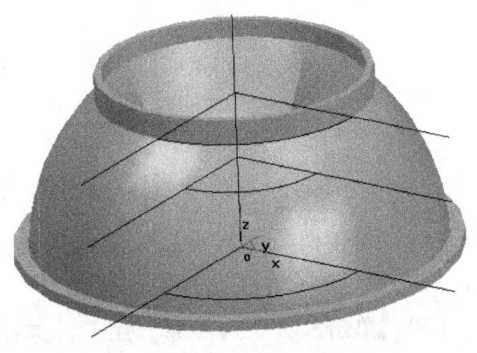

图 4-140　三圆及其中心线　　　　　　　　图 4-141　1/4 圆弧

（17）将中心线向内等距 5，参数设置如图 4-142 所示，修剪后得到结果如图 4-143 所示。

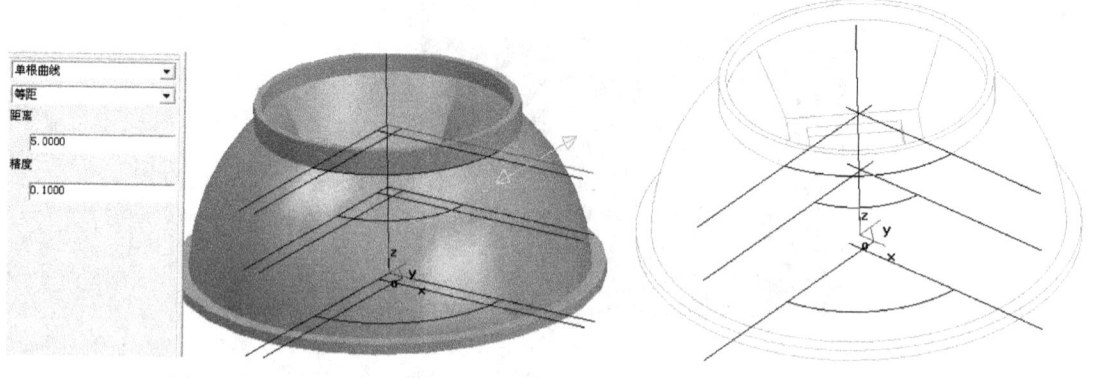

图 4-142　中心线向内等距　　　　　图 4-143　修剪后结果

（18）过下圆弧中点作切线，如图 4-144 所示，修剪后得三角形线框，并将此三角形各边向上平移 3，如图 4-145 所示。

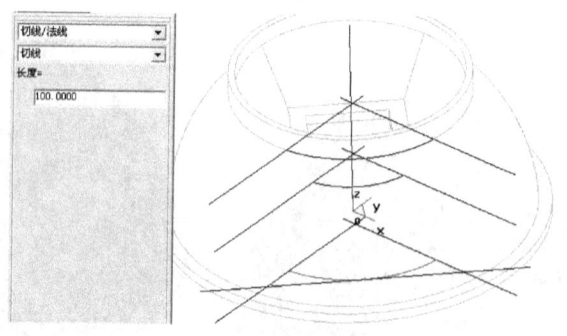

图 4-144　作下圆弧切线

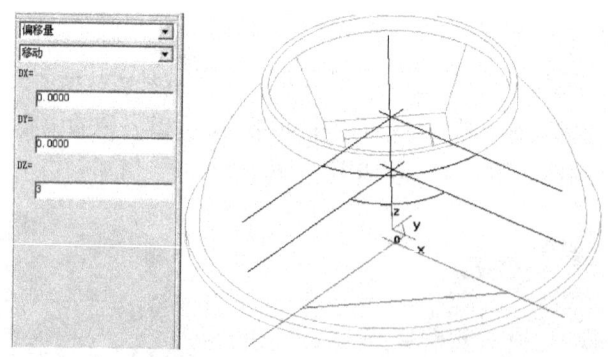

图 4-145　向上平移三角形各边

（19）连接两圆弧线端点及斜线段端点，得到壳体侧凹各面边界线框，将多余线段剪掉，如图 4-146 所示。

（20）单击◇"边界面"工具，选择"四边面"或"三边面"，得到侧凹各个表面曲面造型，如图 4-147 所示。注意：五边形可以化为三边形和四边形处理。

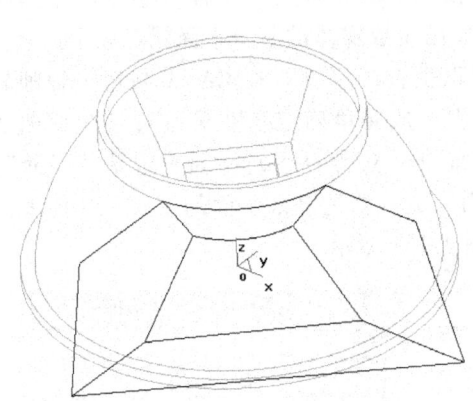

图 4-146 壳体侧凹各面边界线框

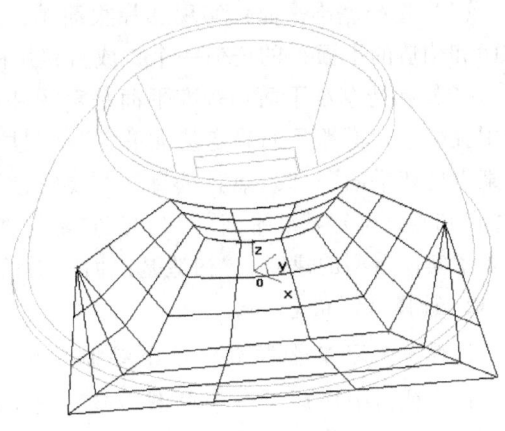

图 4-147 侧凹侧面曲面造型

（21）单击 ✂ 工具，拾取各个曲面，进行曲面裁剪实体操作，如图 4-148 所示，结果如图 4-149 所示。

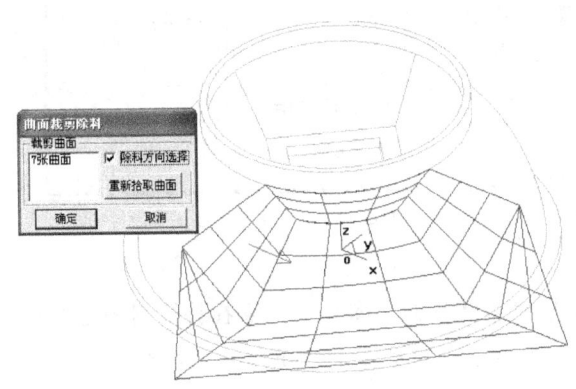

图 4-148 曲面裁剪除料操作

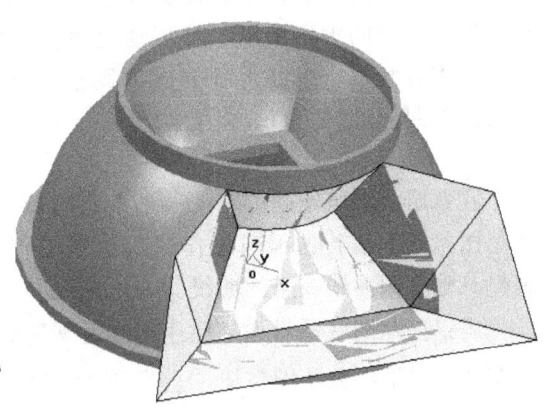

图 4-149 曲面裁剪实体结果

（22）阵列五个裁剪面，以同样的方法得到其他挖槽，结果如图 4-150 所示。

知识点拓展

一、草图

草图绘制是特征生成的关键步骤。草图是特征生成所依赖的曲线组合。草图是为特征造型准备的一个平面封闭图形。

绘制草图的过程可分为五步：①确定草图基准平面；②选择草图状态；③图形的绘制；④图形的编辑；⑤草图参数化修改。下面将按绘制草图的过程依次介绍。

1. 确定基准平面

草图中曲线必须依赖于一个基准面，开始一个新草图前必须先选择一个基准面。

图 4-150 壳体实体造型

(1) 选择基准平面：实现选择很简单，只要用鼠标点取特征树中平面（包括三个坐标平面和构造的平面）的任何一个，或直接用鼠标点取已生成实体的某个平面就可以了。

(2) 构造基准平面：基准平面是草图和实体赖以生存的平面。在CAXA制造工程师软件中提供了"等距平面确定基准平面"；"过直线与平面成夹角确定基准平面"；"生成曲面上某点的切平面"；"过点且垂直于曲线确定基准平面"；"过点且平行平面确定基准平面"；"过点和直线确定基准平面"和"三点确定基准平面"七种构造基准平面的方式，从而大大提高了实体造型的速度。"构造基准面"对话框如图4-151所示。

2. 选择草图状态

选择一个基准平面后，按下绘制草图"✎"按钮，在特征树中添加了一个草图树枝，表示已经处于草图状态，开始了一个新草图。

3. 草图绘制

进入草图状态后，利用曲线生成命令绘制需要的草图即可。草图的绘制可以通过两种方法进行：第一，先绘制出图形的大致形状，然后通过草图参数化功能对图形进行修改，最终得到要求的图形。第二，也可以直接按照标准尺寸精确作图。

4. 编辑草图

在草图状态下绘制的草图一般要进行编辑和修改。在草图状态下进行的编辑操作只与该草图相关，不能编辑其他草图曲线或空间曲线。

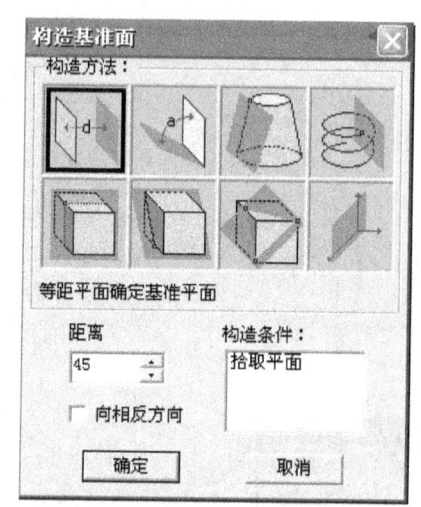

图4-151 "构造基准面"对话框

若退出草图状态后如果您还想修改某基准平面上已有的草图，则只需在特征树中选取这一草图，按下绘制草图按钮"✎"或将光标移到特征树的草图上，单击右键在弹出的立即菜单中选择编辑草图，进入草图状态（也就是说这一草图被打开了）即可。草图只有处于打开状态时，才可以被编辑和修改。

5. 草图参数化修改

在草图环境下，可以任意绘制曲线，大可不必考虑坐标和尺寸的约束。之后，对绘制的草图标注尺寸，接下来只需改变尺寸的数值，二维草图就会随着给定的尺寸值而变化，达到最终希望的精确形状，这就是草图参数化功能，也就是尺寸驱动功能。CAXA制造工程师软件还可以直接读取非参数化的EXB、DXF、DWG等格式的图形文件，在草图中对其进行参数化重建。草图参数化修改适用于图形的几何关系保持不变，只对某一尺寸进行修改。尺寸驱动模块中共有三个功能：尺寸标注、尺寸编辑和尺寸驱动。下面依次进行详细介绍。

(1) 尺寸标注：在草图状态下，对所绘制的图形标注尺寸。

【操作】

1) 单击"造型"，指向下拉菜单"尺寸"，单击"尺寸标注"，或者直接单击"✎"按钮。

2) 拾取尺寸标注元素，拾取另一尺寸标注元素或指定尺寸线的位置，操作完成，如图4-152所示。

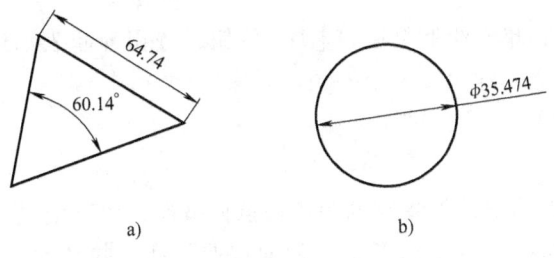

图 4-152 草图尺寸标注

【注意】 在非草图状态下，不能标注尺寸。

（2）尺寸编辑：在草图状态下，对标注的尺寸进行标注位置上的修改。

【操作】

1）单击"造型"，指向下拉菜单"尺寸"，单击"尺寸编辑"，或者直接单击" "按钮。

2）拾取需要编辑的尺寸元素，修改尺寸线位置，尺寸编辑完成。

【注意】 在非草图状态下，不能编辑尺寸。

（3）尺寸驱动：尺寸驱动用于修改某一尺寸，而图形的几何关系保持不变。

【操作】

1）单击"造型"，指向下拉菜单"尺寸"，单击"尺寸驱动"，或者直接单击" "按钮。

2）拾取要驱动的尺寸，弹出半径对话框。输入新的尺寸值，尺寸驱动完成，如图4-153所示。

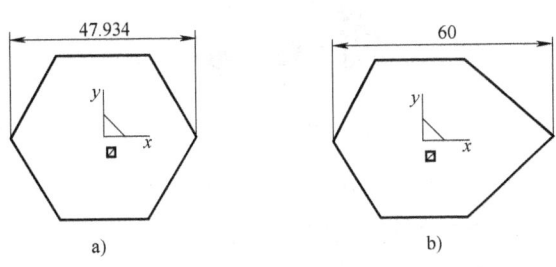

图 4-153 尺寸驱动
a）驱动前 b）驱动后

【注意】 在非草图状态下，不能驱动尺寸。

6. 草图环检查

用来检查草图环是否封闭。当草图环封闭时，系统提示"草图不存在开口环"。当草图环不封闭时，系统提示"草图在标记处为开口状态"，并在草图中用红色的点标记出来。

【操作】 单击"造型"，单击"草图环检查"，或者直接单击" "按钮，系统弹出草图是否封闭的提示。

7. 退出草图状态

当草图编辑完成后,单击绘制草图"🖉"按钮,按钮弹起表示退出草图状态。只有退出草图状态后才可以生成特征。

二、轮廓特征

1. 拉伸增料

【功能】将一个轮廓曲线根据指定的距离做拉伸操作,用以生成一个增加材料的特征。

【参数】拉伸类型包括"固定深度"、"双向拉伸"和"拉伸到面",其参数如下:

(1) 固定深度:是指按照给定的深度数值进行单向的拉伸。

1) 深度:是指拉伸的尺寸值,可以直接输入所需数值,也可点击按钮调节。

2) 拉伸对象:是指对需要拉伸的草图的选取。

3) 反向拉伸:是指与默认方向相反的方向进行拉伸。

4) 增加拔模斜度:是指使拉伸的实体带有锥度,如图4-154所示。

5) 角度:是指拔模时母线与中心线的夹角。

6) 向外拔模:是指与默认方向相反的方向进行操作,如图4-155所示。

(2) 双向拉伸:是指以草图为中心,向相反的两个方向进行拉伸,深度值以草图为中心平分。

(3) 拉伸到面:是指拉伸位置以曲面为结束点进行拉伸,需要选择要拉伸的草图和拉伸到的曲面,如图4-156所示。

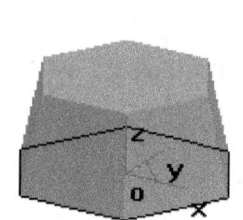
图4-154 增加拔模斜度

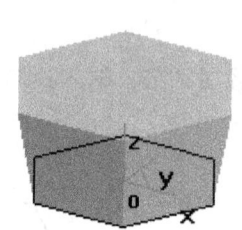
图4-155 向外拔模

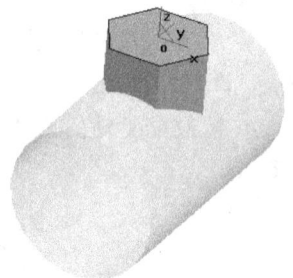
图4-156 拉伸到面

(4) 薄壁特征:在拉伸增料对话框中,选择"拉伸为:薄壁特征",如图4-157所示。在"薄壁特征"选项卡中,选取相应的薄壁类型以及薄壁厚度,如图4-158所示,单击"确定"生成薄壁特征实体,如图4-159所示。

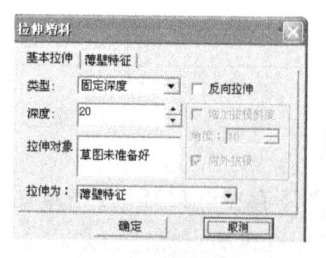
图4-157 薄壁特征

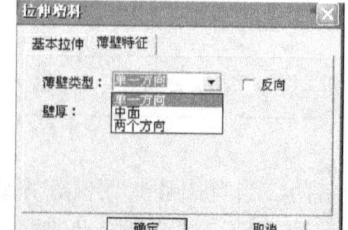
图4-158 薄壁特征选项图

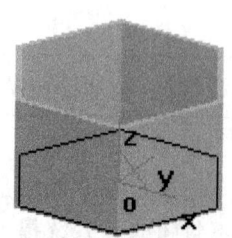
图4-159 薄壁特征生成实体

【注意】
1）在进行"双面拉伸"时，拔模斜度可用。
2）在进行"拉伸到面"时，要使草图能够完全投影到这个面上，如果面的范围比草图小，会产生操作失败。
3）在进行"拉伸到面"时，深度和反向拉伸不可用。
4）在进行"拉伸到面"时，可以给定拔模斜度。
5）草图中隐藏的线不能参与特征拉伸。
6）在生成薄壁特征实体时，草图图形可以是封闭的也可以不是封闭的，不封闭的草图其草图线段必须是连续的。

2. 拉伸除料

在一个特征实体上，将一个轮廓曲线根据指定的距离做拉伸操作，用以生成一个减去材料的特征。

【参数】各项参数功能和使用方法基本与拉伸增料中的特征相同，只是除料是除去一个实体特征。这里就不复述了。

3. 旋转增料

通过围绕一条空间直线旋转一个或多个封闭轮廓（见图4-160），增加生成一个特征，如图4-161所示。

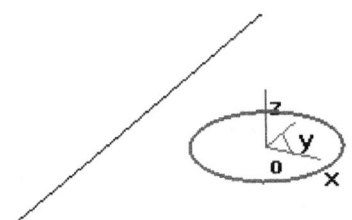
图4-160 草图圆和轴线

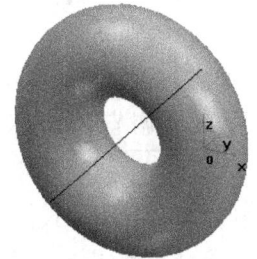
图4-161 旋转增料特征

【参数】 旋转类型包括"单向旋转"、"对称旋转"和"双向旋转"，其参数如下：
1）单向旋转：是指按照给定的角度数值进行单向的旋转。
2）角度：是指旋转的尺寸值，可以直接输入所需数值，也可以点击按钮来调节。
3）反向旋转：是指向与默认方向相反的方向进行旋转。
4）拾取：是指对需要旋转的草图和轴线的选取。
5）对称旋转：是指以草图为中心，向相反的两个方向进行旋转，角度值以草图为中心平分。
6）双向旋转：是指以草图为起点，向两个方向进行旋转，角度值分别输入。

【注意】
1）轴线是空间曲线，需要退出草图状态后绘制。
2）草图线只在旋转轴线的一侧，不能超过旋转轴线。

4. 旋转除料

通过围绕一条空间直线旋转一个或多个封闭轮廓，移除生成一个特征。

【参数】各项参数功能和使用方法基本与旋转增料中的特征相同，只是除料是除去一个实体特征。这里就不复述了。

5. 放样增料

根据多个截面线轮廓生成一个实体。截面线应为草图轮廓。

【操作】

1）单击"造型"，指向"特征生成"，再指向"增料"，单击"放样"，或者直接单击"🔗"按钮，弹出"放样增料"对话框。

2）选取轮廓线，单击"确定"完成操作。图 4-162、图 4-163、图 4-164 为放样增料示例。

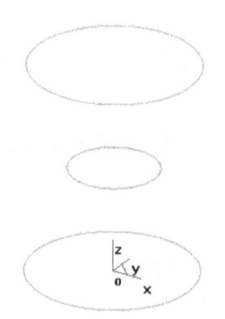  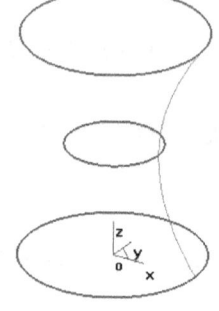 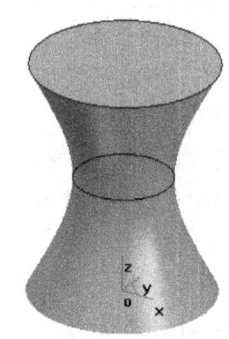

图 4-162 待放样的草图线　　图 4-163 拾取草图　　图 4-164 放样增料结果

【参数】

1）轮廓：是指对需要放样草图的选取。

2）上和下：是指调节拾取草图的顺序。

【注意】

1）轮廓按照操作中的拾取顺序排列。

2）拾取轮廓时，要注意状态栏指示，拾取不同的边，不同的位置，会产生不同的结果。

6. 放样除料

根据多个截面线轮廓移出一个实体。截面线应为草图轮廓。

【操作】

1）单击"造型"，指向"特征生成"，再指向"除料"，单击"放样"，或者直接单击"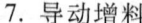"按钮，弹出"放样除料"对话框。

2）选取轮廓线，单击"确定"完成操作。图 4-165、图 4-166、图 4-167 为"放样除料"示例。

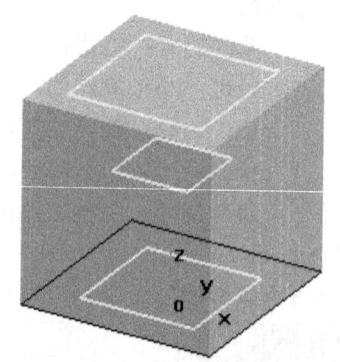

图 4-165 待放样除料的草图线

7. 导动增料

将某一截面曲线或轮廓线沿着另外一条轨迹线运动生成一个特征实体。截面线应为封闭的草图轮廓，截面线的运动形成了导动曲面。图 4-168、图 4-169、图 4-170 为导动增料示例。

 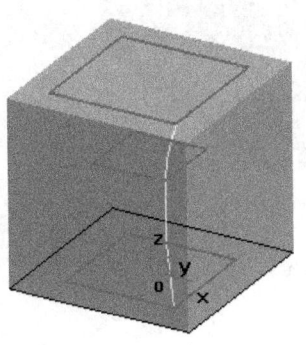 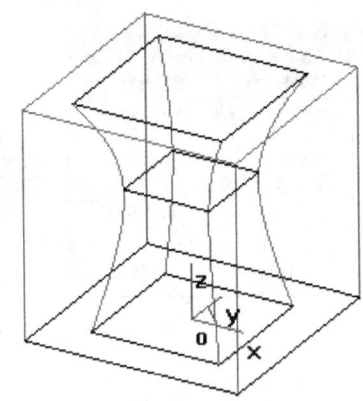

图 4-166　拾取草图线　　　　　　　　　　　　图 4-167　放样除料结果

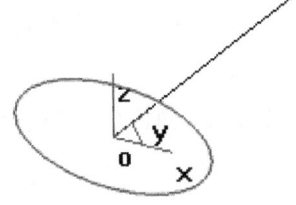 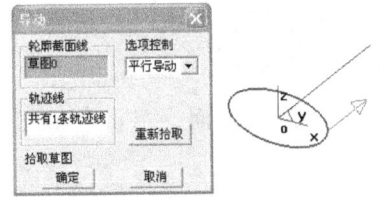 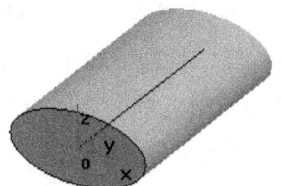

图 4-168　待导动的截面线　　图 4-169　填写对话框　　图 4-170　导动增料结果

【参数】

1）轮廓截面线：是指需要导动的草图，截面线应为封闭的草图轮廓。

2）轨迹线：是指草图导动所沿的路径。

3）选型控制：包括"平行导动"和"固接到动"两种方式。

4）平行导动：是指截面线沿导动线趋势始终平行它自身地移动而生成的特征实体。

5）固接导动：是指在导动过程中，截面线和导动线保持固接关系，即让截面线平面与导动线的切矢方向保持相对角度不变，而且截面线在自身相对坐标系中的位置关系保持不变，截面线沿导动线变化的趋势导动生成特征实体。

6）导动反向：是指与默认方向相反的方向进行导动。

【注意】

1）导动方向和导动线链搜索方向选择要正确。

2）导动的起始点必须在截面草图平面上。

3）导动线可以是多段曲线组成，但是曲线间必须是光滑过渡。

8. 导动除料

将某一截面曲线或轮廓线沿着另外一条轨迹线运动移出一个特征实体。截面线应为封闭的草图轮廓，截面线的运动形成了导动曲面。图 4-171、图 4-172 所示为导动除料示例。

【注意】

1）导动方向和导动线链搜索方向选择要正确。

2）导动的起始点必须在截面草图平面上。

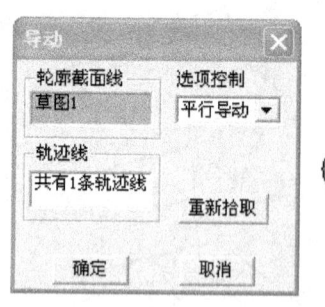 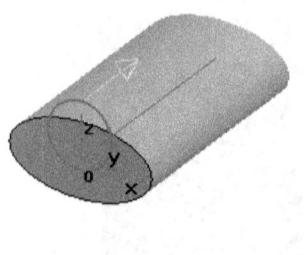 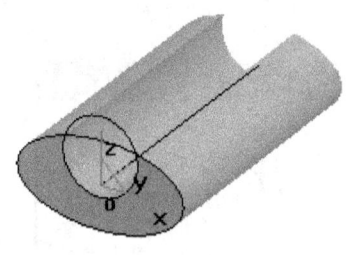

图 4-171 导动除料操作　　　　　　　图 4-172 导动除料结果

9. 曲面加厚增料

对指定的曲面按照给定的厚度和方向进行生成实体。

【操作】

1）单击"造型",指向"特征生成",再指向"增料",单击"曲面加厚",或者直接单击" "按钮,弹出"曲面加厚"对话框。

2）填入厚度,确定加厚方向,拾取曲面,单击"确定"完成操作,如图 4-173、图 4-174 所示。

图 4-173 曲面加厚增料操作　　　　　　图 4-174 曲面加厚结果

【参数】

1）厚度:是指对曲面加厚的尺寸,可以直接输入所需数值,也可以单击按钮来调节。

2）加厚方向 1:是指按曲面的法线方向生成实体。

3）加厚方向 2:是指按与曲面法线相反的方向生成实体。

4）双向加厚:是指从两个方向对曲面进行加厚,生成实体。

5）加厚曲面:是指需要加厚的曲面。

6）闭合曲面填充:将封闭的曲面生成实体。

【闭合曲面填充】　闭合曲面填充能实现以下几种功能:闭合曲面填充、闭合曲面填充增料、曲面融合、闭合曲面填充减料。

（1）闭合曲面填充

1）绘制完封闭的曲面后,单击"造型"下拉菜单,指向"特征生成",再指向"增料",单击"曲面加厚",或者直接单击" "按钮,系统弹出"曲面加厚"对话框,选择"闭合曲面填充"选项。

2）在对话框中选择适当的精度，按照系统提示，拾取所有曲面，单击"确定"完成。如图4-175、图4-176所示。

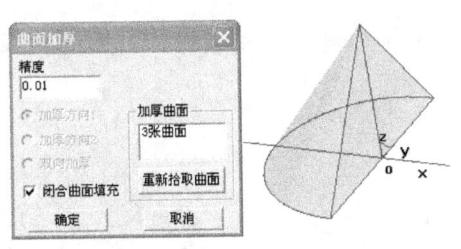 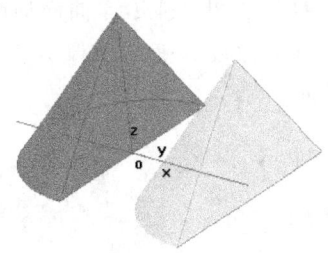

图4-175 闭合曲面填充操作　　　　　　图4-176 闭合曲面填充为实体（将曲面移出）

（2）闭合曲面填充增料

1）"闭合曲面填充增料"就是在原来实体零件的基础上，根据闭合曲面，增加一个实体，和原来的实体构成一个新的实体零件。闭合曲面区域和原实体必须相接触的部分，此外，该曲面也必须是闭合的。

2）方法和命令路径与闭合曲面填充的方法一致，如图4-177、图4-178所示。

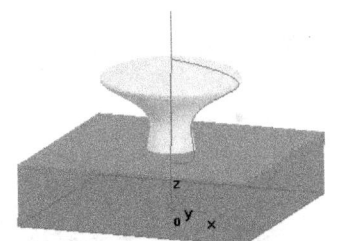 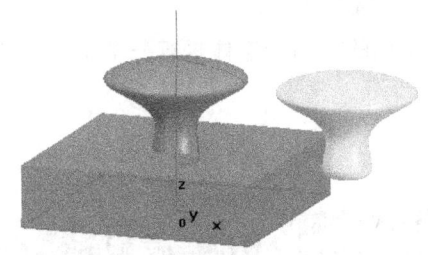

图4-177 实体和封闭曲面　　　　　　图4-178 闭合曲面填充操作结果（移出曲面）

（3）曲面融合：曲面融合就是在实体上用曲面与当前实体围成一个区域，把该区域填充成实体。方法和命令路径与闭合曲面填充的方法一致。图4-179、图4-180所示为曲面融合示例。

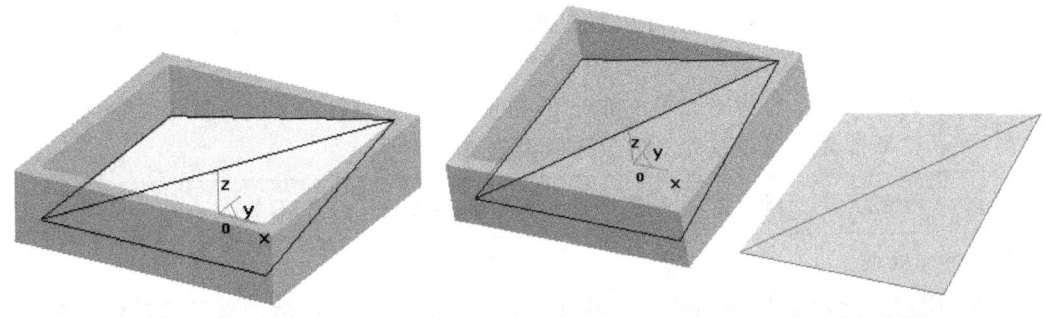

图4-179 实体与曲面　　　　　　图4-180 融合后新实体（移出曲面）

（4）闭合曲面填充减料：用闭合曲面围成的区域裁剪当前实体。操作与闭合曲面填充增料类似。

10. 曲面加厚除料

对指定的曲面按照给定的厚度和方向进行移出的特征修改。

【操作】

1)单击"造型",指向"特征生成",再指向"除料",单击"曲面加厚";或者直接单击" "按钮,弹出"曲面加厚"除料对话框。

2)填入厚度,确定加厚方向,拾取曲面,单击"确定"完成操作,如图4-181、图4-182所示。

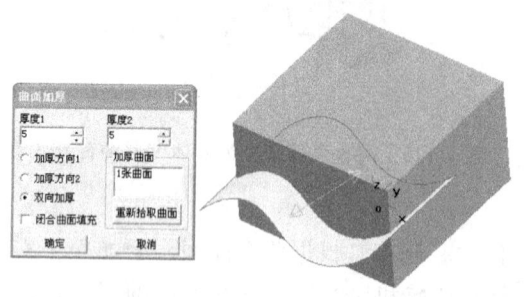 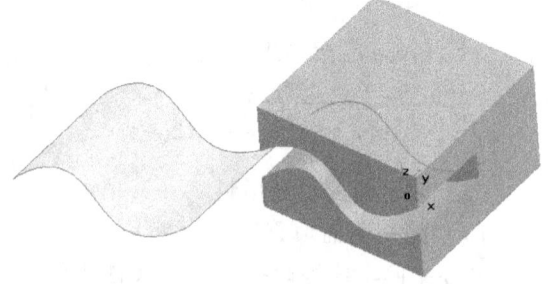

图4-181 曲面加厚除料操作　　　　　　　图4-182 操作结果(移出曲面)

参数的定义与曲面加厚增料相同,在此不再复述。

11. 曲面裁剪

用生成的曲面对实体进行修剪,去掉不需要的部分。如图4-183、图4-184为曲面裁剪示例。

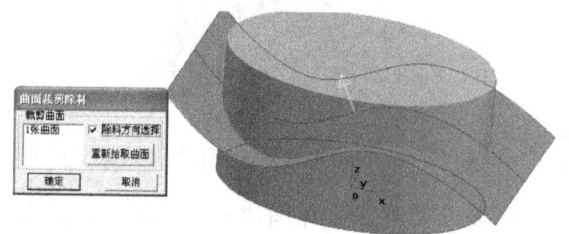 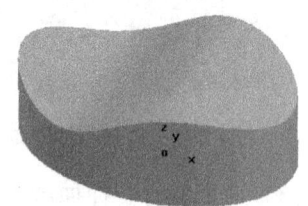

图4-183 裁剪曲面及待裁剪实体　　　　　图4-184 曲面裁剪实体操作

【参数】

1)裁剪曲面:是指对实体进行裁剪的曲面,参与裁剪的曲面可以是多张边界相连的曲面。

2)除料方向选择:是指除去哪一部分实体的选择,分别按照不同方向生成实体。

3)重新拾取曲面:可以此来重新选择裁剪所用的曲面。

【注意】 曲面裁剪是一种最常用的获得实体上曲面的方法。

三、特征处理

CAXA制造工程师2013软件提供了功能强大的、操作方便灵活的多种编辑修改特征实体和生成筋板、孔等结构的方法。分别是过渡、倒角、孔、拔模、抽壳、筋板、线性阵列和环形阵列。用户可以通过选择"特征工具条"和"应用"菜单的"特征生成"子菜单,生成各种新的三维实体。

1. 过渡

过渡是指以给定半径或半径规律在实体间作光滑(曲面)过渡。

【参数】
1）半径：是指过渡圆角的尺寸值，可以直接输入所需数值，也可以点击按钮来调节。
2）过渡方式：有等半径和变半径两种。
3）等半径：是指整条边或面以固定的尺寸值进行过渡。
4）变半径：是指在边或面间以渐变的尺寸值进行过渡，需要分别指定各点的半径。如图 4-185、图 4-186 为等半径过渡与变半径过渡的区别。

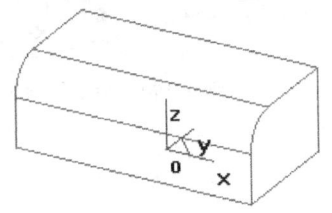
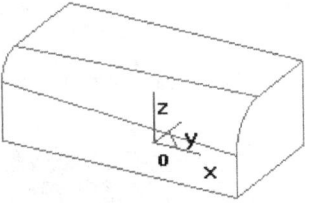

图 4-185　等半径过渡　　　　　　　　图 4-186　变半径过渡

【结束方式】有三种：缺省方式、保边方式和保面方式。
1）缺省方式：是指以系统默认的保边或保面方式进行过渡。
2）保边方式：是指线面过渡，如图 4-187、图 4-188 所示。
3）保面方式：是指面面过渡，如图 4-189 所示。

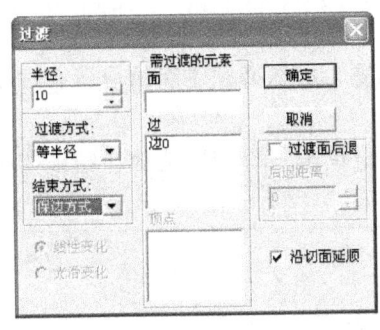
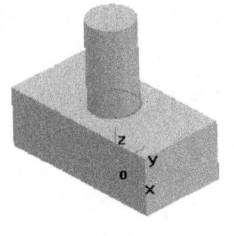
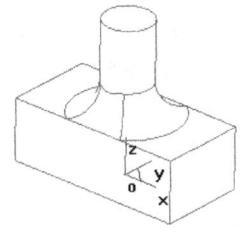

图 4-187　保边方式过渡操作　　　　　图 4-188　保边方式过渡结果

【变半径过渡参数】
1）线性变化：是指在变半径过渡时，过渡边界为直线。
2）光滑变化：是指在变半径过渡时，过渡边界为光滑的曲线。
3）需要过渡的元素：是指需要过渡的实体上的边或者面。
4）顶点：是指在保边方式过渡时，所拾取的边上的顶点。
5）沿切面顺延：是指在相切的几个表面的边界上，拾取一条边时，可以将边界全部过渡，先将竖的边过渡后，再用此功能选取一条横边，结果如图 4-190 所示。

【过渡面后退】零件在使用过渡特征时，可以使用"过渡面后退"使过渡变得缓慢光滑。
1）使用"过渡面后退"功能时，首先要选择"过渡面后退"选项，然后再拾取过渡边，确定每条边所需要的后退距离，每条边的后退距离可以是相等的也可以不相等，如图 4-191 所示。

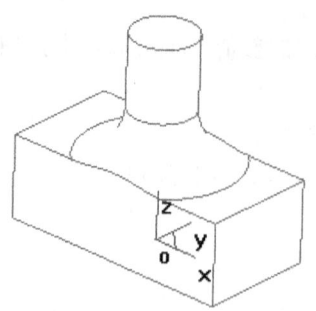

图 4-189　保面方式过渡结果

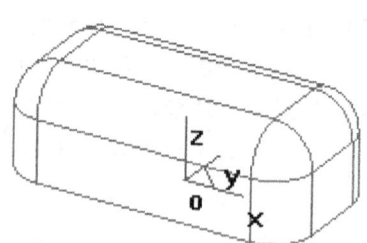

图 4-190　沿切面顺延

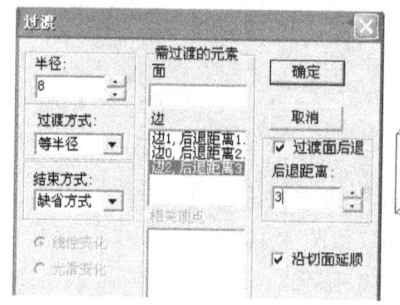

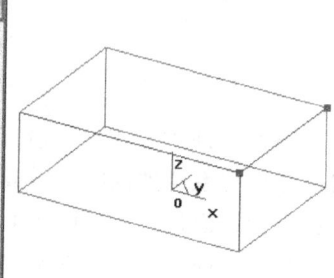

图 4-191　过渡面后退操作

2）如果先拾取了过渡边而没有钩选"过渡面后退"选项，那么必须重新拾取所有过渡边，才能实现过渡面后退功能。

3）在"过渡"对话框中选择适当的半径值和过渡方式，单击"确定"完成，结果如图 4-192 所示。

【注意】
1）在进行变半径过渡时，只能拾取边，不能拾取面。
2）变半径过渡时，注意控制点的顺序。
3）在使用过渡面后退功能时，过渡边不能少于 3 条且有公共点。

2. 倒角

倒角是指对实体的棱边进行光滑过渡。

【参数】

1）距离：是指倒角的边尺寸值，可以直接输入所需数值，也可以点击按钮来调节。
2）角度：是指所倒角度的数值，可以直接输入所需数值，也可以点击按钮来调节。
3）需倒角的元素：是指需要过渡的实体上的边。
4）反方向：是指按与默认方向相反的方向进行操作，分别按照两个方向生成实体。倒角结果如图 4-193 所示。

【注意】　两个平面的棱边才可以倒角。

3. 打孔

是指在平面上直接去除材料生成各种类型的孔。

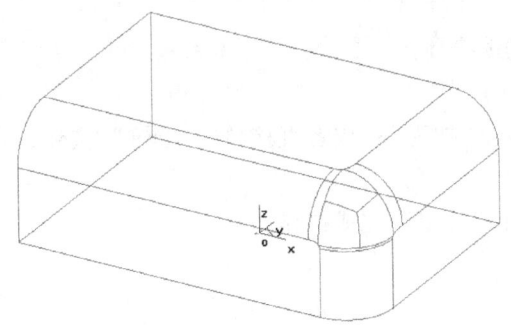
图 4-192　过渡面后退结果

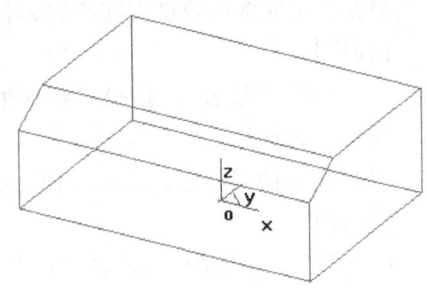
图 4-193　倒角结果

【参数】　主要是不同的孔的直径、深度，沉孔和钻头的参数等。

通孔：是指将整个实体贯穿。

【注意】
1) 通孔时，深度不可用。
2) 指定孔的定位点时，单击平面后按回车，可以输入打孔位置的坐标值。

4. 拔模

拔模是指保持中性面与拔模面的交线不变（即以此交线为旋转轴），对拔模面进行相应拔模角度的旋转操作。

此功能用来对几何面的倾斜角进行修改。如图 4-194、图 4-195 所示，可通过拔模操作把某直孔修改成带一定拔模角的斜孔。

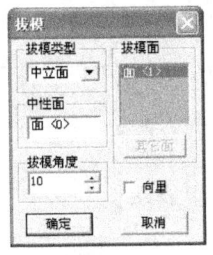
图 4-194　拔模操作

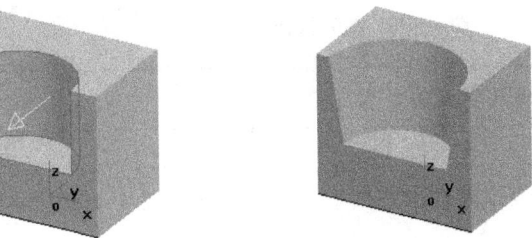
图 4-195　拔模结果

【操作】

（1）单击"造型"，指向"特征生成"，单击"拔模"；或者直接单击" "按钮，弹出"拔模"对话框。

（2）填入拔模角度，选取中性面和拔模面，单击"确定"完成操作。

【参数】

1) 拔模角度：是指拔模面法线与中立面所夹的锐角。

2) 中立面：是指拔模起始的位置。

3) 拔模面：需要进行拔模的实体表面。

4) 向里：是指与默认方向相反，分别按照两个方向生成实体。

【注意】　拔模角度不要超过合理值。

5. 抽壳

根据指定壳体的厚度将实心物体抽成内空的薄壳体。

【操作】

(1) 单击"造型",指向"特征生成",单击"抽壳";或者直接单击" ▣ "按钮,弹出"抽壳"对话框。

(2) 填入抽壳厚度,选取需抽去的面,单击"确定"完成操作。

【参数】

1) 厚度:是指抽壳后实体的壁厚。

2) 需抽去的面:是指要拾取,去除材料的实体表面。

3) 向外抽壳:是指与默认抽壳方向相反,在同一个实体上分别按照两个方向生成实体,如图4-196、图4-197所示。

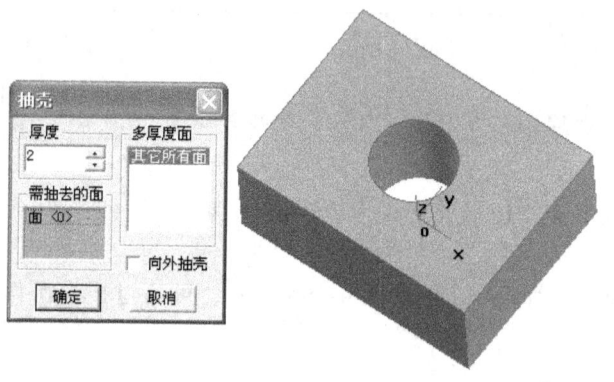

图 4-196 抽壳操作

图 4-197 抽壳结果

【注意】 抽壳厚度要合理。

6. 筋板

在指定位置增加加强筋。如图4-198、图4-199所示为筋板生成示例。

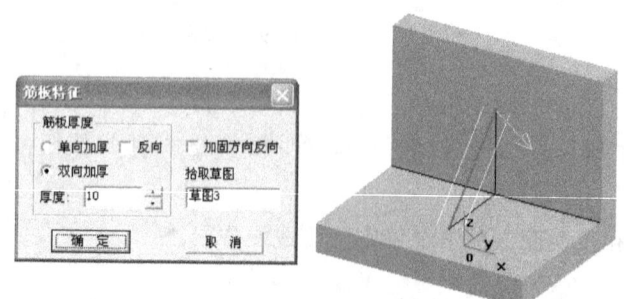

图 4-198 筋板操作

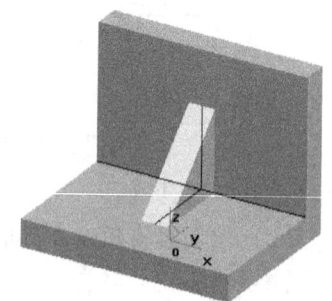

图 4-199 筋板操作结果

【参数】

1) 单向加厚:是指按照固定的方向和厚度生成实体。

2) 反向:与默认给定的单项加厚方向相反。

3) 双向加厚:是指按照两个相反的方向生成给定厚度的实体,厚度以草图线平分。

4）加固方向反向：是指与默认加固方向相反，按照不同的加固方向做成筋板。

【注意】
1) 加固方向应指向实体，否则操作失败。
2) 草图形状可以不封闭。

四、阵列特征

1. 线性阵列

通过线性阵列可以沿一个方向或多个方向快速进行特征的复制。如图 4-200、图 4-201、图 4-202 所示。

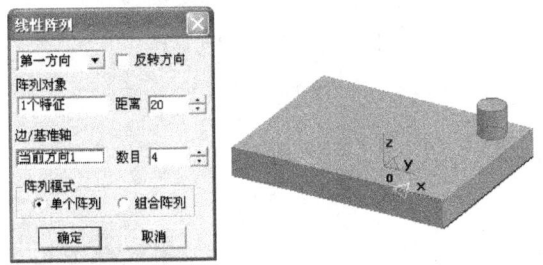

图 4-200　第一方向参数选择

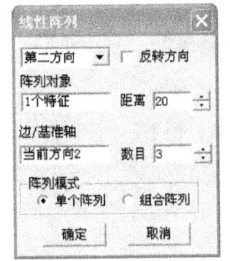 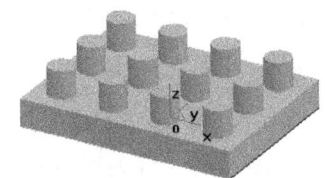

图 4-201　第二方向参数选择　　　　图 4-202　阵列结果

【参数】

1) 方向：是指阵列的第一方向和第二方向。
2) 阵列对象：是指要进行阵列的特征。
3) 边/基准轴：阵列所沿的指示方向的边或者基准轴。
4) 距离：是指阵列对象相距的尺寸值，可以直接输入所需数值，也可以点击按钮来调节。
5) 数目：是指阵列对象的个数，可以直接输入所需数值，也可以点击按钮来调节。
6) 反转方向：是指按与默认方向相反的方向进行阵列。
7) 阵列模式：可解决多曲线环体及修改型特征（如带过渡特征）的阵列。具体使用方法详见"环形阵列"。

【注意】
1) 如果特征 A 附着（依赖）于特征 B，那么当阵列特征 B 时，特征 A 不会被阵列。
2) 两个阵列方向都要选取。

2. 环形阵列

绕某基准轴旋转将特征阵列为多个特征，构成环形阵列。基准轴应为空间直线。图 4-203、图 4-204 和图 4-205 所示为环形阵列示例。

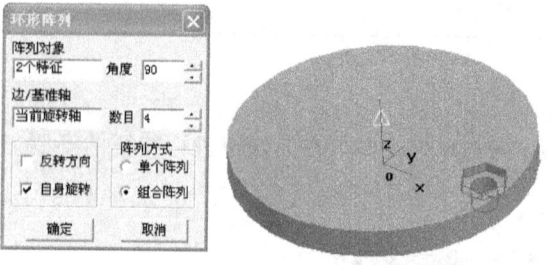

图 4-203　环形阵列操作

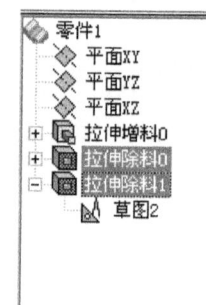

图 4-204　多特征选择方式

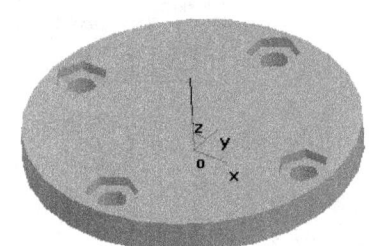

图 4-205　环形阵列结果

【参数】

1）阵列对象：是指要进行阵列的特征。

2）边/基准轴：阵列所沿的指示方向的边或者基准轴。

3）角度：是指阵列对象所夹的角度值，可以直接输入所需数值，也可以点击按钮来调节。

4）数目：是指阵列对象的个数，可以直接输入所需数值，也可以点击按钮来调节。

5）反转方向：是指与默认方向相反的方向进行阵列。

6）自身旋转：是指在阵列过程中，这列对象在绕阵列中心旋转的过程中，绕自身的中心旋转，否则，将互相平行。

7）阵列方式：可解决多曲线环体及修改型特征（如带过渡特征）的阵列。

8）组合阵列：是指图中需要阵列的特征是由两个以上特征组合而成的。

【注意】　如果特征 A 附着（依赖）于特征 B，那么当阵列特征 B 时，特征 A 不会被阵列。

五、模具生成

1. 缩放

给定基准点对零件进行放大或缩小。

【操作】

(1) 单击"造型",指向"特征生成",单击"缩放";或者直接单击" "按钮,弹出"缩放"对话框。

(2) 选择基点,填入收缩率,需要时填入数据点,单击"确定"完成操作,如图4-206、图4-207所示。

【参数】 基点包括三种:零件质心、拾取基准点和给定数据点。

1) 零件质心:是指以零件的质心为基点进行缩放。

2) 拾取基准点:是指根据拾取的工具点为基点进行缩放。

3) 给定数据点:是指以输入的具体数值为基点进行缩放。

4) 收缩率:是指放大或缩小的比率。此时零件的缩放基点为零件模型的质心。

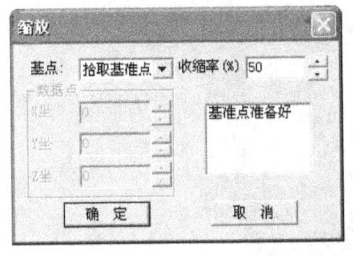 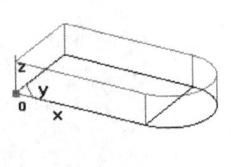 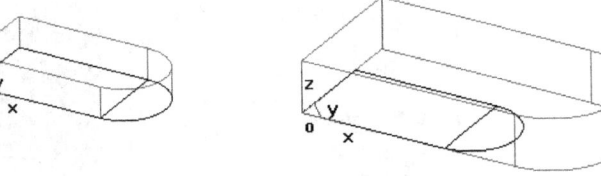

图 4-206 缩放操作　　　　　　　　　图 4-207 缩放结果

2. 型腔

以零件为型腔生成包围此零件的模具。

【操作】

(1) 单击"造型",指向"特征生成",单击"型腔";或者直接单击" "按钮,弹出"型腔"对话框。

(2) 分别填入收缩率和毛坯放大尺寸,单击"确定"完成操作,如图4-208、图4-209所示。

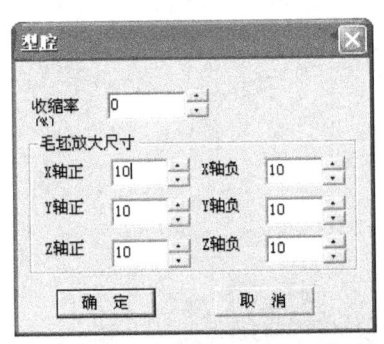 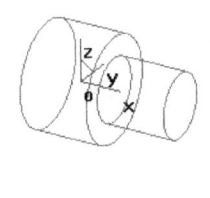 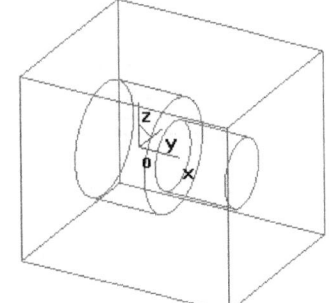

图 4-208 型腔操作　　　　　　　　　图 4-209 型腔操作结果

【参数】

1) 收缩率:是指放大或缩小的比率。

2) 毛坯放大尺寸:是指放大或缩小的尺寸,可以直接输入所需数值也可以点击按钮来调节。

【注意】 收缩率介于 -20% 至 20% 之间。

3. 分模

型腔生成后，通过分模，使模具按照给定的方式分成几个部分。

【操作】

（1）单击"造型"，指向"特征生成"，单击"分模"；或者直接单击" "按钮，弹出"分模"对话框。

（2）选择分模形式和除料方向，拾取草图，单击"确定"完成操作。

【参数】 分模形式包括两种：草图分模和曲面分模。

（1）草图分模：是指通过所绘制的草图进行分模，如图 4-210 所示。

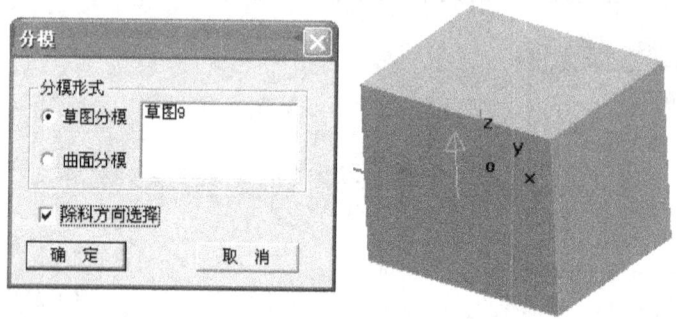

图 4-210 草图线型腔分模操作

（2）曲面分模：是指通过曲面进行分模，参与分模的曲面可以是多张边界相连的曲面，如图 4-211、图 4-212 所示。

除料方向选择：是指除去哪一部分实体的选择，分别按照不同方向生成实体。

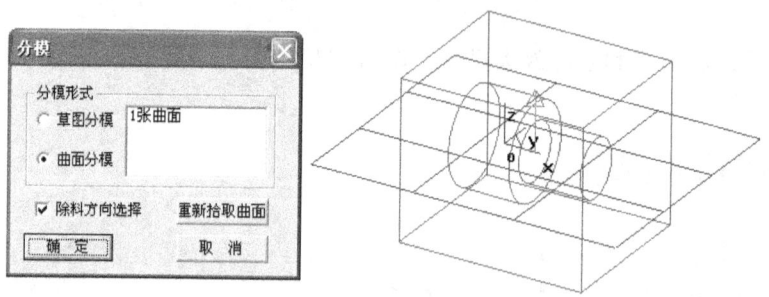

图 4-211 曲面型腔分模操作

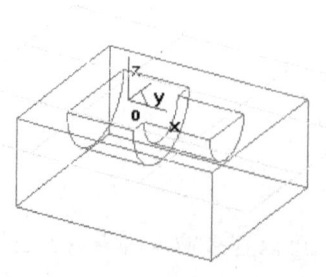 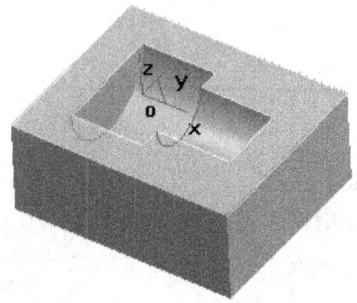

图 4-212 分模结果

【注意】
1) 模具必须位于草图的基准面的一侧,而且草图的起始位置必须位于模具投影到草图基面的投影视图的外部。
2) 草图分模的草图线两两相交之处,在输出视图时会出现一直线,便于确定分模的位置。

六、实体布尔运算

实体布尔运算是将另一个实体与当前实体通过交、并、差的运算,生成新实体。

【参数】
1) 文件类型:是指输入的文件种类。
2) 布尔运算方式:是指当前零件与输入零件的并、交、差,包括如下三种:
① 当前零件∪输入零件:是指当前零件与输入零件的并集。
② 当前零件∩输入零件:是指当前零件与输入零件的交集。
③ 当前零件－输入零件:是指当前零件与输入零件的差。
3) 定位方式:是用来确定输入零件的具体位置,包括以下两种方式:
① 拾取定位的 X 轴:是指以空间直线作为输入零件自身坐标系的 X 轴(坐标原点为拾取的定位点),旋转角度是用来对 X 轴进行旋转以确定 X 轴的具体位置。
② 给定旋转角度:是指以拾取的定位点为坐标原点,用给定的两角度来确定输入零件的自身坐标架的 X 轴,包括角度一和角度二。
角度一:其值为 X 轴与当前世界坐标系的 X 轴的夹角。
角度二:其值为 X 轴与当前世界坐标系的 Z 轴的夹角。
4) 反向:是指将输入零件自身坐标系的 X 轴的方向反向,然后重新构造坐标系进行布尔运算。

【注意】
1) 采用"拾取定位的 X 轴"方式时,轴线为空间直线。
2) 选择文件时,注意文件的类型,将零件存成 *.x_t 文件,然后进行布尔运算。
3) 进行布尔运算时,基体尺寸应比输入的零件稍大。

思考与练习题

4-1 填空题

(1) 特征树中的基准平面有_____、_____和_____。
(2) 相关线用于绘制曲面或实体的交线、_____、_____、_____、_____和_____。
(3) 拉伸除料是将一个轮廓曲线根据指定的距离作_____操作,用来在已有的实体上生成一个减去材料的特征。
(4) 草图的绘制可以通过两种方法进行,一是绘制出图形的大致形状,通过_____功能对图形进行修改,得到最终图形;二是直接按照_____精确作图。
(5) 绘制草图的步骤是:_____、_____、_____和_____。
(6) 在草图状态,按钮"✏"、"✎"、"✐"和"凸"的名称是:_____、_____、_____和_____。

（7）绕某轴线旋转生成特征实体的工具名叫_____，其中，截面线是封闭_____线，轴线是_____线。

（8）筋板生成时的加固方向应指向_____，否则，操作失败。

（9）在草图状态，曲线投影时的投影对象可以是_____、_____和_____。

（10）_____功能可以根据多个截面线轮廓草图生成一个实体。

4-2 根据图 4-213 所给的尺寸，完成实体造型设计。

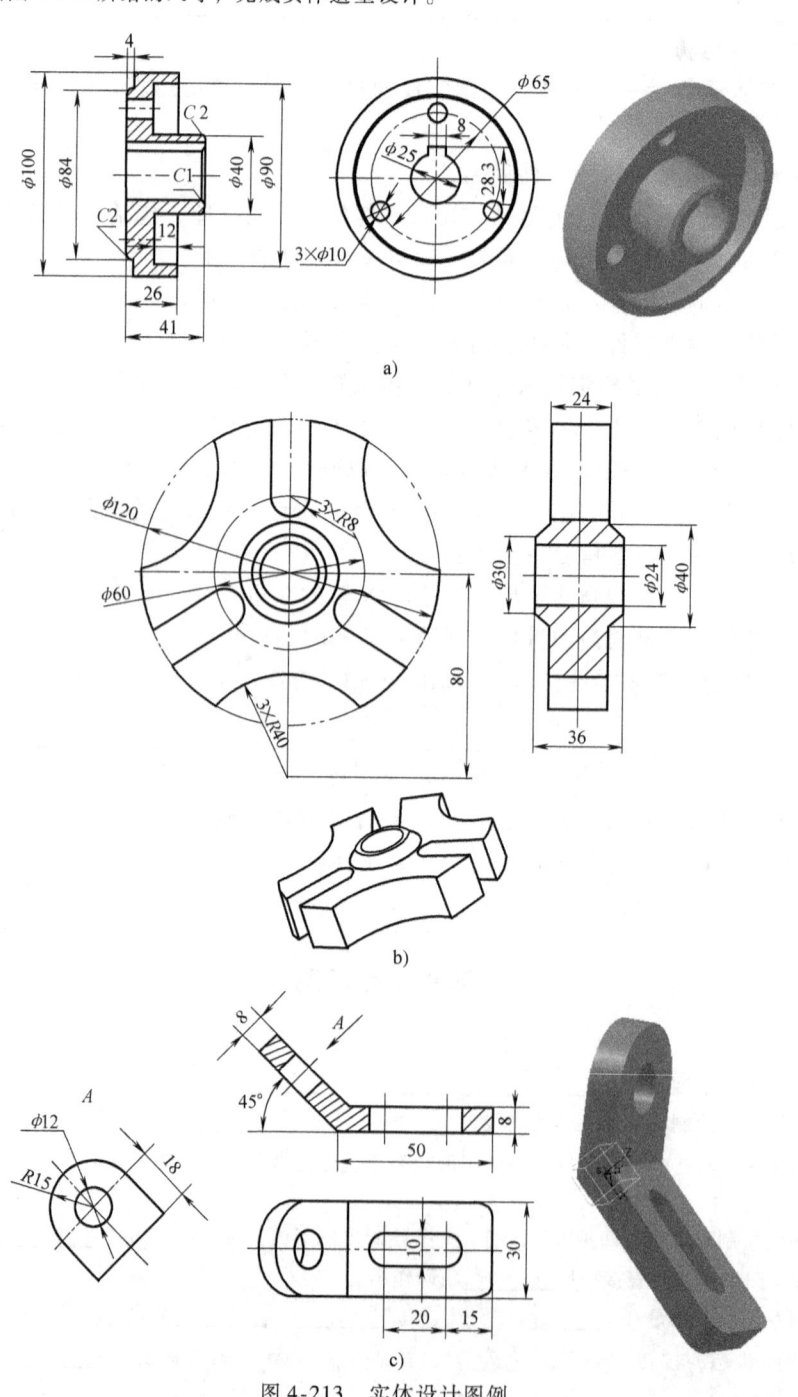

图 4-213 实体设计图例

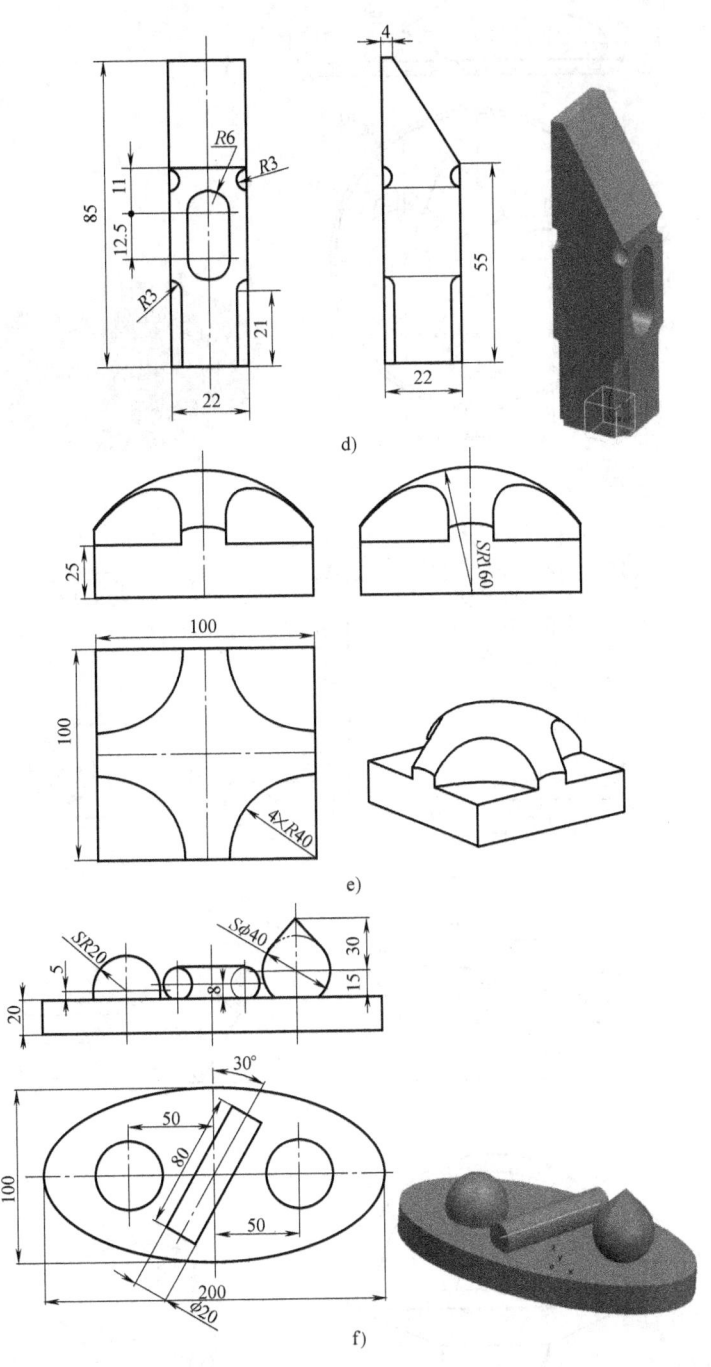

图 4-213 实体设计图例（续）

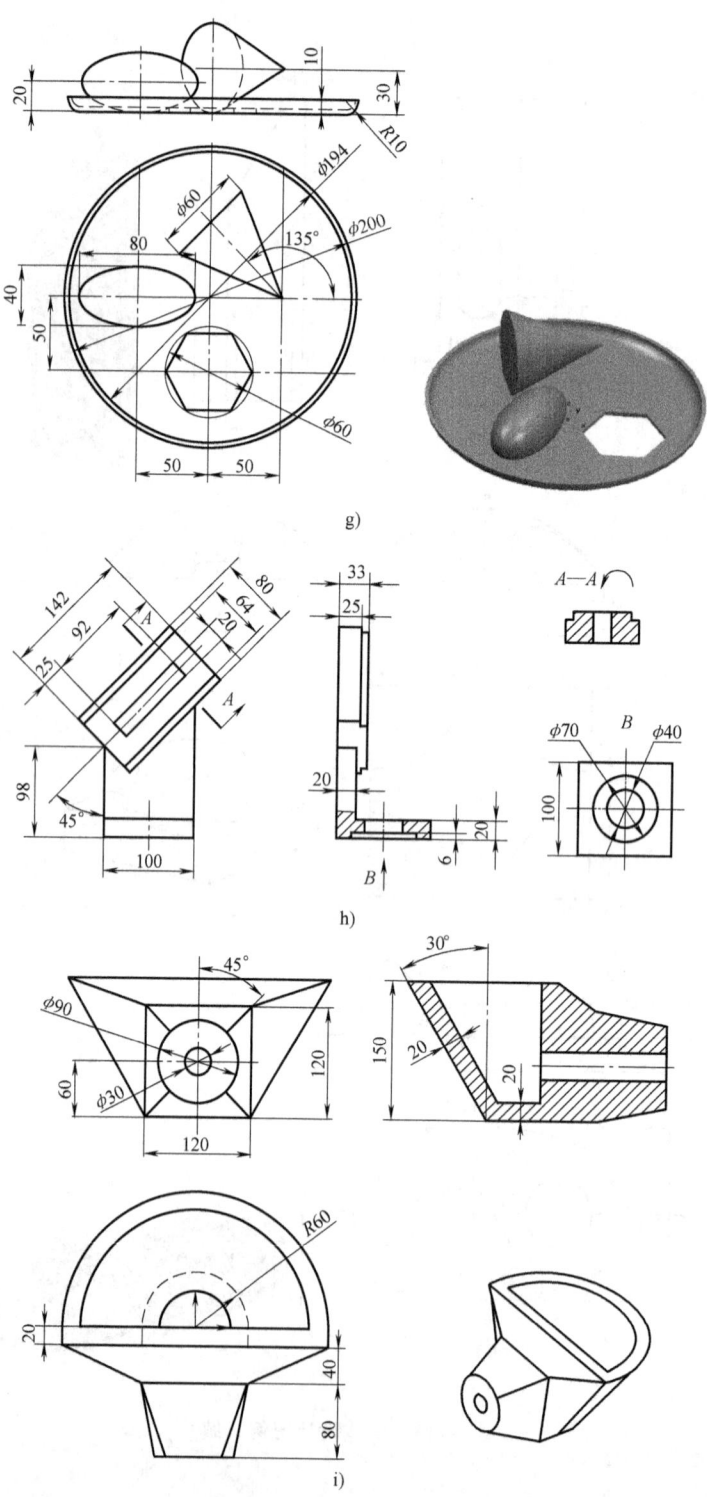

图 4-213 实体设计图例（续）

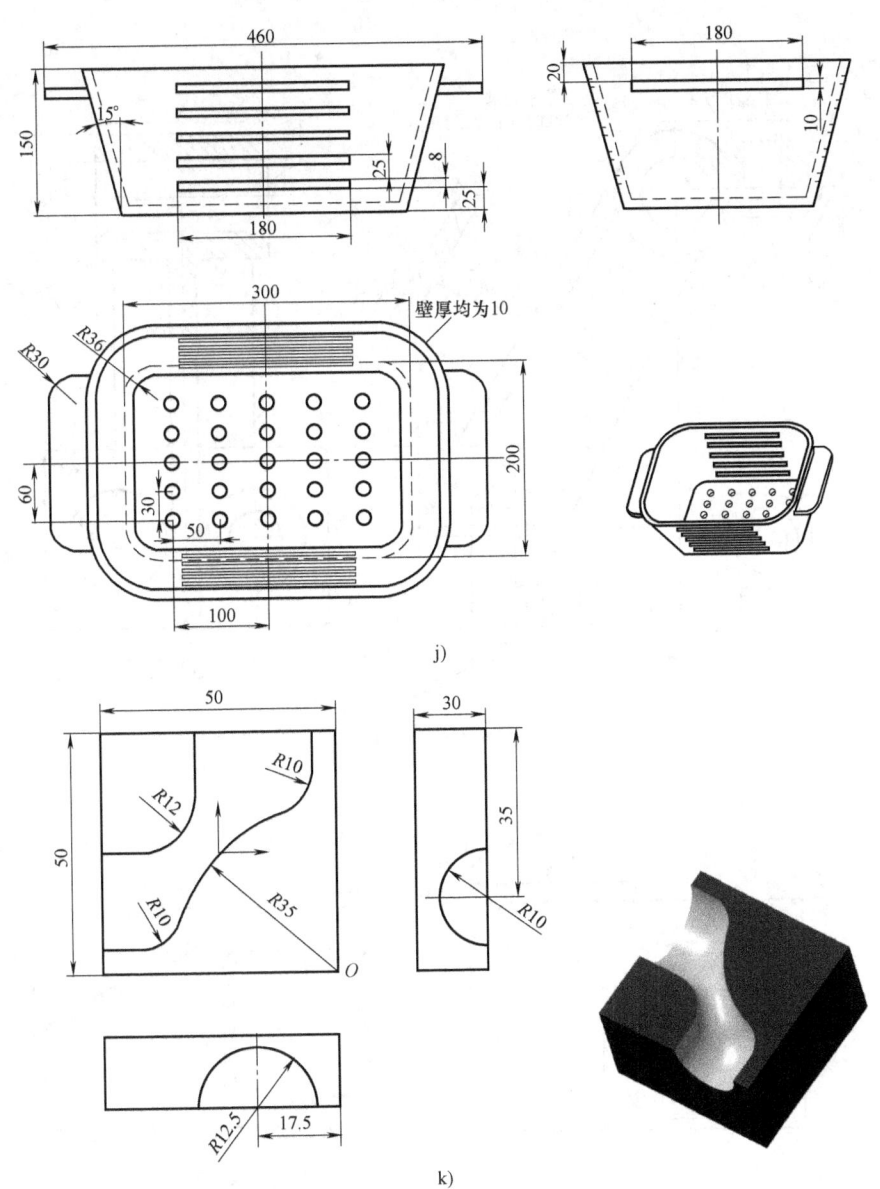

图 4-213 实体设计图例（续）

4-3 根据图 4-214 所给的尺寸，完成支架的实体造型设计。
4-4 根据图 4-215 所给的尺寸，完成薄壁壳零件的三维实体造型。
4-5 按照图 4-216 所给的尺寸，完成手轮零件的实体造型。
4-6 根据图 4-217 所给的尺寸，完成摩擦楔块锻模的实体造型设计。
4-7 根据图 4-218 所给的尺寸，完成零件基座的三维造型设计。
4-8 根据图 4-219 所给的尺寸，完成管接头的实体造型设计。
4-9 根据图 4-220 所给的尺寸，完成斜座的三维实体造型设计。
4-10 根据图 4-221 所给的尺寸，完成叉架的三维实体造型设计。

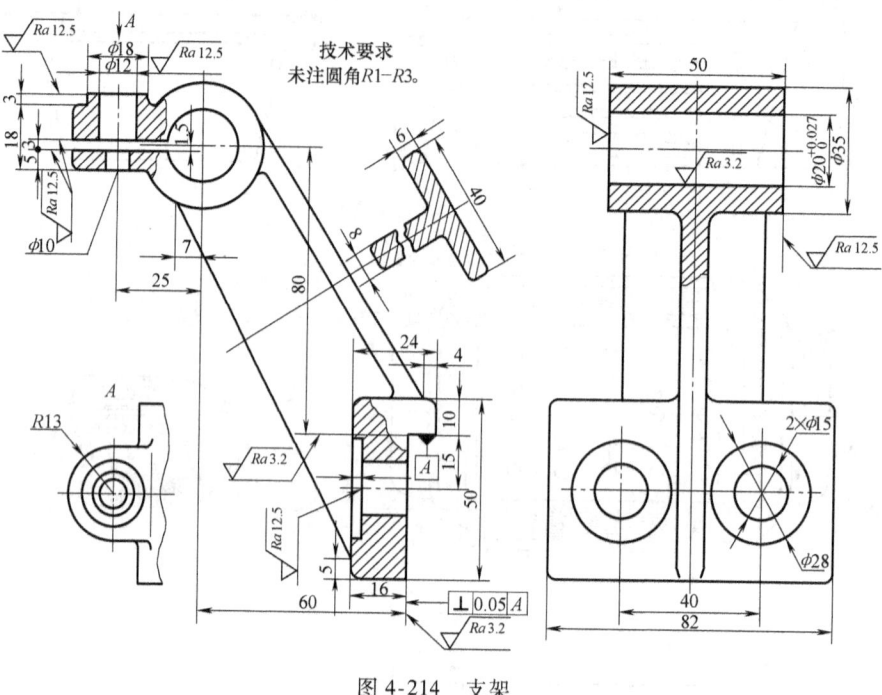

图 4-214 支架

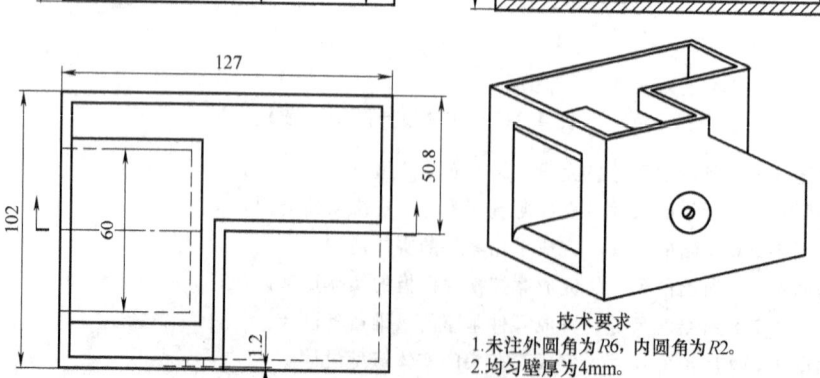

图 4-215 薄壁壳

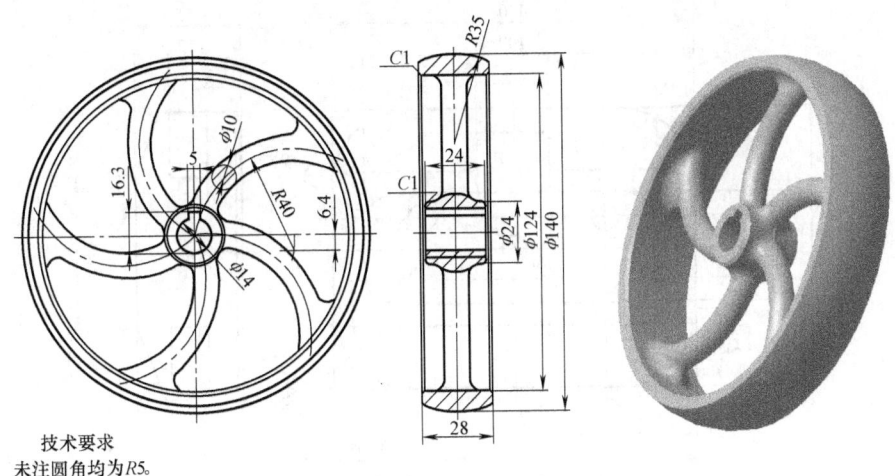

技术要求
未注圆角均为R5。

图 4-216 手轮零件

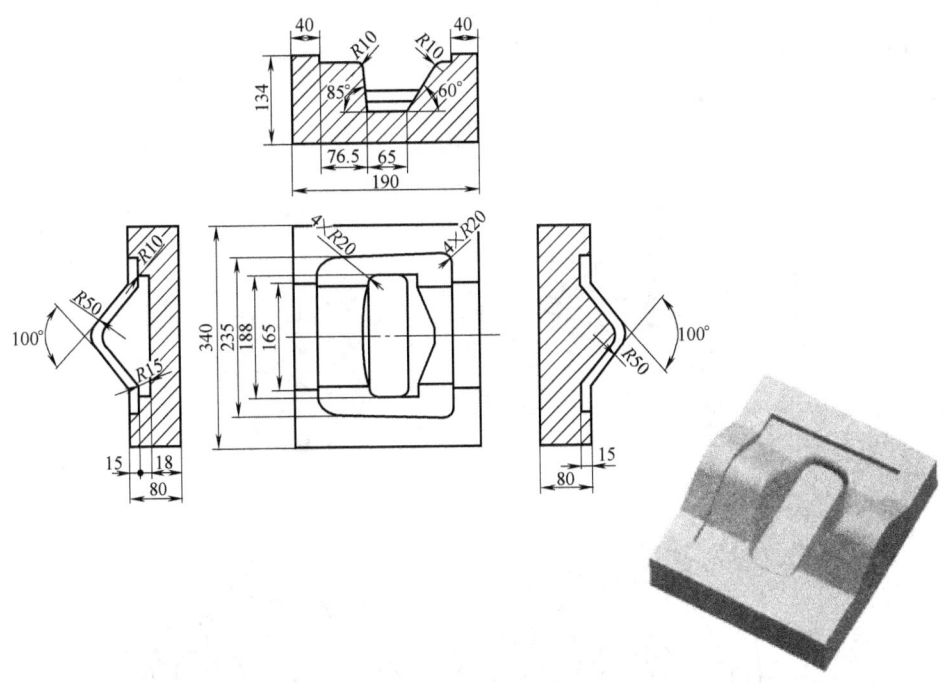

图 4-217 摩擦楔块锻模

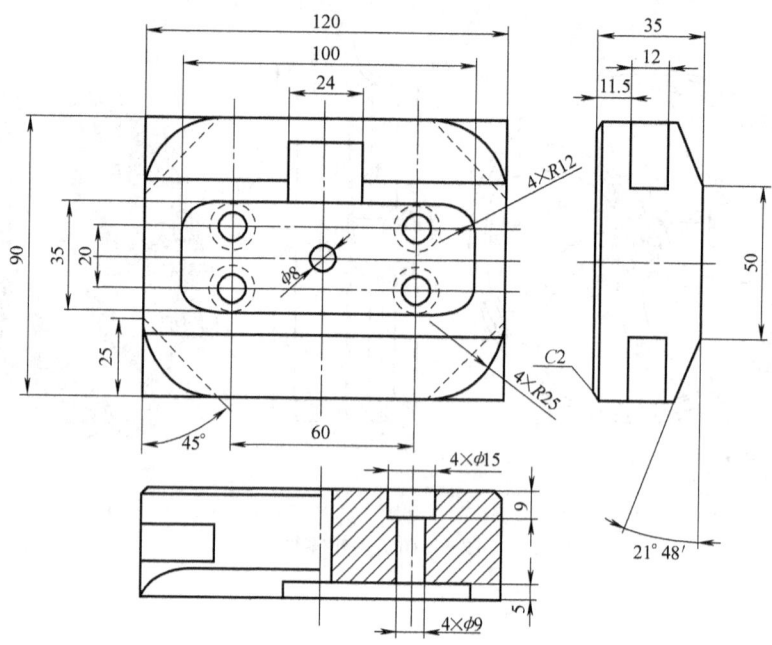

图 4-218 基座

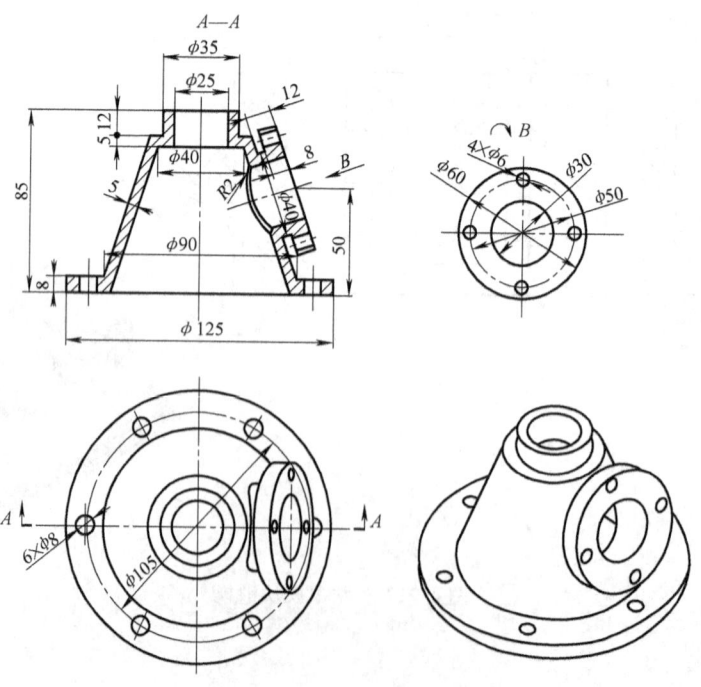

图 4-219 管接头

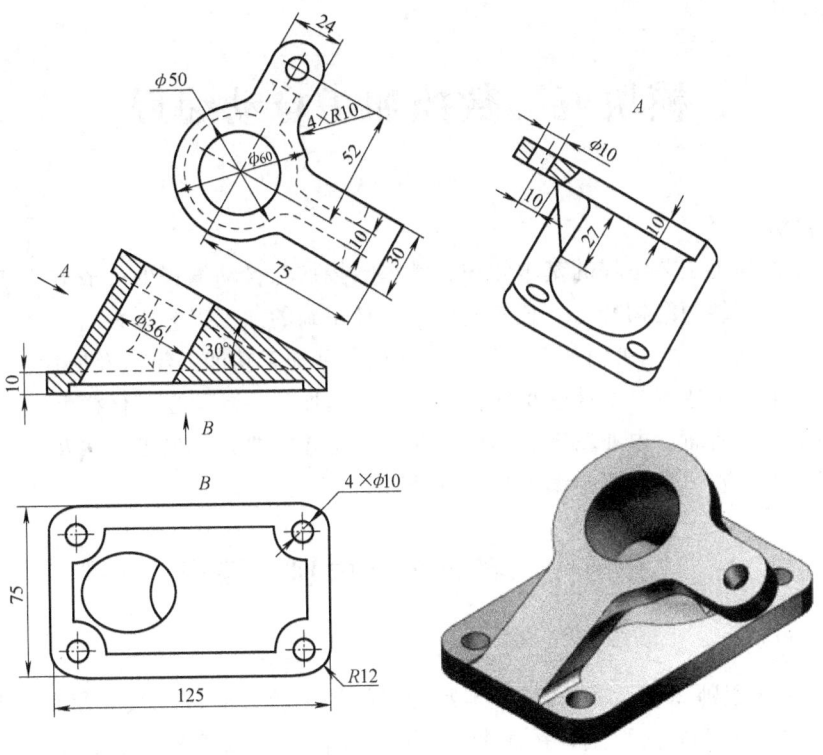

图 4-220 斜座

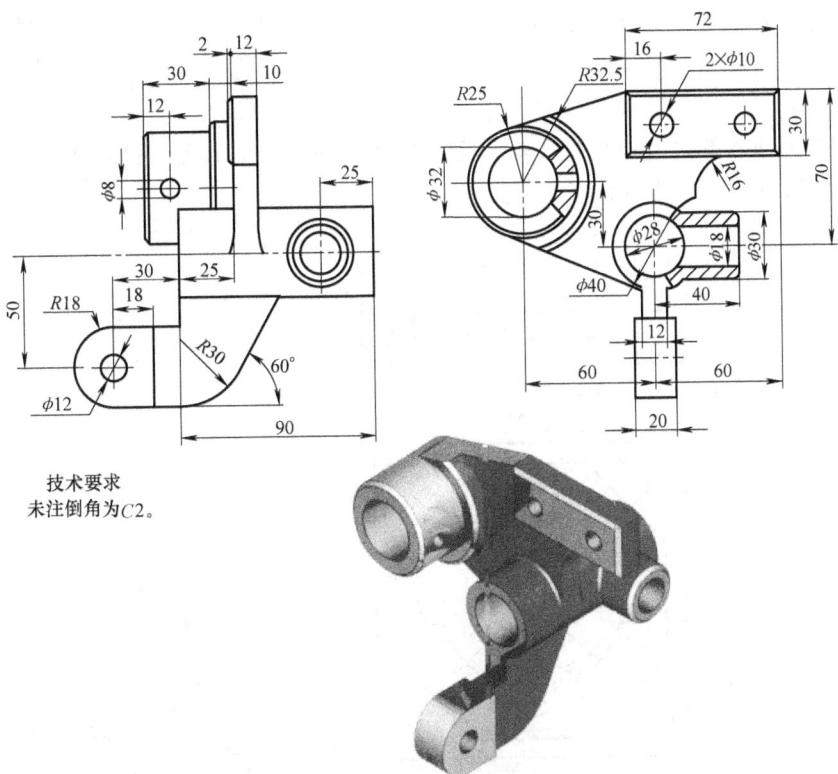

技术要求
未注倒角为 $C2$。

图 4-221 叉架

模块五　数控加工自动编程

● 知识能力目标

1. 具备数控加工工艺编程的基本知识，掌握数控加工自动编程的一般方法和操作步骤。
2. 学会根据零件的结构特点、技术要求，设计正确的加工工艺方案。
3. 学习 2.5 轴、3 轴、4 轴和 5 轴加工，掌握各种加工功能的特点及应用。
4. 正确理解加工造型与设计造型的概念，能根据加工要求建立零件模型。
5. 掌握平面、曲面、内外轮廓、沟槽、孔等常见几何要素的加工方法及质量保证措施。
6. 掌握加工轨迹仿真、轨迹编辑和后置处理的一般方法。

任务一　盘体零件的加工编程

◎ 任务背景

CAXA 制造工程师 2013 软件提供了丰富的数控加工轨迹生成工具，每种工具都有它的前提条件、参数特征和轨迹形式，操作者必须根据零件特征和要求，合理选择。本例属于平面区域轮廓的加工，没有斜面和曲面，尽量考虑 2.5 轴加工，这样生成轨迹的速度比较快。学生通过盘体零件的加工编程，学会平面区域粗加工、平面精加工和平面轮廓精加工功能的知识及应用。

◎ 任务要求

根据图 5-1 所示的尺寸和技术要求，完成盘体零件的加工编程。已知零件毛坯为 120×120×20 的硬铝板，底面及侧面已加工到位，单件生产。

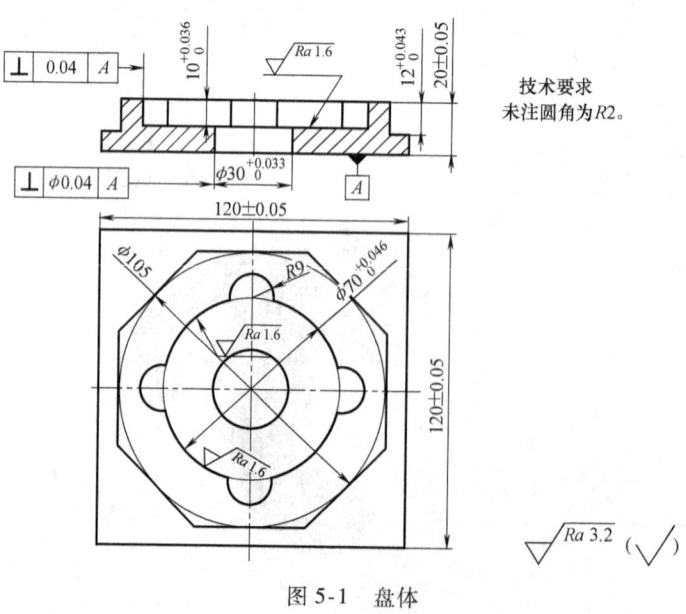

图 5-1　盘体

◎ **任务解析**

（1）加工选用台虎钳装夹，下放垫铁，用百分表找正。

（2）坐标原点建立在零件上表面中心点处。

（3）根据零件技术要求，R2 未注圆角在轮廓曲线和加工造型的绘制时必须体现出来。

（4）根据精度和表面粗糙度要求，决定采取平面区域粗加工、平面精加工及平面轮廓精加工，来生成零件的加工轨迹。

☆ **本案例的重点、难点**

（1）平面区域粗加工、平面精加工及平面轮廓精加工功能的特点、参数设置和轨迹。

（2）实体造型坐标系与加工坐标系的建立与转换。

（3）加工轨迹实体仿真检验。

（4）后置处理，G 代码生成。

【操作步骤详解】

零件实体造型

（1）按 F5 键，选择 XOY 为当前绘图平面，坐标原点为盘体底面中心。绘制零件空间轮廓曲线，如图 5-2 所示。利用曲线投影，拉伸增料、除料等功能完成零件实体造型如图 5-3 所示。注意：在零件轮廓曲线圆弧过渡 R2 后，为了造型和加工时曲线拾取方便，分别将各个轮廓曲线进行曲线组合。

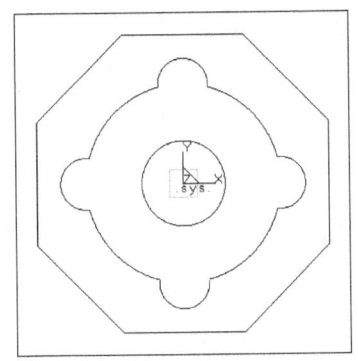
图 5-2　盘体零件轮廓曲线

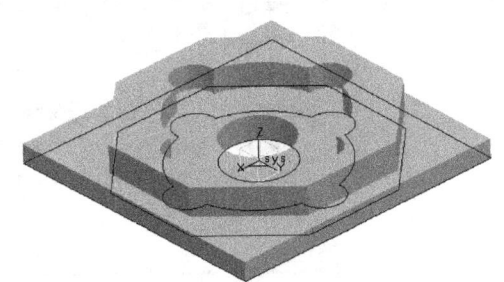
图 5-3　盘体零件实体造型

建立毛坯

（2）单击主菜单"显示"→"轨迹管理"，或者直接单击左下角"轨迹管理"选项，显示"轨迹管理"特征树，在特征树中双击"毛坯"，弹出"毛坯定义"对话框，选择"参照模型"，然后单击"确定"，毛坯建立，如图 5-4 所示。

建立坐标系

（3）单击主菜单"工具"→"坐标系"→"创建坐标系"，按左下角提示，输入新坐标系原点："0，0，20"，输入新坐标系名称："O"，坐标系建立完成，如图 5-5 所示。

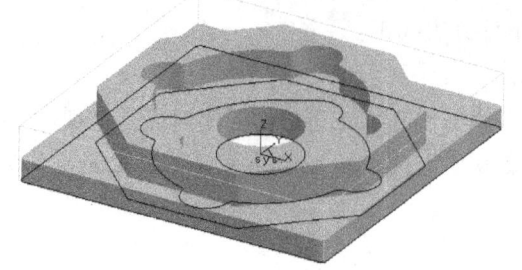
图 5-4 建立毛坯

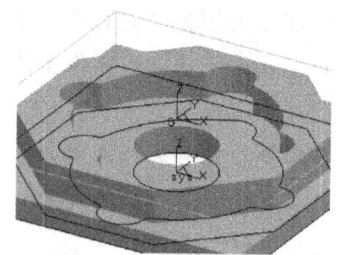
图 5-5 建立坐标系 O

平面区域粗加工

（4）外轮廓粗加工：单击主菜单"加工"→"常用加工"→"平面区域粗加工"，或直接点击"回"按钮，弹出"平面区域粗加工（创建）"对话框，单击"加工参数"选项卡，参数选择如图 5-6 所示。注意：底面和轮廓留精加工余量 0.3mm。

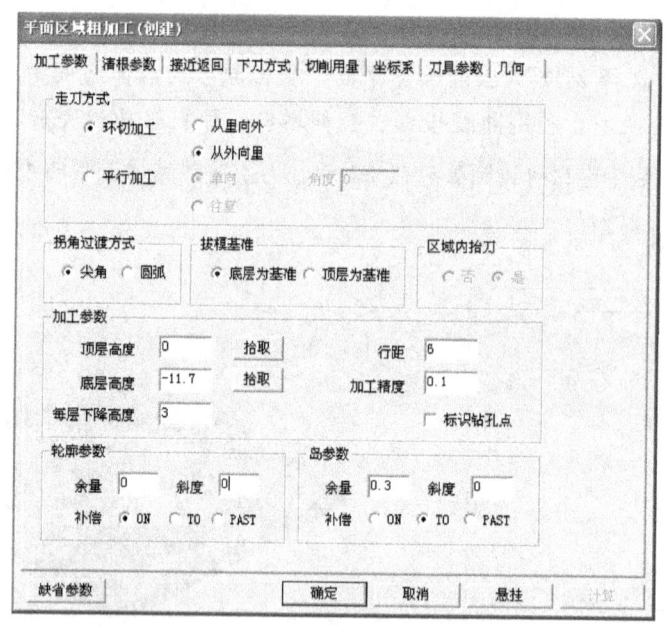

图 5-6 加工参数设置

（5）单击"清根参数"选项卡，参数设置如图 5-7 所示。

（6）单击"切削用量"选项卡，参数选择如图 5-8 所示。

（7）单击"坐标系"选项卡，在"加工坐标系"项中单击"拾取"，然后在绘图区拾取坐标系 O，加工坐标系设置完成，如图 5-9 所示。

（8）单击"刀具参数"选项卡，选择"立铣刀"，直径设为"12"，如图 5-10 所示。

（9）单击"确定"，按左下角提示，选择矩形（120×120）边为"轮廓曲线"，选择八边形为"岛屿曲线"，单击鼠标右键完成，得到外轮廓平面区域粗加工轨迹，如图 5-11 所示。

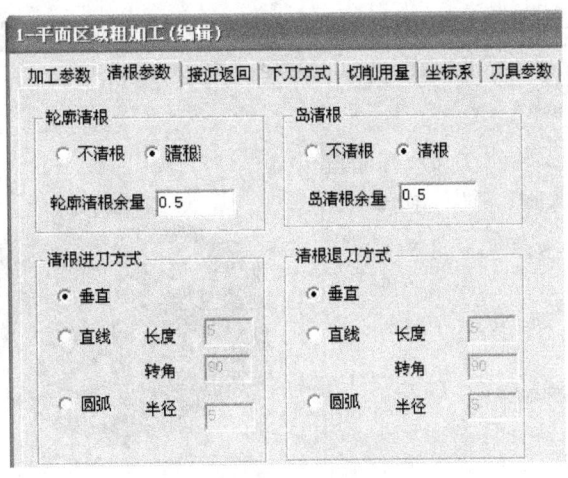

图 5-7 清根参数设置

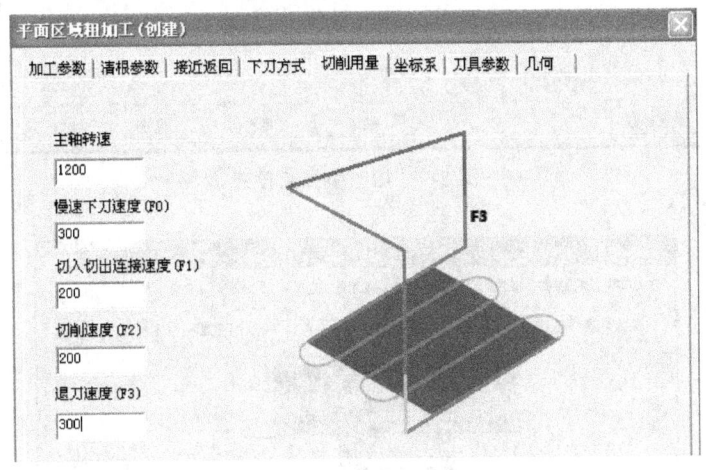

图 5-8 切削用量

(10) 内轮廓粗加工：单击平面区域粗加工"▣"按钮，弹出"平面区域粗加工（创建）"对话框，单击"加工参数"选项卡，底层高度设为"-9.7"，轮廓参数中余量设为"0.3"，参数选择如图 5-12 所示。注意：底面和轮廓留精加工余量 0.3mm。

(11) 坐标系选择为 O，其他参数同前，确定后，选择圆弧（Φ70、R9）为"轮廓曲线"，点右键忽略"岛屿曲线"，得到内轮廓平面区域粗加工轨迹，如图 5-13 所示。提示：为了显示更清楚，可以在特征树中单击"1-平面区域粗加工"，单击鼠标右键，选择"隐藏"，则外轮廓粗加工轨迹显示消失。

(12) 通孔粗加工：单击平面区域粗加工"▣"按钮，弹出"平面区域粗加工（创建）"对话框，单击"加工参数"选项卡，顶层高度设为"-9.7"，底层高度设为"-23"，轮廓参数中余量设为"0.3"，参数选择如图 5-14 所示。注意：因为是通孔，所以设底层高度"-23"，超出 3mm。

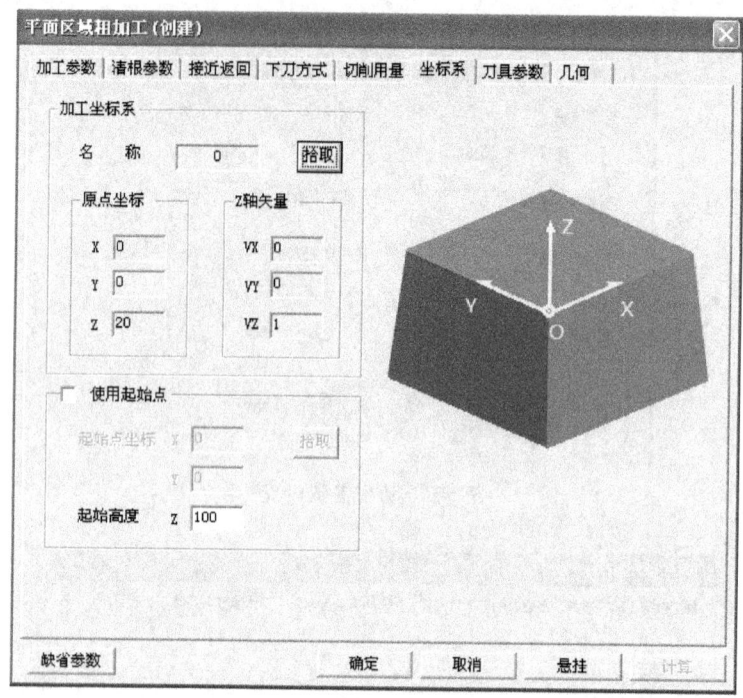

图 5-9　加工坐标系设置

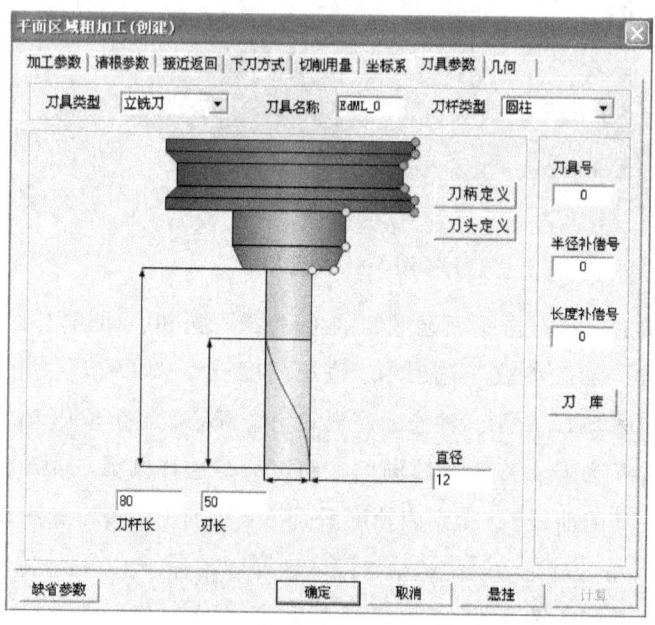

图 5-10　刀具参数

（13）坐标系选择为 O，其他参数同前，确定后，选择圆（Φ30）为"轮廓曲线"，单击右键忽略"岛屿曲线"，得到通孔平面区域粗加工轨迹，如图 5-15 所示。

内、外轮廓及平面区域精加工

（14）单击主菜单"加工"→"常用加工"→"平面精加工"，或直接单击"＂按钮，

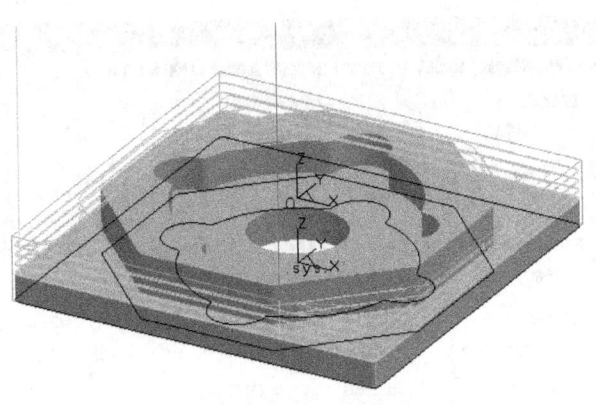

图 5-11 外轮廓平面区域粗加工轨迹

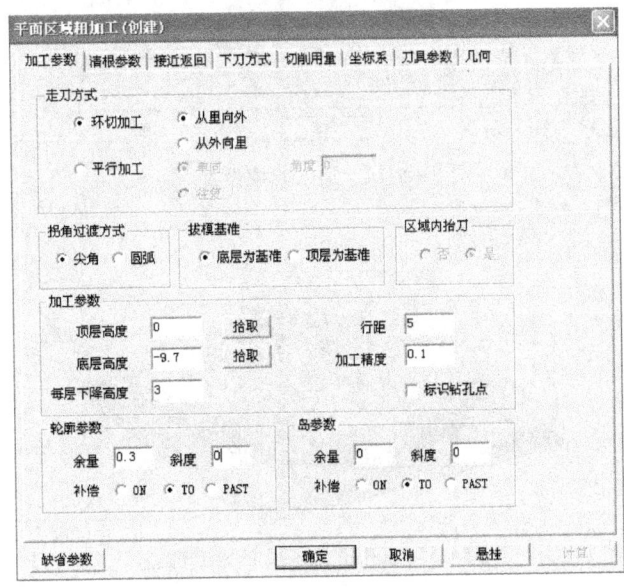

图 5-12 加工参数设置

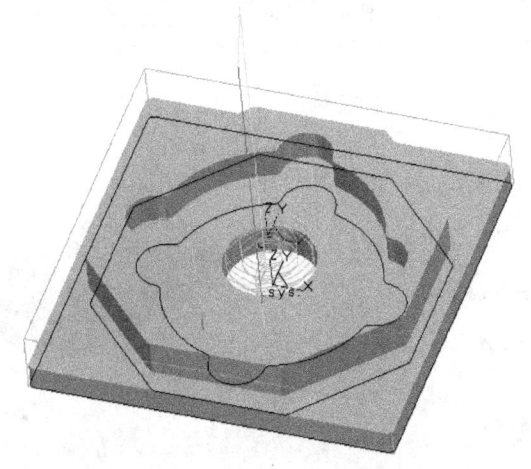

图 5-13 内轮廓平面区域粗加工轨迹

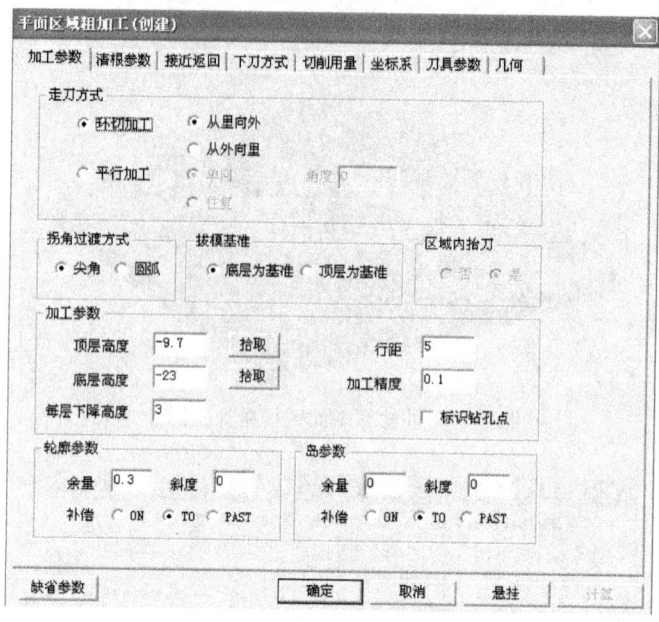

图 5-14 加工参数设置

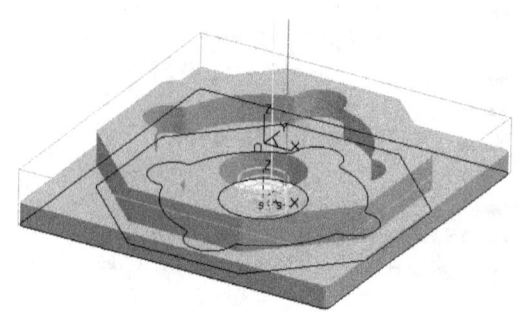

图 5-15 通孔平面区域粗加工轨迹

弹出"平面精加工(创建)"对话框,加工参数设置如图 5-16 所示。

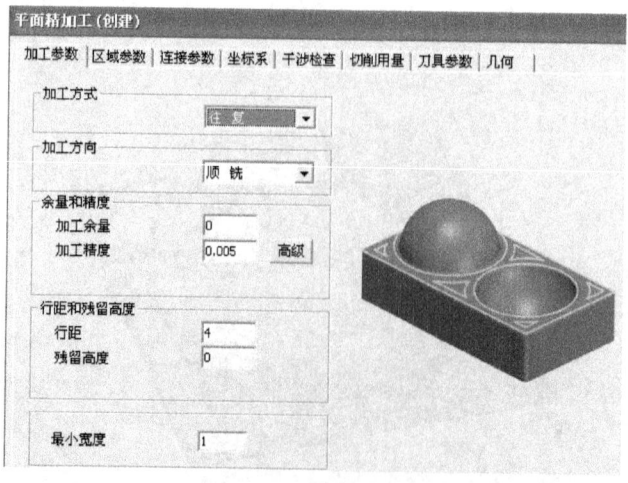

图 5-16 加工参数设置

(15) 单击"区域参数"选项卡→"高度范围"选项卡,起始高度设为 -5(顶面 Z0 不需要精加工),终止高度设为 -20,如图 5-17 所示。

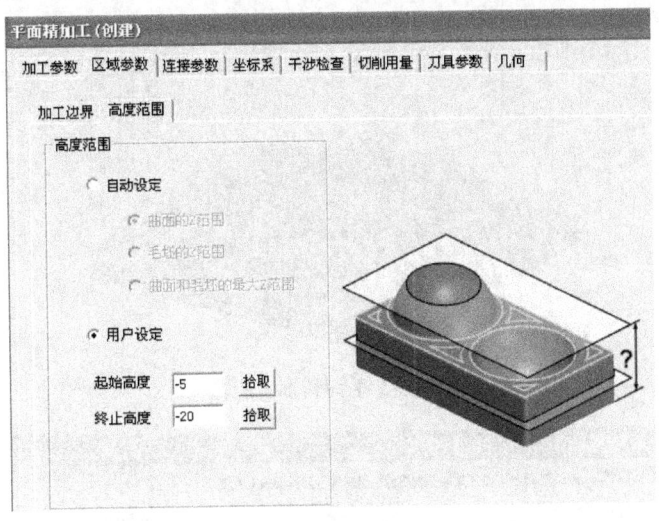

图 5-17　高度范围设置

(16) 坐标系选择 O。切削用量设置如图 5-18 所示。在刀具参数选项卡中,选择"立铣刀",刀具直径设为"10"。

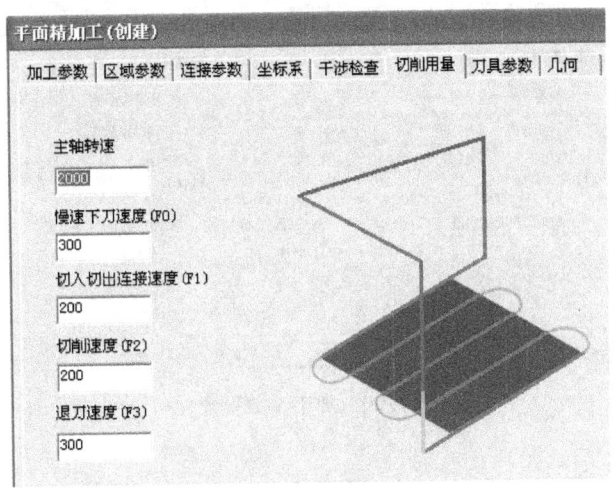

图 5-18　切削用量设置

(17) 单击"确定",按照左下角提示,点选零件实体造型,得到平面精加工轨迹如图 5-19 所示。此轨迹完成内、外轮廓及平面区域的精加工。

通孔轮廓精加工

(18) 单击平面轮廓精加工" "按钮,弹出"平面轮廓精加工(创建)"对话框,加工参数设置如图 5-20 所示。

(19) 刀具参数、切削用量的设置同前,坐标系选择为 O,确定后,按左下角提示,选择 Φ30 圆为"轮廓曲线",单击鼠标右键,得到通孔精加工轨迹,如图 5-21 所示。

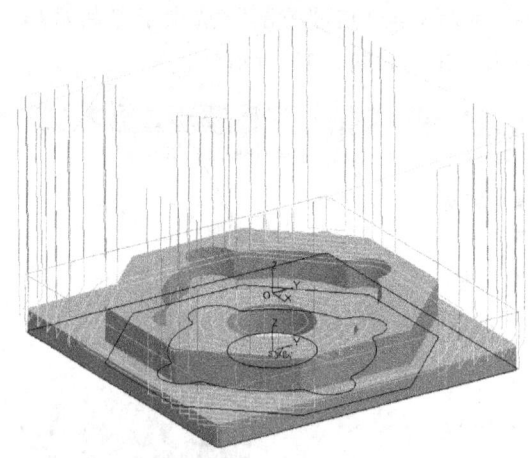

图 5-19　平面精加工轨迹

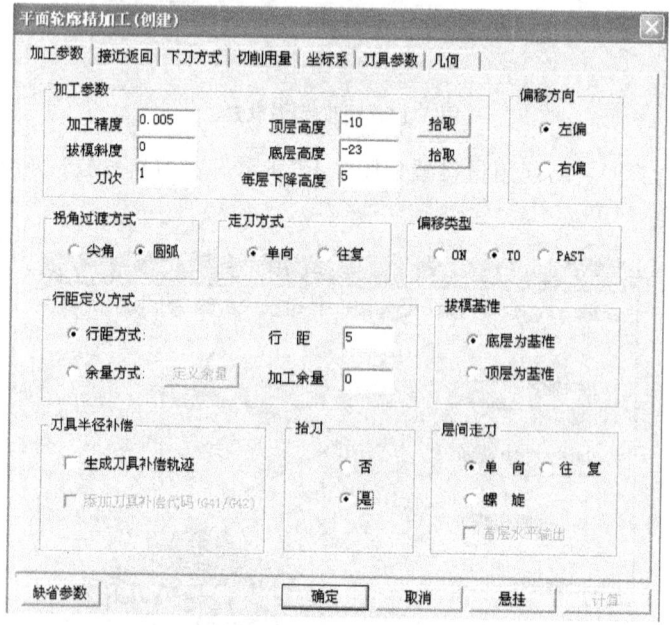

图 5-20　加工参数设置

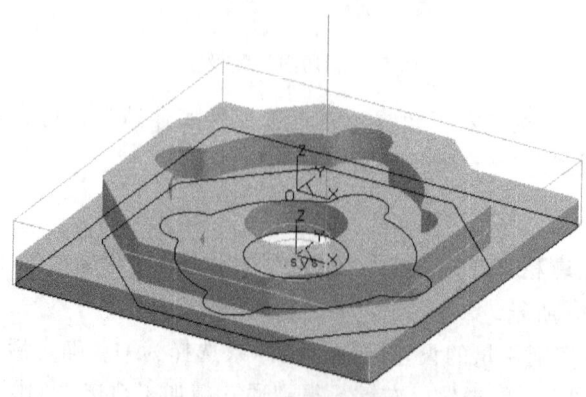

图 5-21　通孔精加工轨迹

加工轨迹实体仿真

（20）在特征树中单击"刀具轨迹：共 5 条"，单击鼠标右键，在快捷菜单中选择"全部显示"，则 5 条加工轨迹全部显示出来，单击主菜单"加工"→"实体仿真"，按照左下角提示，拾取加工轨迹（直接在特征树中点取："1-平面区域粗加工，…"），单击鼠标右键完成，弹出加工轨迹仿真页面，如图 5-22 所示。

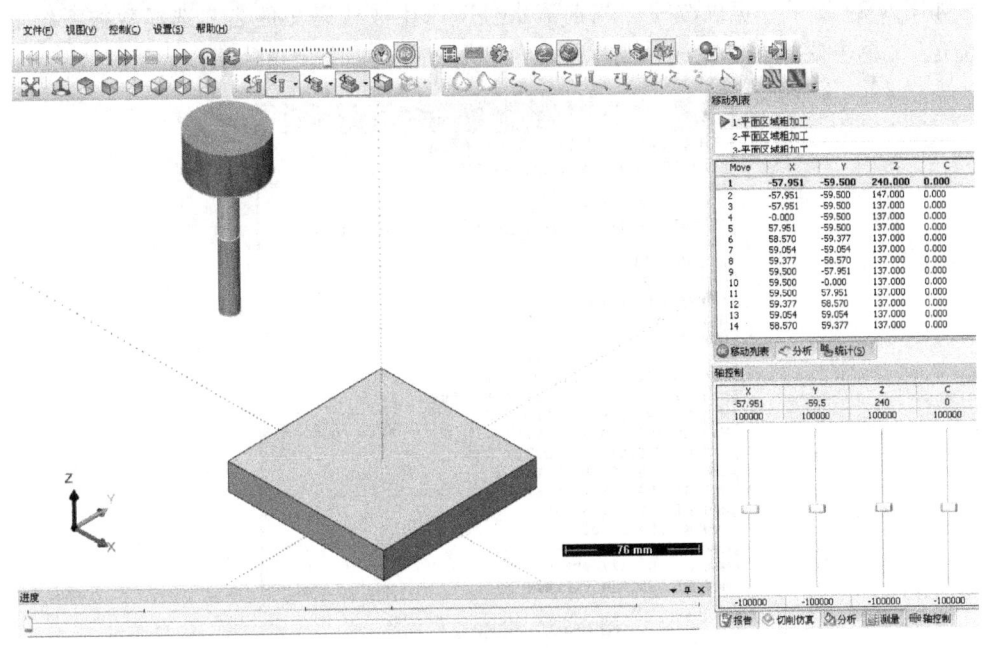

图 5-22　轨迹仿真页面

（21）单击运行" ▷ "按钮，加工仿真开始，仿真结果如图 5-23 所示，单击退出" "按钮，退出加工轨迹仿真页面，回到原设计页面。

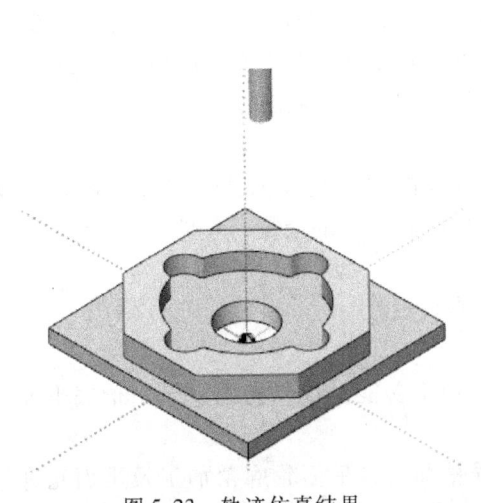

图 5-23　轨迹仿真结果

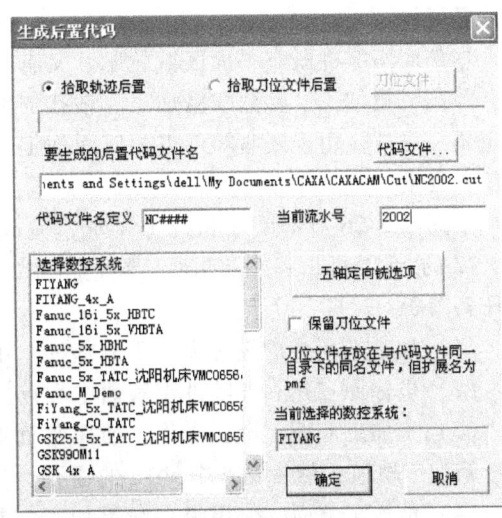

图 5-24　"生成后置代码"对话框

生成加工程序（G 代码）

（22）由于粗加工和精加工时，刀具不同，而铣床一次只装 1 把刀，所以粗加工、精加工 G 代码分别生成。按住 Ctrl 键，拾取刀具轨迹，单击特征树中"1-平面区域粗加工、2-平面区域粗加工、2-平面区域粗加工"3 条粗加工轨迹。

（23）单击主菜单"加工"→"后置处理"→"生成 G 代码"，弹出"生成后置代码"对话框，如图 5-24 所示。可以改写"当前流水号"来生成代码文件名，选择数控系统后，单击"确定"，单击鼠标右键完成，则生成零件粗加工轨迹如图 5-25 所示。

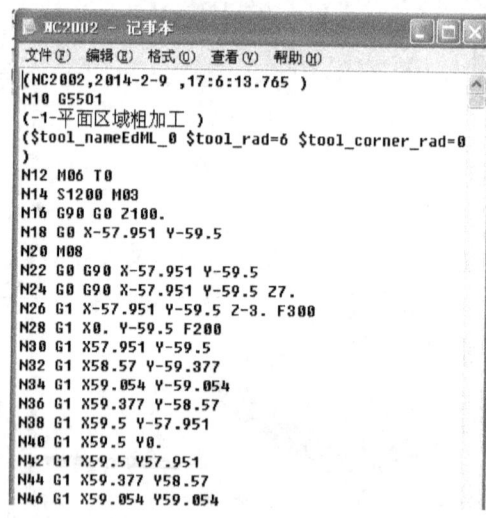

图 5-25　粗加工 G 代码

（24）精加工轨迹 G 代码生成方法同前，略。

任务二　底座零件的加工编程

◎任务背景

本例底座零件既有平面区域轮廓，又有三维曲面和孔。学生通过本例零件的加工编程，学会等高线粗加工、参数线精加工、钻孔加工、平面区域粗加工及平面轮廓精加工功能的综合应用。另外，由于底座零件需要双面加工，本例还讲解了如何翻转零件。

◎任务要求

根据图 5-26 所示尺寸和技术要求，完成底座零件的加工编程。已知零件毛坯为 82×82×22 的 45 钢板，底面及侧面已经过粗加工，单边留有 1mm 的余量，单件生产。

◎任务解析

（1）加工选用台虎钳装夹，下放垫铁，用百分表找正。

（2）坐标原点建立在零件上表面中心点处。

（3）先加工底面，翻面操作，使用平面区域粗加工功能生成外轮廓、十字槽底平面的粗、精加工轨迹，然后钻 5 个 ϕ10 的通孔。

（4）再加工上面，使用等高线粗加工、参数线精加工、平面轮廓精加工及平面轮廓精加工等功能，来生成上面各面粗、精加工轨迹。

模块五　数控加工自动编程　　159

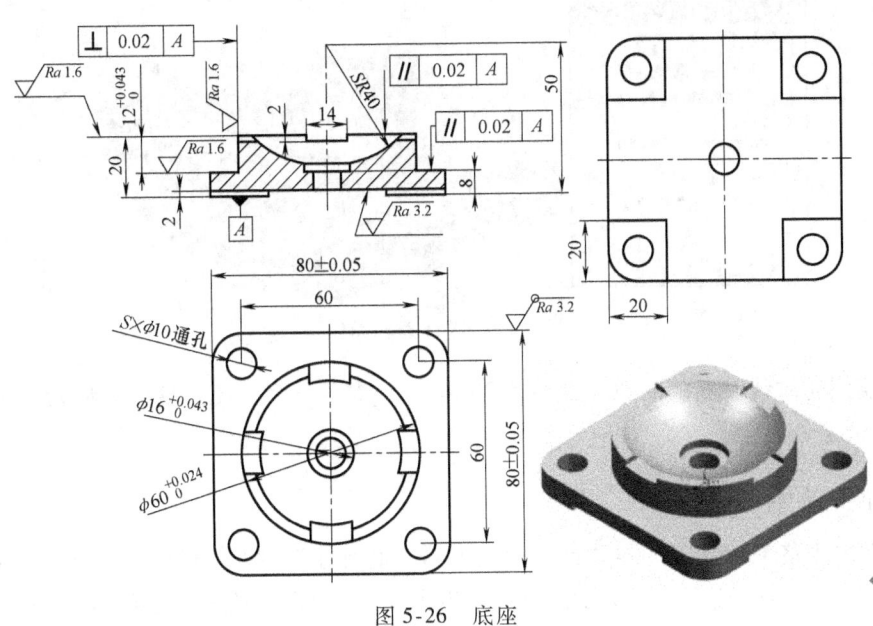

图 5-26　底座

☆**本案例的重点、难点**

（1）使用布尔运算实现零件的翻面。
（2）等高线粗加工、参数线精加工功能的应用。
（3）如何设置参数，使用平面区域粗加工功能一次生成零件粗、精加工轨迹。

【操作步骤详解】

零件实体造型

（1）按 F5 键，选择 XOY 为当前绘图平面，坐标原点为盘体底面中心。绘制零件空间轮廓曲线，利用曲线投影、拉伸增料、拉伸除料、旋转除料等功能完成零件实体造型。以点（0，0，20）为坐标原点，建立加工坐标系 O，如图 5-27 所示。

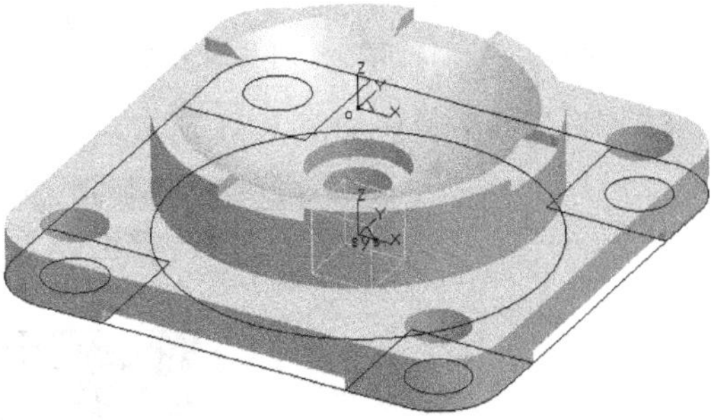

零件翻面操作

图 5-27　底座零件实体造型

（2）单击保存"💾"按钮，将底座零件实体造型保存为 1.mxe；再单击主菜单"文件"→"另存为"，将底座零件实体造型保存为 2.X_T。单击新建"🗋"按钮，打开一个新文件，单击布尔运算"🧩"按钮，弹出"打开"对话框，打开 2.X_T 文件，弹出"输入特征"对话框，点选"当前零件∪输入零件"，按左下角提示，选择坐标原点为定位点，点选"给定旋转角度"，角度二设为"180"，单击"确定"后，零件翻转操作完成，如图 5-28 所示。参照模型方式生成毛坯。

绘制轮廓、岛及加工边界线

（3）选择 XY 为当前作图平面，以坐标原点为中心画矩形 92×92 为加工边界线，并按

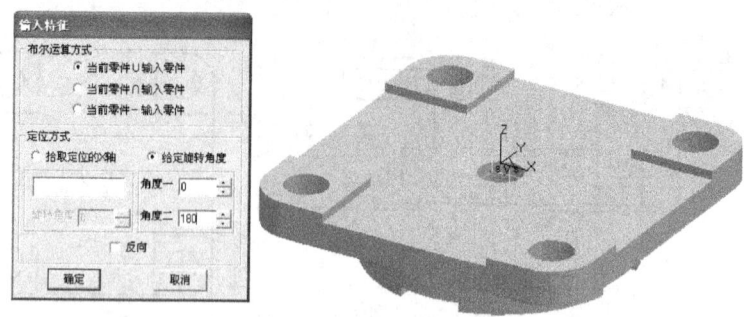

图 5-28 零件翻转操作

零件尺寸绘制轮廓线及岛屿曲线,如图 5-29 所示。提示:为了便于拾取,将轮廓边线在与岛屿线相交处打断。

生成孔加工轨迹

(4) 单击主菜单"加工"→"其他加工"→"孔加工",或直接单击" "按钮,弹出"钻孔(创建)"对话框,加工参数设置如图 5-30 所示。坐标系选项中,起始高度设为"60"。

图 5-29 绘制轮廓、岛屿及加工边界线

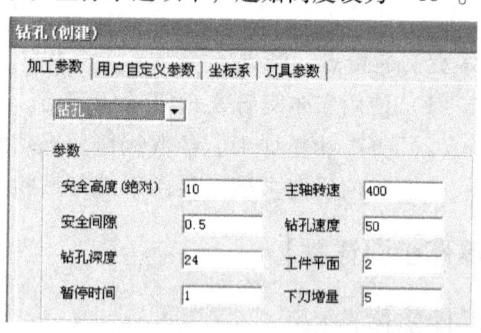

图 5-30 加工参数设置

(5) 刀具参数设置如图 5-31 所示。

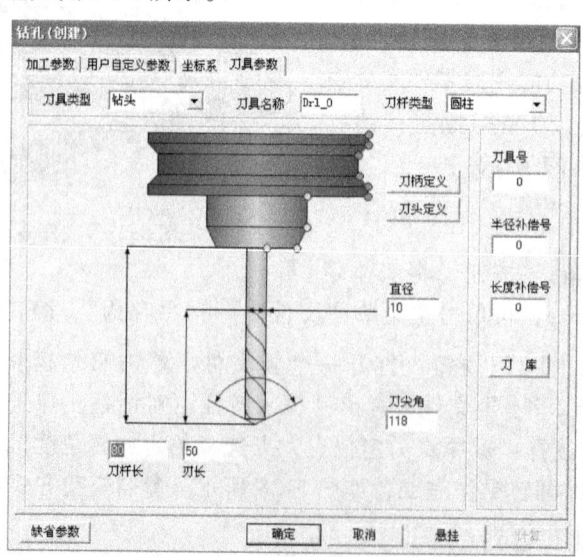

图 5-31 刀具参数设置

(6) 单击确定后,生成孔加工刀具轨迹,如图 5-32 所示。

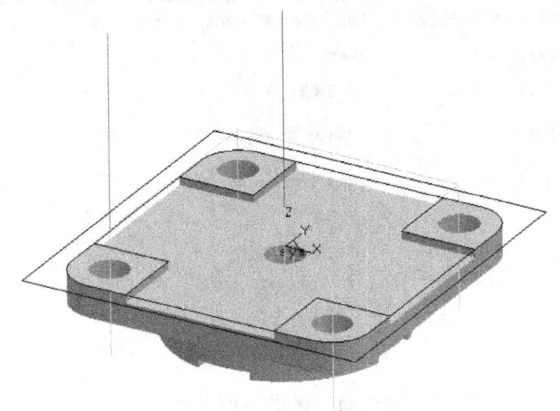

图 5-32 孔加工轨迹

生成平面区域粗、精加工轨迹

(7) 第一次生成 0 ~ -2 高度范围的加工轨迹:单击平面区域粗加工"回"按钮,弹出"平面区域粗加工(创建)"对话框,加工参数设置如图 5-33 所示。

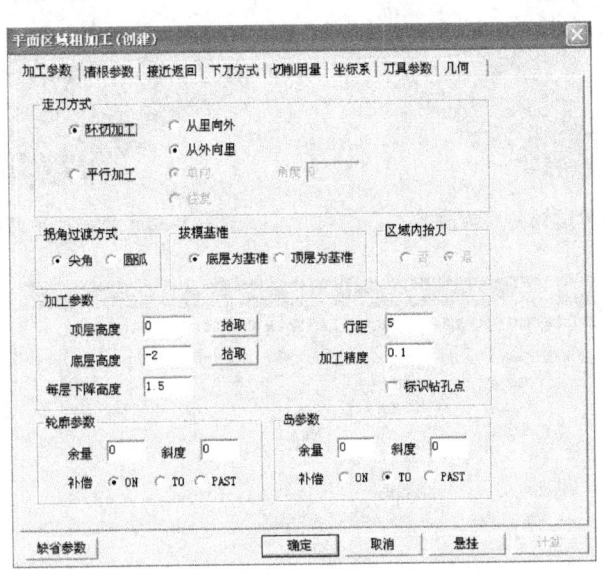

图 5-33 加工参数设置

(8) 清根参数设置如图 5-34 所示。

(9) 下刀方式项中,取安全高度:30,坐标系项中,取起始高度:60,刀具选择直径为 10 的钻头,单击确定后,按左下角提示,选择加工边界线为轮廓线,四个凸台为岛屿曲线,如图 5-35 所示。

(10) 单击鼠标右键后,得到加工轨迹如图 5-36 所示。

(11) 第二次生成 -2 ~ -12 高度范围的加工轨迹:单击"回"按钮,弹出"平面区域粗加工(创建)"对话框,加工参数设置如图 5-37 所示。

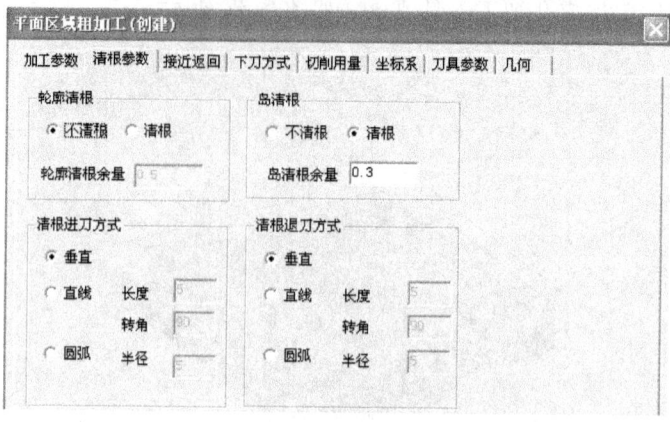

图 5-34 清根参数设置

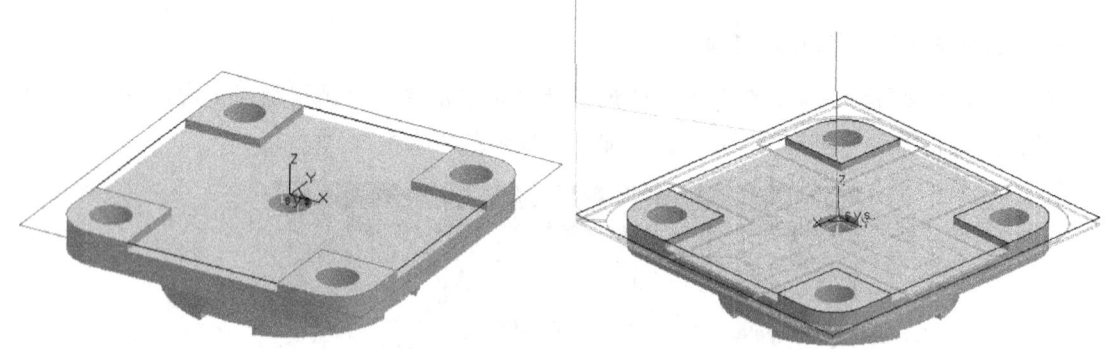

图 5-35 选择轮廓线、岛屿曲线　　　　图 5-36 第一次平面区域粗加工轨迹

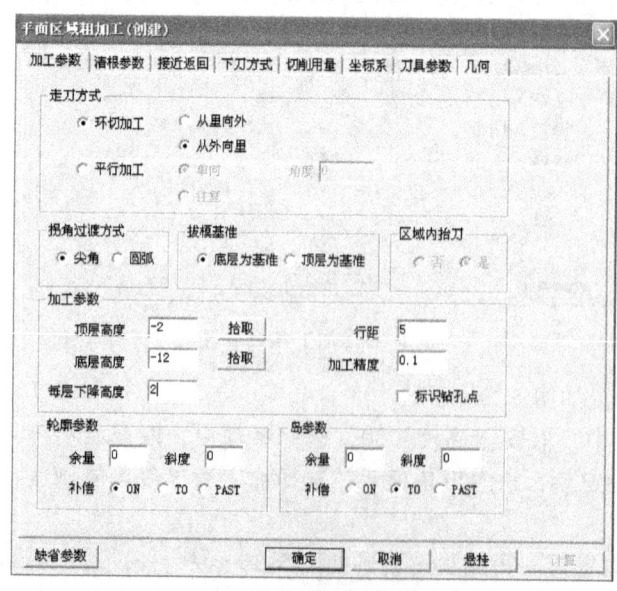

图 5-37 加工参数设置

（12）其他参数设置同前。单击确定后，按照左下角提示，拾取加工边界线为轮廓线，

零件外轮廓线为岛屿曲线，如图 5-38 所示。

（13）单击鼠标右键后，生成加工轨迹如图 5-39 所示。保存为文件 3.mxe。

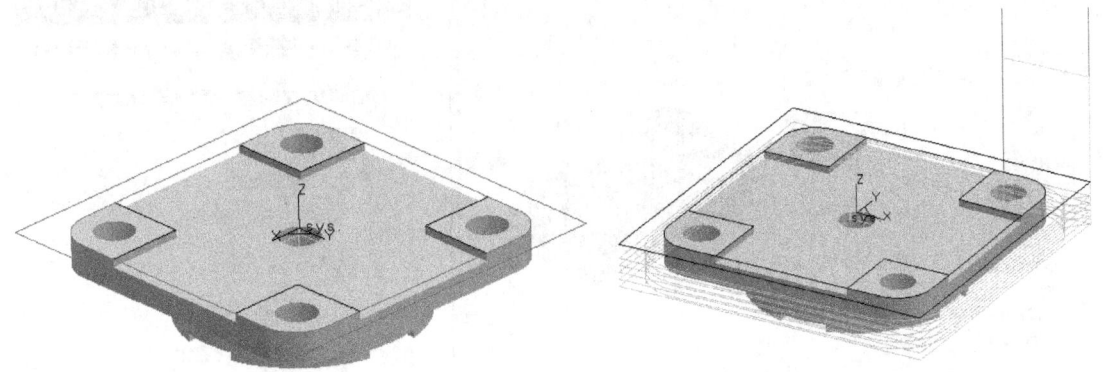

图 5-38　轮廓线、岛屿曲线拾取　　　　图 5-39　第二次平面区域粗加工轨迹

（14）底面加工轨迹实体仿真结果如图 5-40 所示。

零件上面加工

（15）打开零件实体造型文件 1.mxe，只留下零件外轮廓曲线、Φ60 和 Φ16 圆曲线，参照模型生成毛坯，如图 5-41 所示。

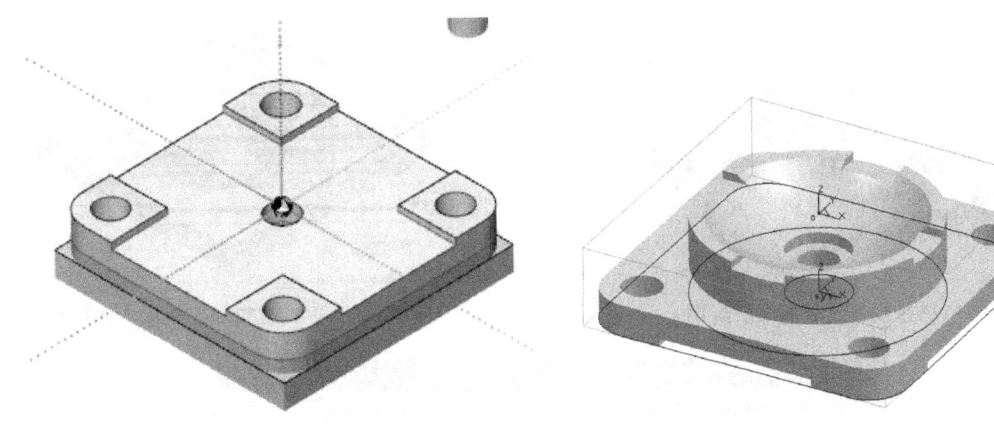

图 5-40　底面加工实体仿真　　　　图 5-41　打开 1.mxe 文件

（16）各曲面粗加工：单击等高线粗加工""按钮，弹出"等高线粗加工（创建）"对话框，加工参数设置如图 5-42 所示。

（17）区域参数选项卡中，高度范围设置如图 5-43 所示。

（18）坐标系选择 O，刀具参数选择 Φ10 立铣刀，其他参数选择略。单击确定后，按照左下角提示，选择零件实体，单击鼠标右键，得到加工轨迹如图 5-44 所示。注意：轨迹计算需要等待一段时间。等高线粗加工轨迹如图 5-45 所示。

（19）平面精加工：单击平面加工""按钮，弹出"平面精加工（创建）"对话框，加工参数设置如图 5-46 所示。

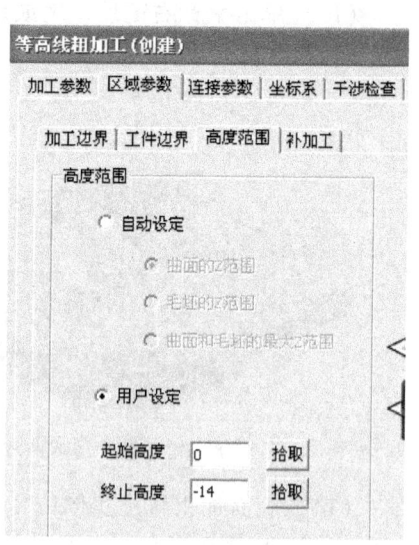

图 5-42　加工参数设置

图 5-43　高度范围设置

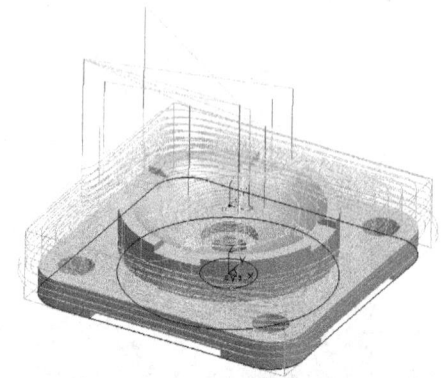

图 5-44　等高线粗加工轨迹图

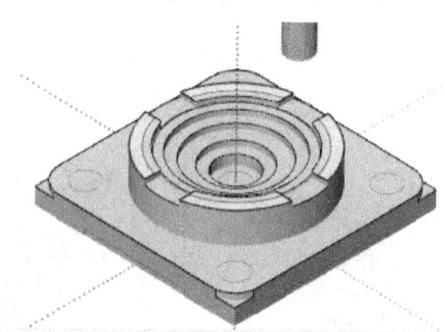

图 5-45　等高线粗加工轨迹实体仿真

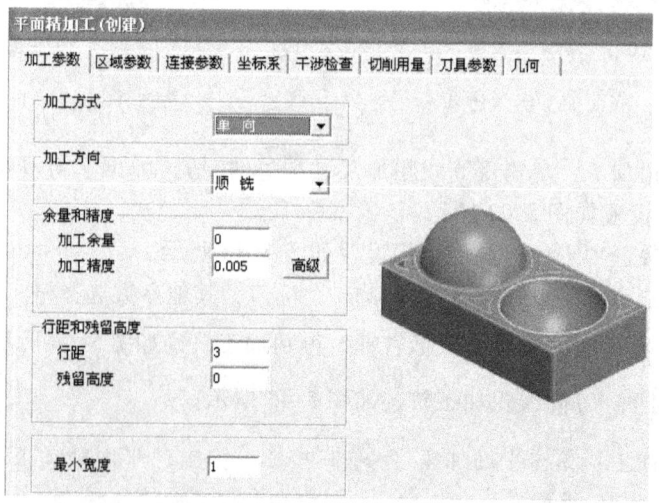

图 5-46　加工参数设置

（20）区域参数选项卡中，高度范围设置如图 5-47 所示。坐标系选择 O，其他参数同前。单击确定后，按照左下角提示，点选零件实体，单击鼠标右键，得到平面精加工轨迹如图 5-48 所示。

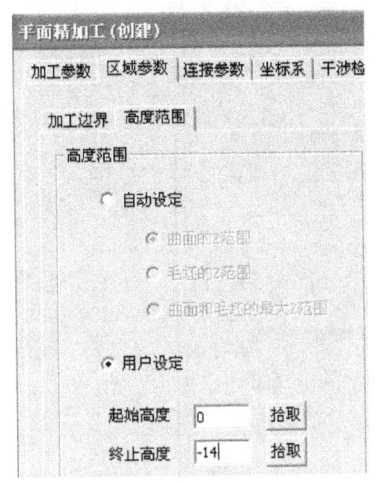

图 5-47 高度范围设置

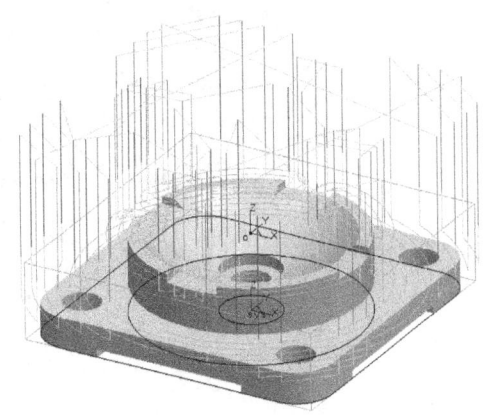

图 5-48 平面精加工轨迹

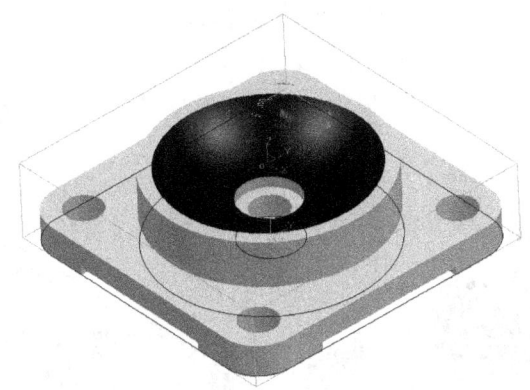

图 5-49 球面曲面

（21）球面参数线精加工：选择特征管理，为了生成比较简捷的球面加工轨迹，从特征树上将球面上沿的四个拉伸除料特征删除，再单击实体表面"▱"按钮，点选零件上球面部分，单击鼠标右键完成，得到球面曲面，如图 5-49 所示。

（22）回到轨迹管理，单击主菜单"加工"→"常用加工"→"参数线精加工"，或者直接单击"▱"按钮，弹出"参数线精加工（创建）"对话框，加工参数设置如图 5-50 所示。

（23）下刀方式选项卡中，安全高度设为"30"，坐标系选 O，切削用量合理，刀具选择 Φ16 的球头铣刀，单击确定，按左下角提示点选球面曲面，单击鼠标右键，单击箭头根部加工曲面的加工方向为球面内侧，单击鼠标右键，单击零件上方为进刀点，单击箭头改变走刀方向，单击鼠标右键，没有干涉曲面直接单击鼠标右键，则生成球面参数线精加工轨迹，如图 5-51 所示。至此，零件所有加工轨迹完成。零件上面加工轨迹实体仿真结果如图 5-52 所示。

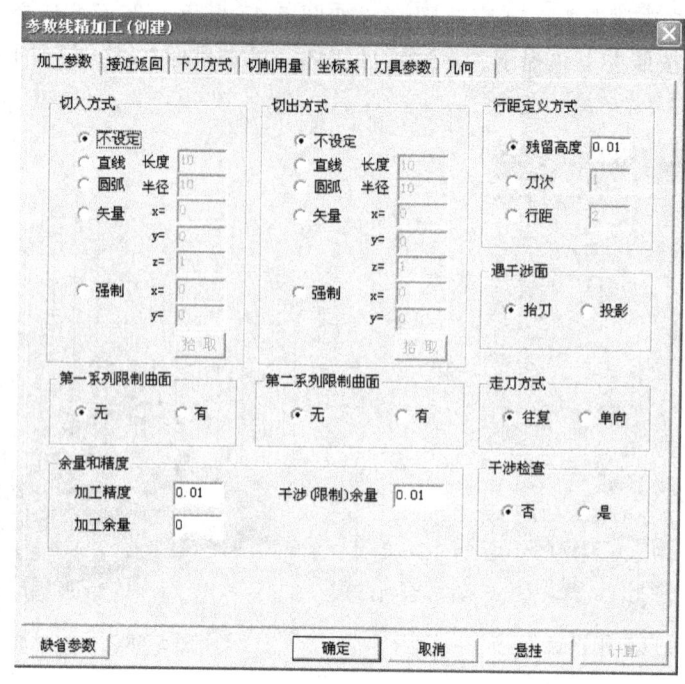

图 5-50 加工参数设置

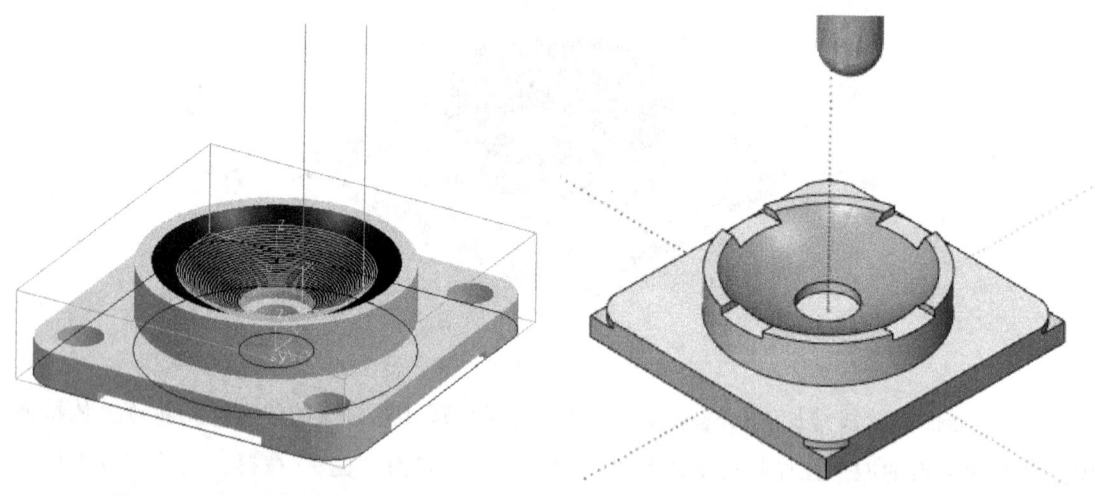

图 5-51 球面参数线精加工轨迹　　　　图 5-52 零件上面加工轨迹实体仿真

任务三　锻模电极的加工编程

◎任务背景

等高线粗加工、等高线精加工、平面精加工及笔式清根加工这四项功能是加工各种复杂形体的常用组合，本例锻模电极模型是由曲面构成，形状比较复杂，曲面数量较多。通过本例零件的加工编程，使学生学会等高线粗加工、等高线精加工、平面精加工及笔式清根加工功能的综合应用。

◎ **任务要求**

锻模电极模型来自 CAXA 制造工程师软件的安装目录下"sample"文件夹，如图 5-53 所示，完成锻模电极的加工轨迹的生成。

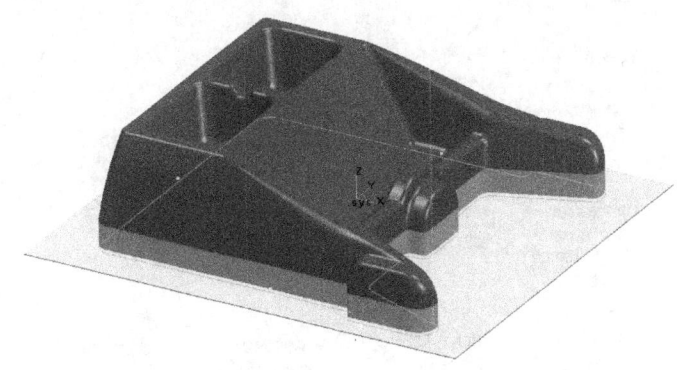

图 5-53　锻模电极模型

◎ **任务解析**

（1）应用模型原世界坐标系。

（2）模型结构比较复杂，曲面曲率变化较大，曲面构成数量比较多。

（3）采用等高线粗加工高效去除余量，用等高线精加工完成轮廓曲面精加工，平面精加工完成平面部分的精加工。

（4）为提高加工效率，提高刀具的刚性，往往选用直径较大的刀具进行粗、精加工。但是，会在曲率半径小的角落留下死角，故用直径较小的刀具，采用笔式清根加工去除残留余量。

☆ **本案例的重点、难点**

（1）等高线精加工、笔式清根加工功能的应用。

（2）如何选择合适的刀具、设置合理的参数，完成锻模电极粗、精加工轨迹。

【**操作步骤详解**】

（1）在 CAXA 制造工程师软件的安装目录找到下"sample"文件夹，打开锻模电极模型。

（2）选择"参照模型"生成毛坯，单击"⚙"按钮，弹出"等高线粗加工（创建）"对话框，加工参数设置如图 5-54 所示。

（3）在刀具参数选项卡中，选择直径为 20 的立铣刀，刀杆长设为 100，刃长设为 50，其他参数适当设置。确定后，按照左下角提示，框选全部锻模电极轮廓曲面，单击鼠标右键确定，计算后生成等高线粗加工轨迹，如图 5-55 所示。粗加工轨迹实体仿真结果如图 5-56 所示。

（4）单击"⚙"按钮，弹出"等高线精加工（创建）"对话框，加工参数设置如图 5-57 所示。

（5）在刀具参数选项卡中，选择直径为 20 的球头铣刀，刀杆长设为 100，刃长设为 50，其他参数适当。单击确定后，按照左下角提示，框选全部锻模电极轮廓曲面，单击鼠标右键

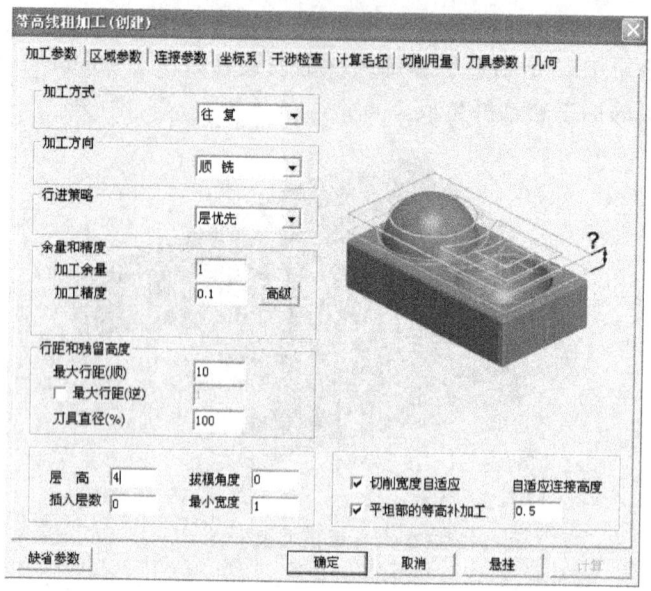

图 5-54 加工参数设置

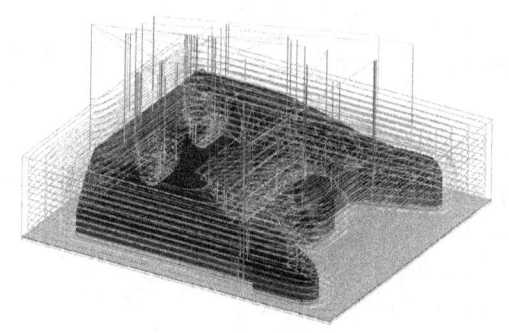

图 5-55 粗加工轨迹生成

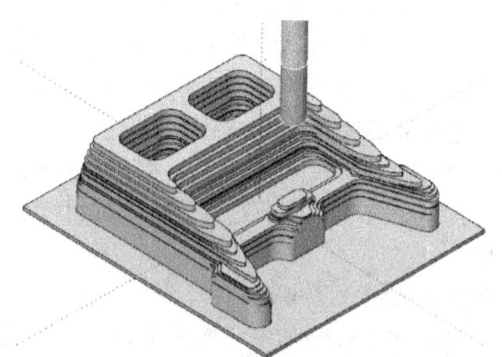

图 5-56 粗加工轨迹仿真

图 5-57 加工参数设置

确定，计算后生成等高线精加工轨迹，如图 5-58 所示。等高线精加工轨迹实体仿真结果如图 5-59 所示。

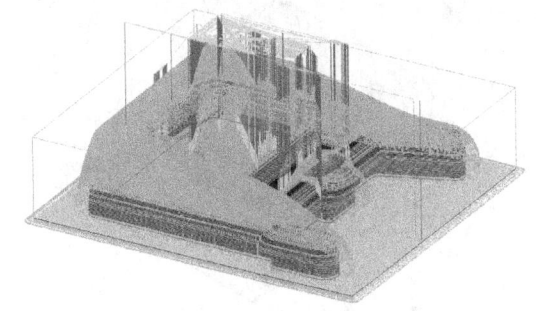
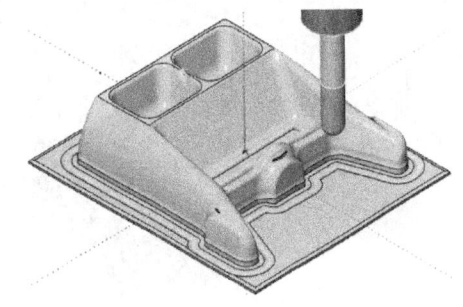

图 5-58　等高线精加工轨迹生成　　　　图 5-59　等高线精加工轨迹仿真

（6）单击""按钮，弹出"平面精加工（创建）"对话框，加工参数设置如图 5-60 所示。

（7）在刀具参数选项卡中，选择直径为 16 的立铣刀，刀杆长设为 100，刃长设为 50，其他参数适当。单击确定后，按照左下角提示，框选全部锻模电极轮廓曲面，单击鼠标右键确定，计算后生成平面精加工轨迹，如图 5-61 所示。笔式清根加工轨迹实体仿真结果如图 5-62 所示。

图 5-60　加工参数设置

（8）单击""按钮，弹出"笔式清根加工（创建）"对话框，加工参数设置如图 5-63 所示。

（9）在刀具参数选项卡中，选择直径为 8 的球头铣刀，刀杆长设为 100，刃长设为 50，其他参数适当。单击确定后，按照左下角提示，框选全部锻模电极轮廓曲面，单击鼠标右键确定，计算后生成笔式清根加工轨迹，如图 5-64 所示。粗加工轨迹实体仿真结果如图 5-65 所示。

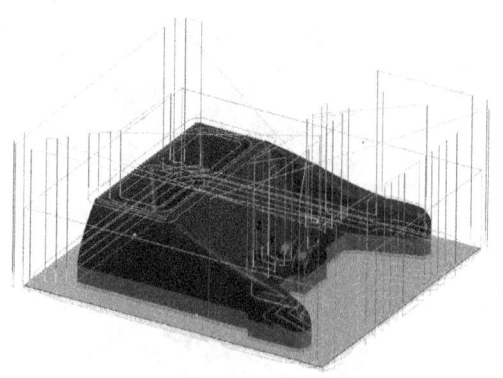

图 5-61 平面精加工轨迹生成

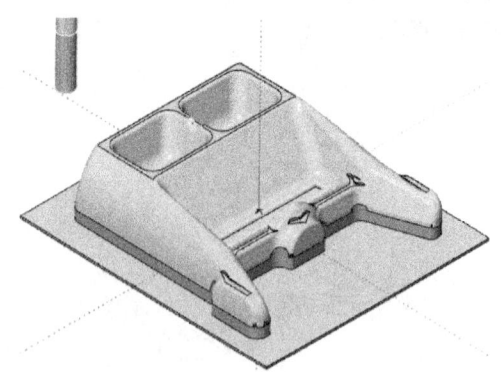

图 5-62 平面精加工轨迹仿真

图 5-63 加工参数设置

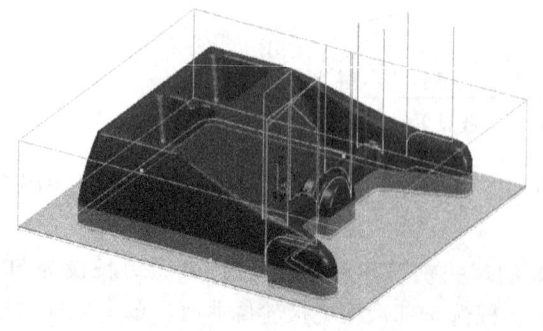

图 5-64 笔式清根加工轨迹生成

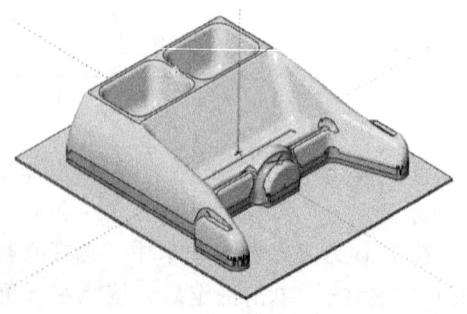

图 5-65 全部加工轨迹实体仿真结果

任务四　圆柱凸轮槽的四轴加工编程

◎**任务背景**

CAXA 制造工程师 2013r2 软件增加了多轴加工的功能，四轴柱面曲线加工是根据给定的柱面包裹曲线，生成四轴加工轨迹。多用于回转体圆柱表面上加工槽。铣刀刀轴的方向始终垂直于第四轴的旋转轴。通过本例圆柱凸轮槽零件的加工编程，学习四轴柱面槽的加工功能的参数设置及操作方法。

◎**任务要求**

如图 5-66 所示，完成圆柱凸轮槽的四轴柱面曲线加工轨迹的生成。

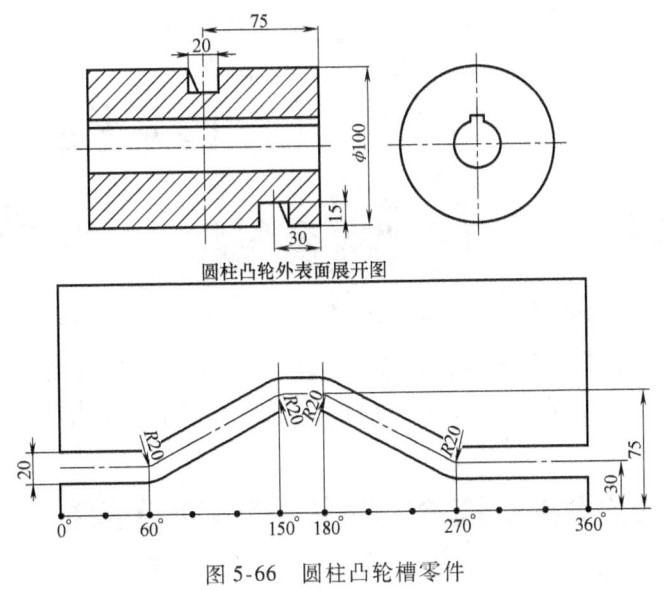

图 5-66　圆柱凸轮槽零件

◎**任务解析**

（1）通过线面映射功能将凸轮槽中心线展开图映射（包裹）在 $\varPhi100$ 的圆柱曲面上。

（2）使用四轴柱面曲线加工功能，生成圆柱凸轮槽零件的曲线加工轨迹。

（3）使用带 A 轴的四轴立式数控铣床。

☆**本案例的重点、难点**

（1）线面映射功能、四轴柱面曲线加工功能的应用。

（2）理解 A 轴联动的概念及其工艺方法。

【操作步骤详解】

（1）以坐标原点为圆心，YZ 面为底面，X 为轴线，作出圆柱面 $\varPhi100 \times 150$。

（2）按 F5 键，画出圆柱凸轮槽中心线展开图，如图 5-67 所示。

（3）将圆柱凸轮槽中心线组合，单击线面映射"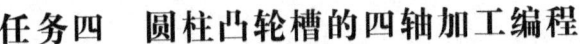"按钮，默认立即菜单各项，按照左下角提示，拾取 XY 平面内圆柱凸轮槽中心线为映射曲线，单击鼠标右键，拾取圆柱面曲面，拾取圆柱凸轮槽中心线端点为参考点，拾取圆柱曲面上对应点，并单击曲面上坐标系，直到其 X 轴方向一致，如图 5-68 所示。单击右键确定后，完成曲线包裹，如图 5-69 所示。

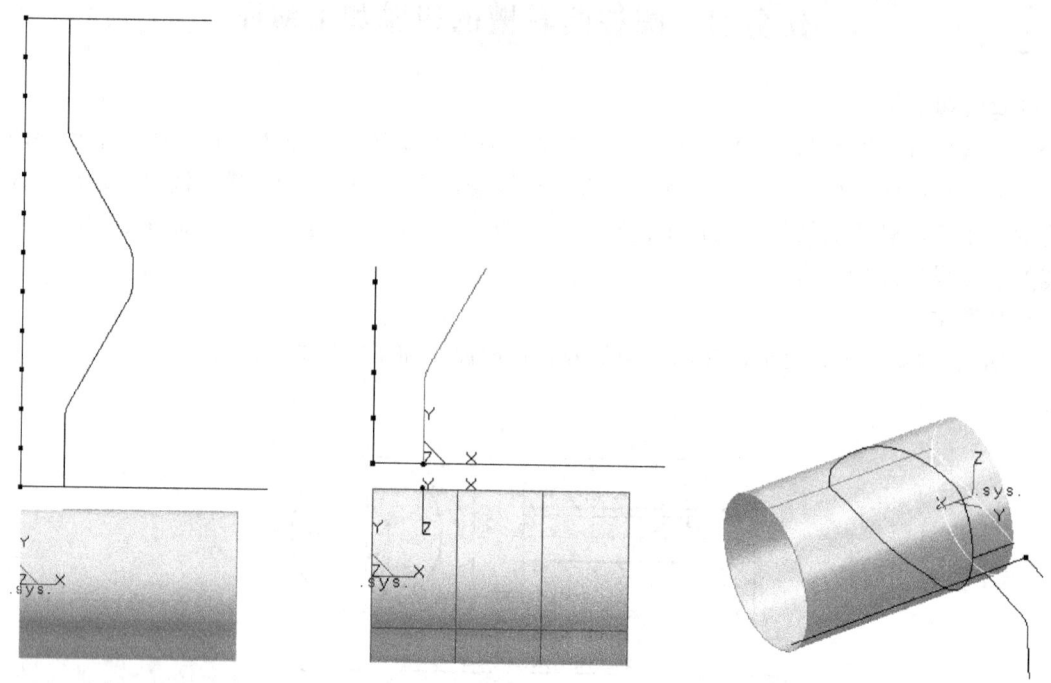

图 5-67　圆柱曲面与凸轮槽中心线　　图 5-68　选择参考点和对应点　　图 5-69　完成曲线包裹

（4）选择"轨迹管理"特征树，双击"毛坯"，弹出"毛坯定义"对话框，各项参数选择如图 5-70 所示，拾取 YZ 平面上 Φ100 圆曲线为平面轮廓，单击"确定"后，完成毛坯定义。

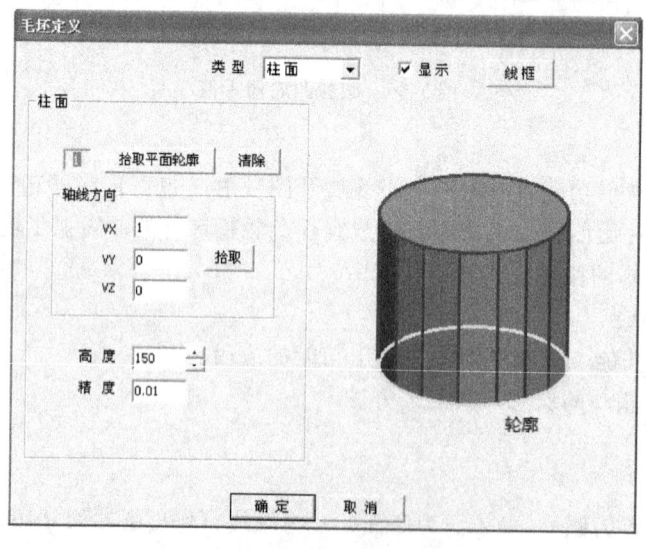

图 5-70　"毛坯定义"对话框

（5）单击四轴柱面曲线加工" "按钮，弹出"四轴柱面曲线加工（创建）"对话框，加工参数设置如图 5-71 所示。

模块五 数控加工自动编程   173

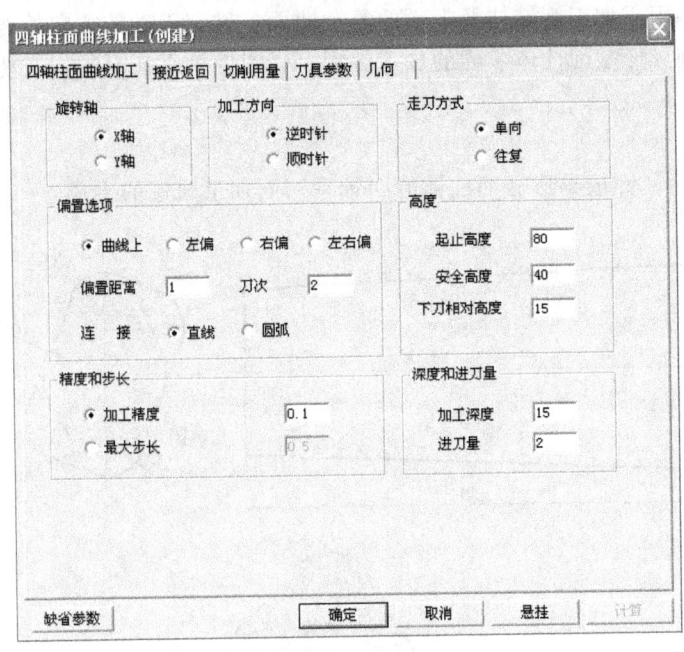

图 5-71 加工参数设置

（6）选择直径为 20 的立铣刀，其他参数设置适当，单击"确定"后，按照左下角提示，拾取包裹在柱面上的凸轮槽中心线轮廓曲线，加工侧为外侧，得到加工轨迹如图 5-72 所示。加工轨迹实体仿真如图 5-73 所示。

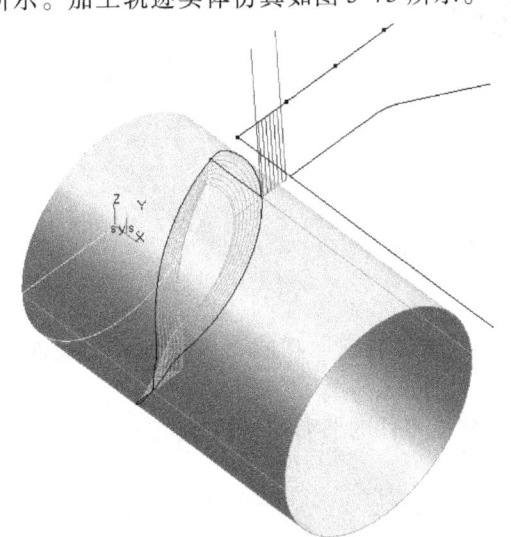

图 5-72 四轴柱面曲线加工轨迹生成

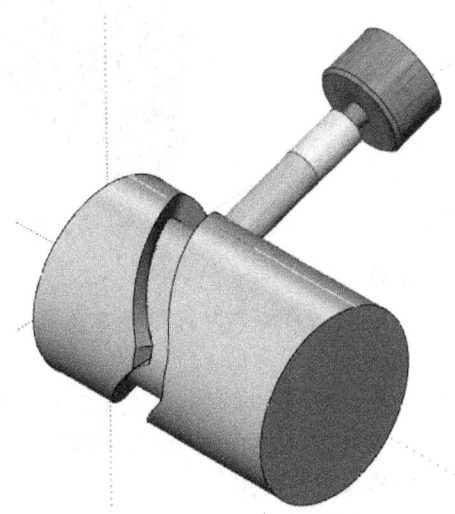

图 5-73 柱面凸轮槽加工轨迹实体仿真

任务五 异形截面柱体的四轴加工编程

◎**任务背景**

四轴平切面加工是用一组垂直于旋转轴的平面与被加工曲面的等距面求交而生成四轴加

工轨迹的方法。多用于加工旋转体及上面的复杂曲面。铣刀刀轴的方向始终垂直于第四轴的旋转轴。通过本例异形截面柱体零件的加工编程，学习四轴平切面的加工功能参数设置及操作方法。

◎**任务要求**

如图 5-74 所示，完成异形截面柱体的四轴平切面加工轨迹的生成。

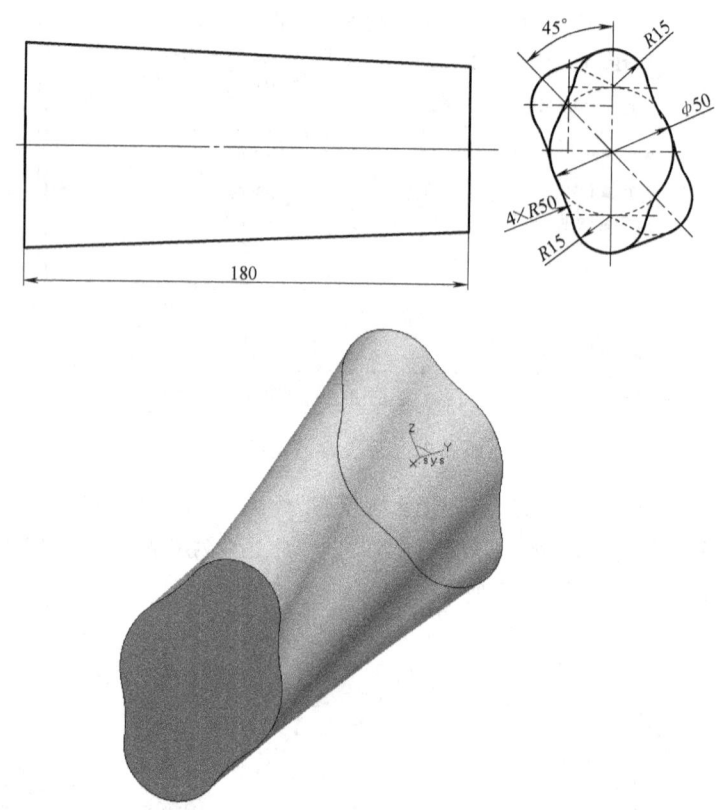

图 5-74　异形截面柱体零件

◎**任务解析**

（1）通过放样增料功能得到零件实体造型，或者通过放样面功能直接得到异形截面柱体的轮廓曲面。

（2）使用四轴平切面加工功能，生成异形截面柱体零件的曲面加工轨迹。

（3）使用带 A 轴的四轴立式数控铣床。

☆**本案例的重点、难点**

（1）异形截面柱体零件的实体造型及曲面造型。

（2）四轴平切面加工功能参数设置及操作方法。

【操作步骤详解】

（1）以坐标原点为圆心，YZ 面为当前作图平面，作出异形截面空间曲线，作曲线组合后，通过平移旋转 45°拷贝得到另一截面曲线，将其中一条曲线沿 X 轴平移 180mm，如图 5-75 所示。

模块五　数控加工自动编程

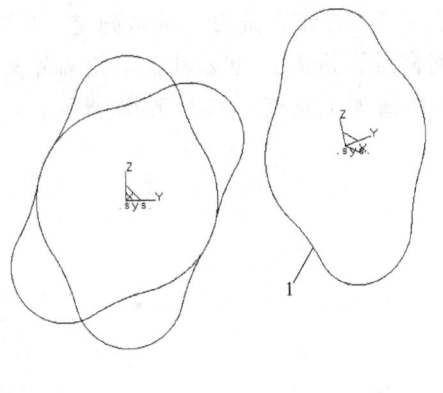
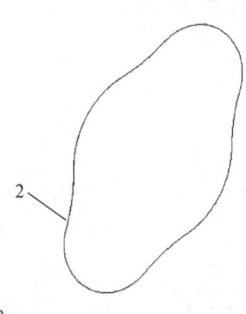

图 5-75　异形截面轮廓线

（2）选择 YZ 平面为基准，进入草图状态，投影曲线 1 为草图线，退出草图；构造 YZ 等距基准面，距离 180，进入草图状态，投影曲线 2 为草图线，退出草图。单击放样增料 " " 按钮，拾取草图曲线 1 和 2 上的对应点，单击确定，生成异形截面柱体，如图 5-76 所示。单击实体表面 " " 按钮，拾取轮廓表面，生成轮廓曲面。

（3）单击四轴平切面加工 " " 按钮，弹出 "四轴平切面加工（创建）" 对话框，加工参数设置如图 5-77 所示。

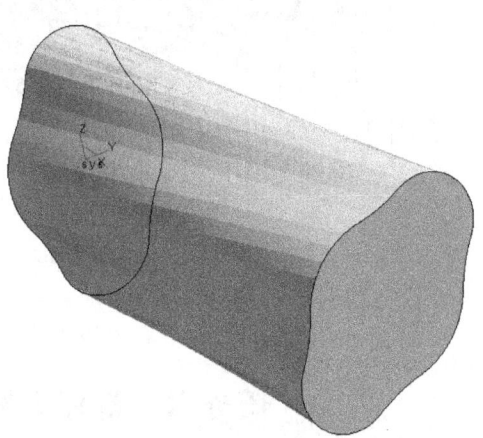

图 5-76　异形截面柱体曲面生成

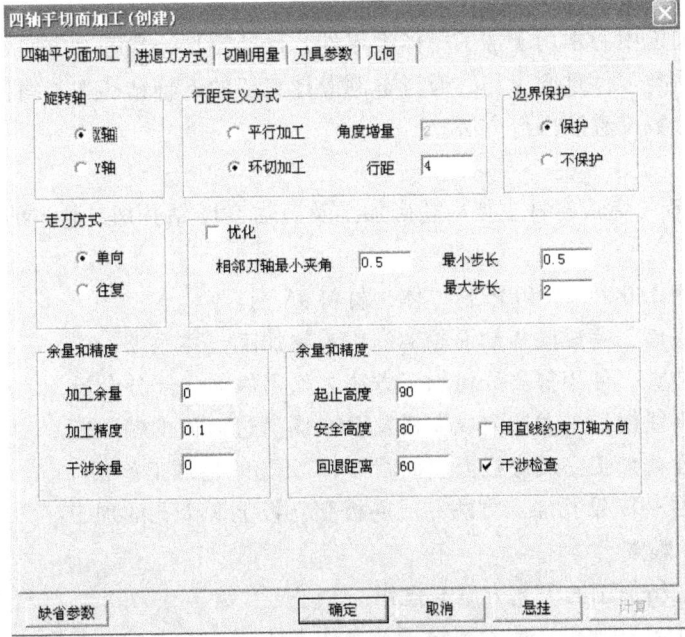

图 5-77　加工参数设置

（4）其他参数适当设置，刀具选择直径20的球头铣刀，单击确定，按照左下角提示，选择轮廓曲面为加工曲面，曲面加工方向向外，进刀点为Z轴正向轮廓外某点，加工侧为外侧，拾取走刀方向，计算后得到四轴平切面加工轨迹，如图5-78所示。异形截面柱体加工轨迹仿真如图5-79所示。

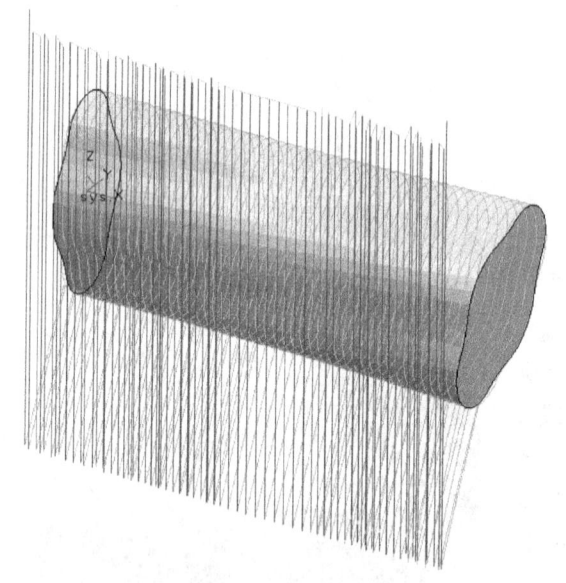

图5-78 四轴平切面加工轨迹

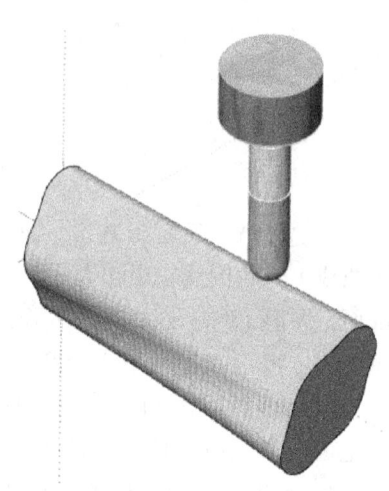

图5-79 异形截面柱体加工轨迹仿真

任务六 滑杆支架的五轴钻孔加工编程

◎任务背景

五轴铣床及加工中心常用于加工箱体类零件，这类零件一般都有方向不同的孔系，加工这些孔是加工箱体类零件重要工作。通过本例滑杆支架的五轴钻孔加工编程，学习五轴G01钻孔加工功能的参数设置及操作方法。

◎任务要求

如图5-80所示，完成滑杆支架的轮廓加工及五轴G01钻孔加工轨迹的生成。

◎任务解析

（1）毛坯选用150×60×40的长方体，材料45钢。

（2）先加工底面，完成底板侧面轮廓的粗、精加工（本题略）。

（3）翻面，装夹。使用等高线粗加工方法去除零件的大部分余量。

（4）使用等高线精加工方法完成立板及R10圆弧过渡面的精加工。

（5）使用平面精加工完成底板上表面及Φ16沉孔的精加工。

（6）使用五轴G01钻孔加工方法完成底板和立板上9个孔的加工。

☆本案例的重点、难点

（1）轮廓粗、精加工的工艺方案与操作。

（2）五轴G01钻孔加工功能参数设置及操作方法。

模块五 数控加工自动编程

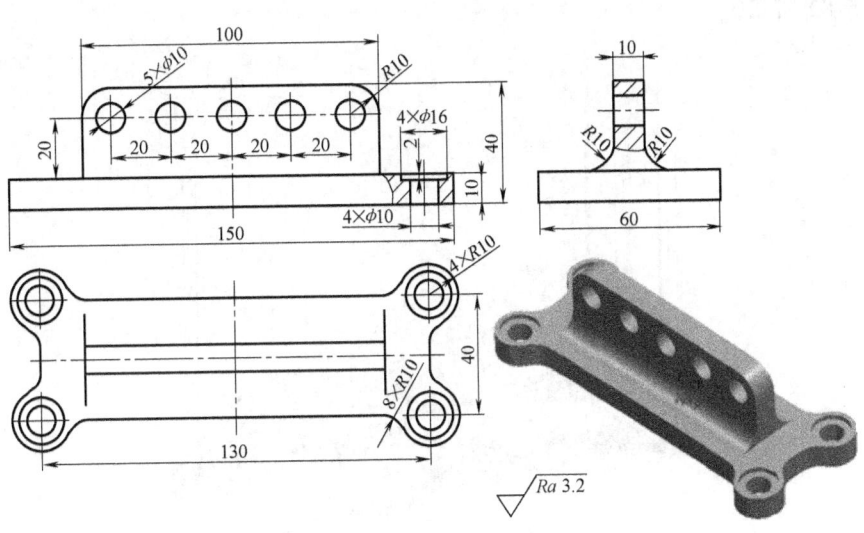

图 5-80 滑杆支架零件

【操作步骤详解】

（1）由于篇幅所限，零件实体造型过程省略。

（2）按参照模型方式建立毛坯，单击等高线粗加工"⬚"按钮，弹出"等高线粗加工（创建）"对话框，加工参数设置如图 5-81 所示。

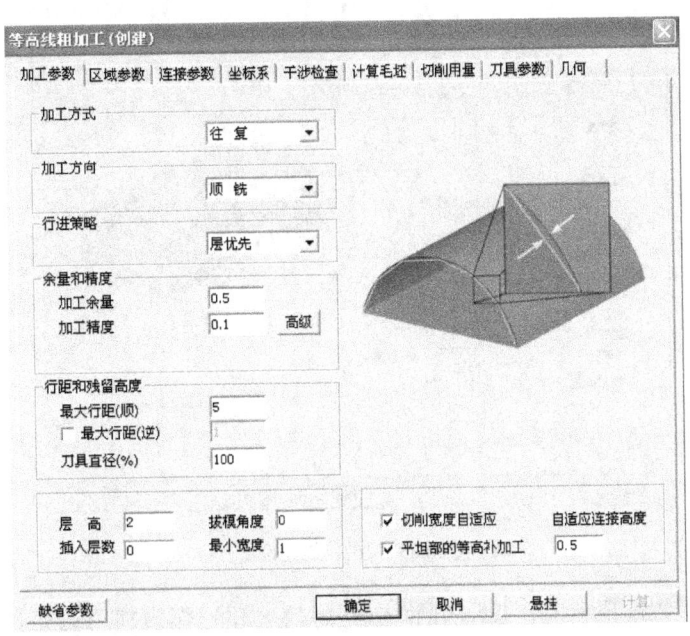

图 5-81 加工参数设置

（3）在区域参数选项卡中，拾取矩形外轮廓线（150×60）为加工边界线，刀具中心位于加工边界线"内侧"。刀具选用直径为 10 的立铣刀，刀杆长度设为 100，其他参数适当设置。单击确定后，按左下角提示，点选工件轮廓为加工表面，计算后得到等高线粗加工轨迹，如图 5-82 所示。

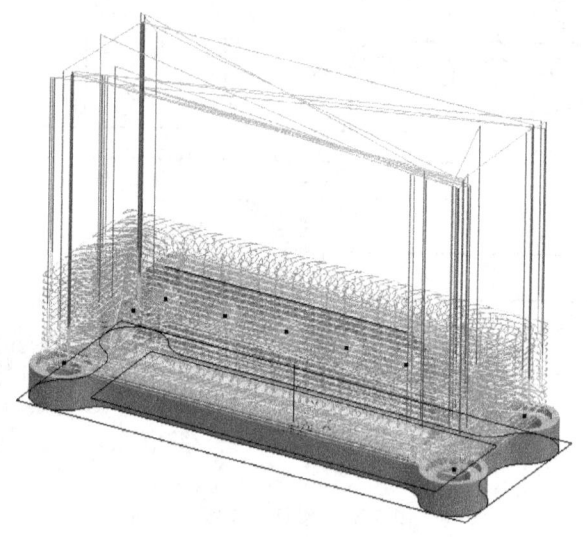

图 5-82 等高线粗加工轨迹生成

（4）单击等高线精加工"⬥"按钮，弹出"等高线精加工（创建）"对话框，加工参数设置如图 5-83 所示。

图 5-83 加工参数设置

（5）在区域参数选项卡中，拾取矩形线框（118×35）作为加工边界。刀具选择直径 18 的球头铣刀，其他参数适当设置，单击确定后，拾取零件轮廓，计算后得到等高线精加工轨迹，如图 5-84 所示。

（6）单击平面精加工"⬥"按钮，弹出"平面精加工（创建）"对话框，加工参数设置如图 5-85 所示。

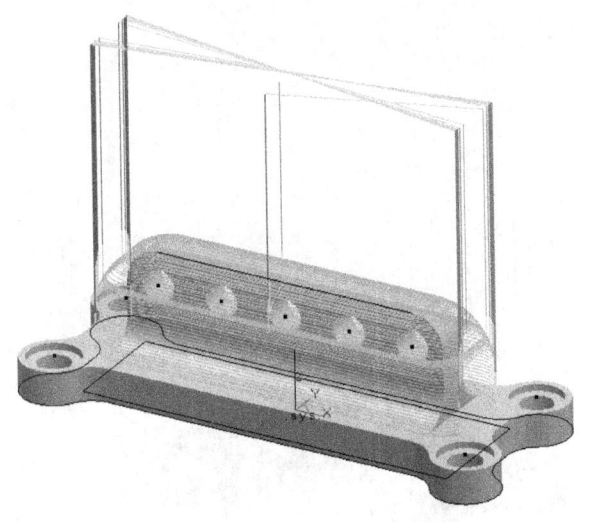

图 5-84　等高线精加工轨迹生成

图 5-85　加工参数设置

（7）刀具选择直径为 10 的立铣刀，其他参数适当设置，单击确定后，点选零件轮廓，得到平面精加工轨迹如图 5-86 所示。

（8）单击五轴 G01 钻孔 " " 按钮，弹出 "五轴 G01 钻孔（创建）" 对话框，加工参数设置如图 5-87 所示。

（9）刀具选择直径为 10 的钻头，确定后，按左下角提示，依次选择底板上四个孔的中心点，单击鼠标右键确定；选择 Z 向直线为刀轴控制直线，单击鼠标右键，得到加工轨迹如图 5-88 所示。

（10）加工参数同前，选择 Y 向直线为刀轴控制直线，得到加工轨迹如图 5-89 所示。

图 5-86 平面精加工轨迹生成

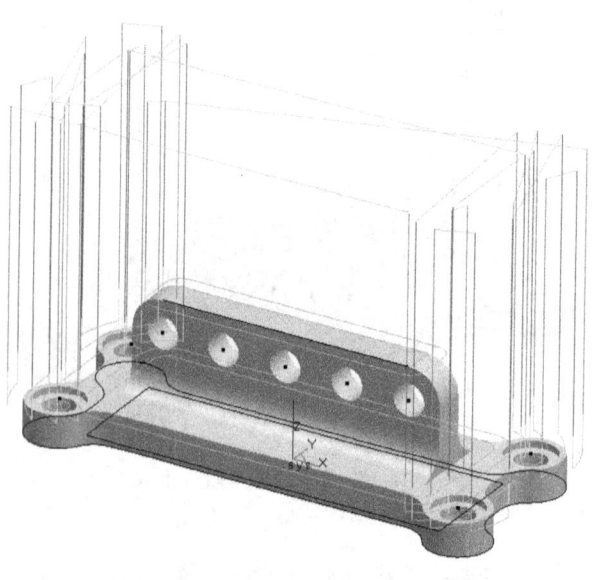

图 5-87 加工参数设置

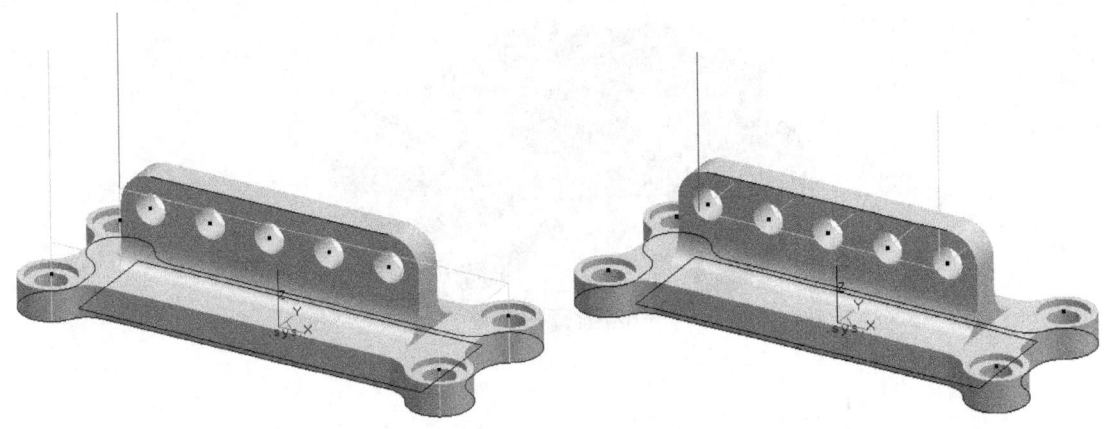

图 5-88　底板上四孔加工轨迹生成　　　　图 5-89　立板上五孔的加工轨迹生成

（11）加工轨迹实体仿真结果如图 5-90 所示。

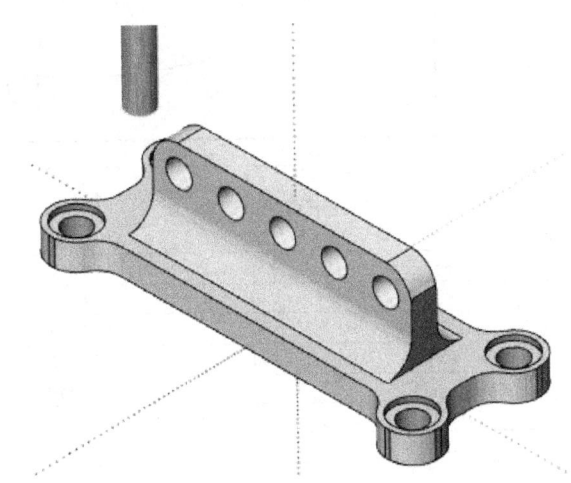

图 5-90　滑杆支架加工轨迹实体仿真

任务七　叶轮的造型与多轴加工编程

◎**任务背景**

大型叶片、整体叶轮的设计与加工属于国际高难度技术，CAXA 制造工程师 2013 软件增加和完善了叶轮加工功能。通过本例叶轮的造型与多轴加工编程，学习叶轮加工功能的参数设置及操作方法。

◎**任务要求**

如图 5-91 所示，完成叶轮的造型与五轴叶轮加工轨迹的生成。

◎**任务解析**

（1）使用旋转增料方式得到叶轮基体；应用直纹面功能作出叶片原曲面，曲面加厚增料得到叶片实体。

（2）得到叶轮实体的同时，要设法得到叶片体侧面直纹曲面和叶轮槽底曲面，为叶轮

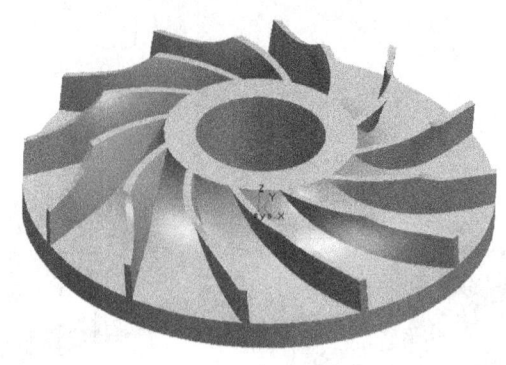

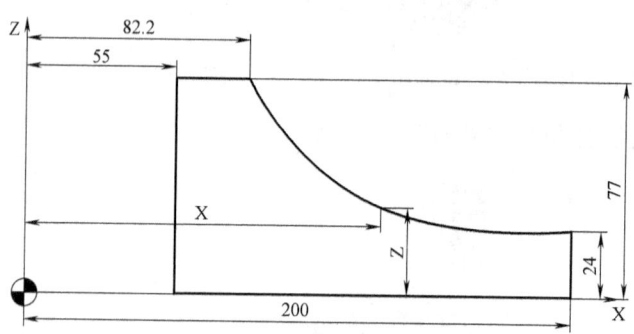

叶轮基体截面数据表

序号	X	Y	Z
1	86.670	0	68.527
2	98.085	0	53.610
3	107.308	0	45.165
4	119.374	0	36.927
5	130.607	0	31.384
6	144.485	0	26.818
7	167.238	0	24

b)

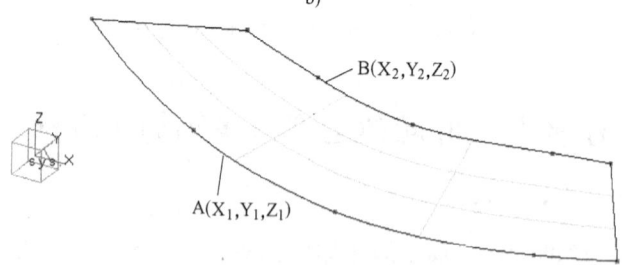

叶片原曲面边界线数据表

序号	X_1	Y_1	Z_1	X_2	Y_2	Z_2
1	53.359	−60.614	78.434	115.171	−77.715	99.572
2	84.201	−54.467	50.371	128.814	−59.967	81.039
3	124.477	−41.636	30.629	150.343	−42.543	64.901
4	179.368	−22.741	23.85	185.739	−23.813	57.493
5	201.571	−13.554	24	201.027	−17.356	55.451

c)

图 5-91 叶轮零件示意图

a）叶轮实体造型　b）叶轮基体截面　c）叶片原曲面

加工轨迹的生成使用。

(3) 使用平面区域粗加工方法完成叶轮孔的加工轨迹。

(4) 使用等高线粗、参数线精加工方法生成叶轮顶面粗、精加工轨迹。

(5) 叶片壁薄易变形,所以要先加工叶片,采用层优先方式,之后再加工叶轮槽。

(6) 使用叶轮精加工方法,生成叶片左右侧面粗加工轨迹,采用层优先方式,留精加工余量 0.3。

(7) 使用叶轮粗加工方法生成叶轮槽底面粗、精加工轨迹。

(8) 使用叶轮精加工方法生成叶片左右侧面精加工轨迹。

☆ 本案例的重点、难点

(1) 零件造型,叶轮槽底面和叶片左右侧面(只支持直纹面)的生成。

(2) 加工工艺设计,理解用叶轮精加工方法生成叶片左右侧面粗加工轨迹。

(3) 等高线粗加工、参数线精加工功能的应用。

(4) 叶轮粗加工功能、加工参数设置及操作方法。

(5) 叶轮精加工功能、加工参数设置及操作方法。

【操作步骤详解】

叶片造型

(1) 按照叶片原曲面数据表给出坐标点,作出样条线 A、B,单击直纹面""按钮,选择"曲线+曲线"方式,点取样条线 A、B 上对应点,得到叶轮原曲面如图 5-92 所示。

图 5-92 叶片原曲面

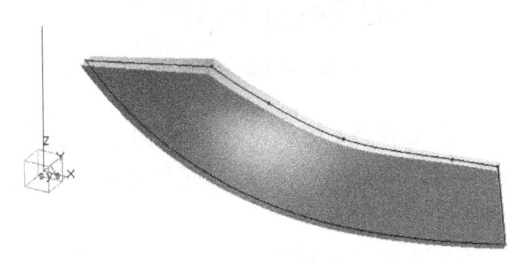

图 5-93 叶片

(2) 单击曲面加厚增料" "按钮,选择"双向加厚",厚度 1 = 厚度 2 = 3,拾取曲面,确定,得到叶片如图 5-93 所示。

(3) 单击相关线" "按钮,选择"实体边界",点选叶片侧面上下边界,并作直纹面,如图 5-94 所示。

叶轮基体造型

(4) 选择 XZ 为当前作图平面,按照叶轮基体截面数据,作出截面线框曲线,如图 5-95 所示。

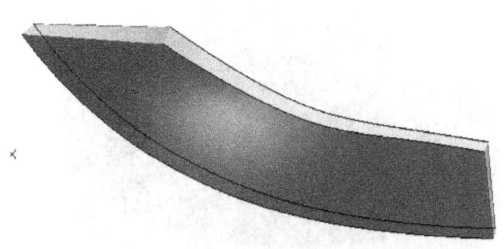

图 5-94 作叶片体两侧面直纹面

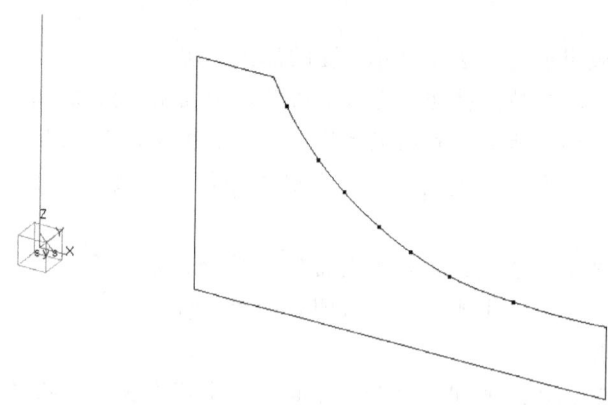

图 5-95 基体截面曲线

（5）选择 XZ 为基准面，进入草图状态，投影叶轮轮廓线框为草图，退出草图，使用旋转增料功能，得到叶轮基体造型，如图 5-96 所示。

（6）单击旋转面" "按钮，选择叶轮基体轮廓样条曲线为母线，绕轴线旋转得到基体曲面，如图 5-97 所示。

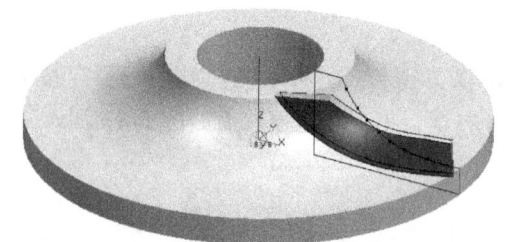

图 5-96 叶轮基体造型

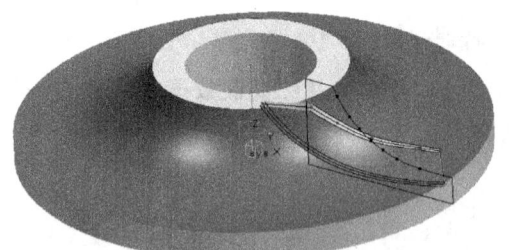

图 5-97 基体曲面

（7）选择 XY 为当前作图平面，单击阵列" "按钮，选择"圆形"→"均布"→"份数 =12"，拾取叶片原曲面，单击右键确定，单击坐标原点为中心点，得到结果如图 5-98 所示。

（8）双向加厚增料各个叶片原曲面，得到所有叶片体。

（9）以中心线顶点为圆心（0，0，77），作 R250 的圆形水平面，用"曲面裁剪除料"工具，剪去叶片上面多余部分，删除裁剪面，隐藏（或删除）各叶片原曲面，如图 5-99 所示。

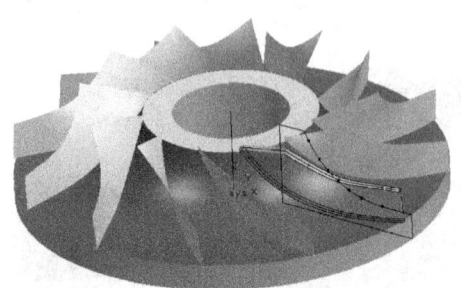

图 5-98 圆形阵列叶片原曲面

图 5-99 顶面裁剪除料

(10) 以坐标原点为中心，Z轴为轴线，作 R200，高 80 的圆柱面，用"曲面裁剪除料"工具，剪去叶片侧面多余部分，删除裁剪面，如图 5-100 所示。

数控加工

(11) 选择"柱面"方式建立毛坯，拾取平面轮廓为底面 R200 圆，高度为 77。显示叶片两侧面直纹面，并作圆形阵列 12 份，如图 5-101 所示。

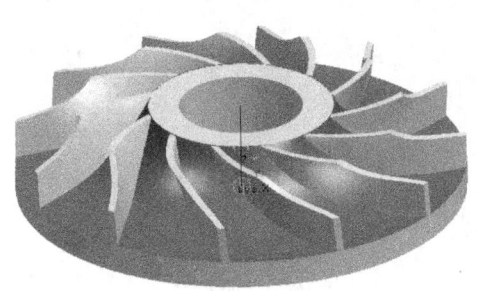

图 5-100 侧面裁剪除料

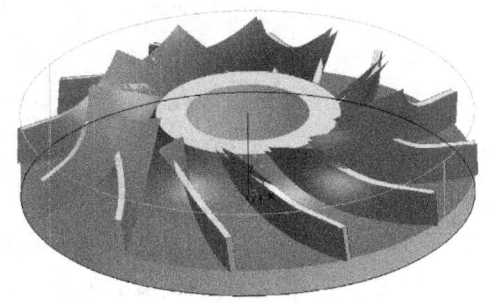

图 5-101 毛坯、叶片侧面创建

(12) 使用平面区域粗加工生成中心孔加工轨迹如图 5-102 所示。

(13) 以叶片顶面边界线做母线，绕中心线旋转，再作圆形水平面覆盖其余区域，如图 5-103 所示。

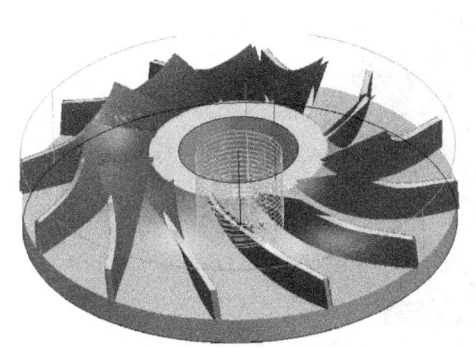

图 5-102 中心孔加工轨迹生成

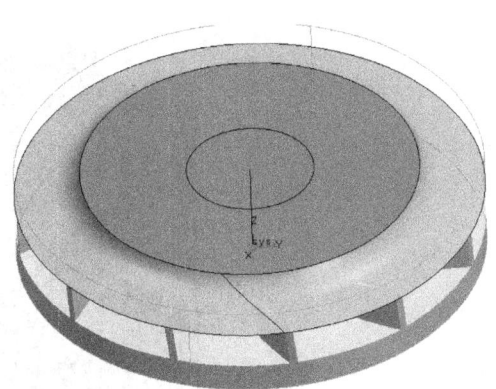

图 5-103 叶片顶部曲面

(14) 以此顶部两曲面为加工曲面，生成等高线粗加工；以叶片体顶部曲面为加工曲面，生成参数线精加工轨迹，如图 5-104 所示。等高线粗加工选刀具直径为 20 的立铣刀，行距为 12，层高为 2；等高线精加工选刀具直径为 20 的球头铣刀，行距为 2，选安全高度为 120。

叶轮粗加工

(15) 单击多轴加工中叶轮精加工"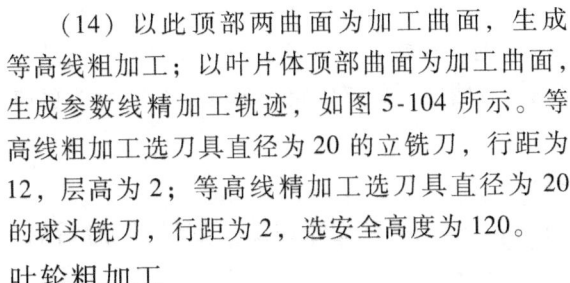"按钮，弹出"叶轮精加工（创建）"对话框，加工参数设置如图 5-105 所示。**注意：选择层**

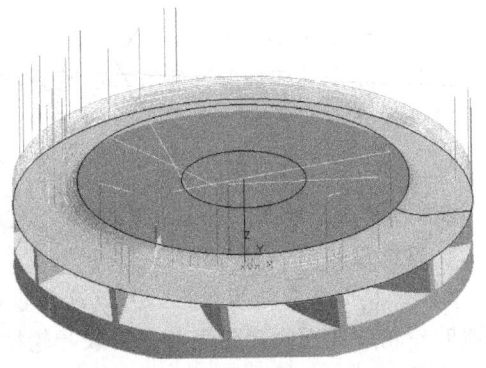

图 5-104 叶片顶部粗、精加工轨迹

优先，留精加工余量 0.3。

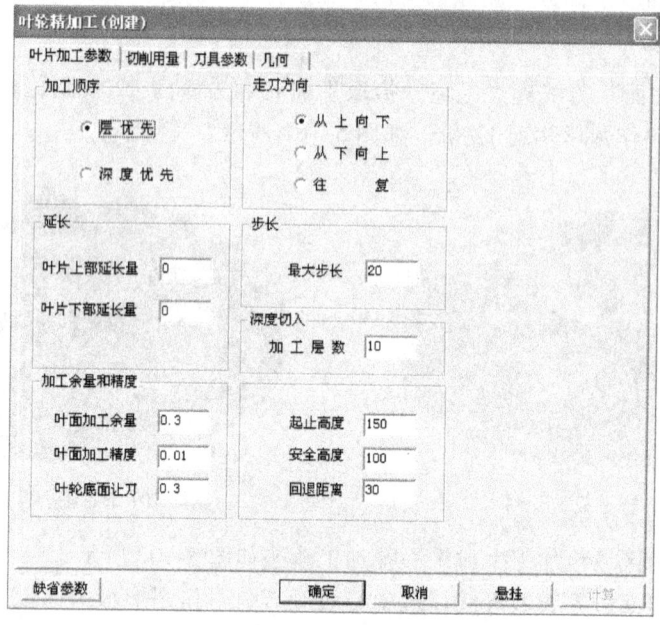

图 5-105　加工参数设置

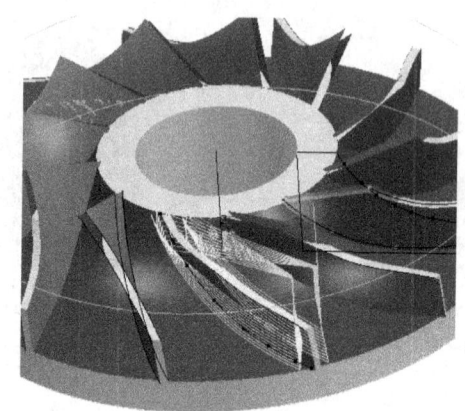

图 5-106　叶片粗加工轨迹

（16）其他参数适当设置。刀具选择直径为 24 的球头铣刀，刀杆长设为 150，刃长设为 80。拾取叶轮轮廓曲面为叶轮底面，拾取叶片左、右侧面，单击确定，得到一个叶片的粗加工轨迹如图 5-106 所示。

（17）同样方法，生成其他叶片粗加工轨迹。

（18）单击多轴加工中叶轮粗加工 " " 按钮，弹出 "叶轮粗加工（创建）"对话框，加工参数设置如图 5-107 所示。

（19）其他参数适当设置。刀具选择直径为 24 的球头铣刀，刀杆长为 150，刃长为 80。拾取叶轮轮廓曲面为叶轮底面，拾取叶轮槽左、右侧面，单击确定，得到一个叶轮槽的粗加工轨迹如图 5-108 所示。

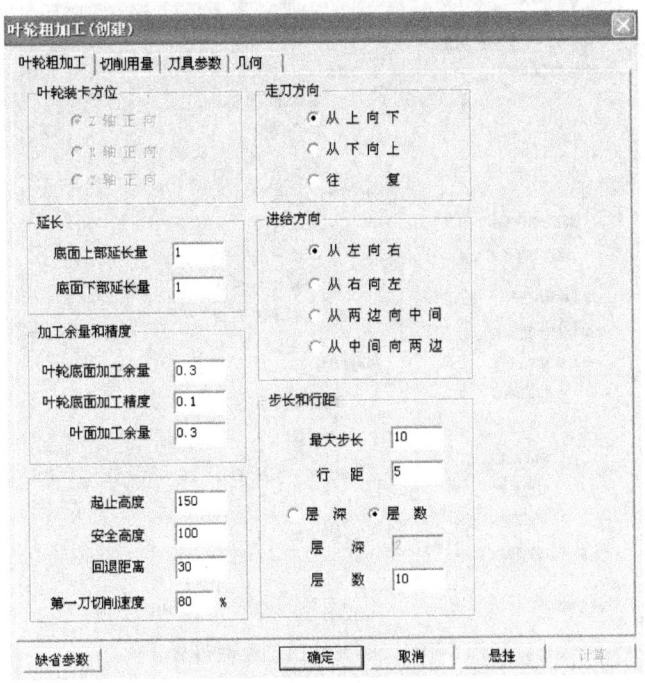

图 5-107 加工参数设置

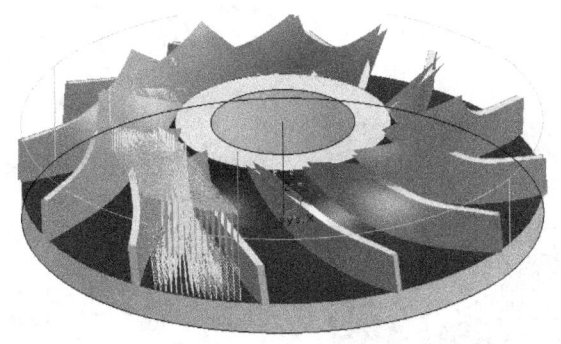

图 5-108 叶轮槽粗加工轨迹

(20) 同样方法，生成叶轮其他轮槽粗加工轨迹。

叶轮精加工

(21) 叶轮底面精加工：使用"叶轮精加工"工具，加工参数设置如图 5-109 所示，层数为 1，行距为 1，底面余量为 0，刀具直径为 12。选择底面、左右侧面，底面得到精加工轨迹如图 5-110。同样方法，得到其他轮槽底面精加工轨迹。

(22) 叶片侧面精加工：单击叶轮精加工" "按钮，弹出"叶轮精加工（创建）"对话框，加工参数设置如图 5-111 所示。刀具选择直径为 12 球头铣刀，拾取底面、叶片左右侧面，得到叶片侧面精加工轨迹如图 5-112 所示。同样方法，生成其他叶片侧面精加工轨迹。

(23) 叶轮加工实体仿真如图 5-113 所示。

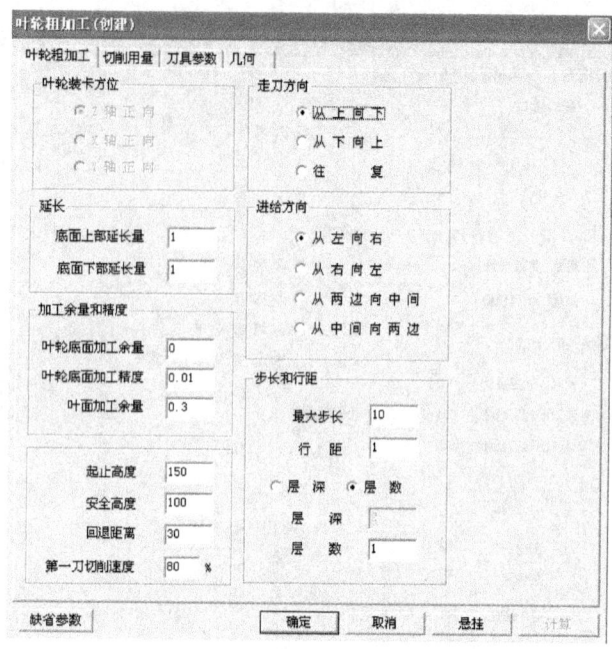

图 5-109 底面精加工参数设置

图 5-110 底面精加工轨迹生成

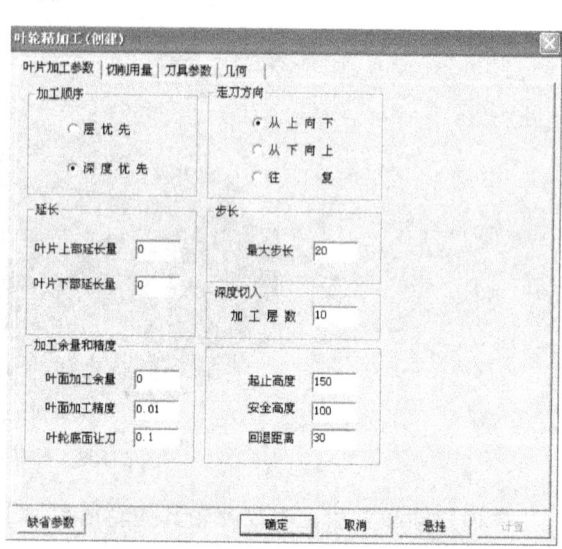

图 5-111 叶片侧面精加工参数设置

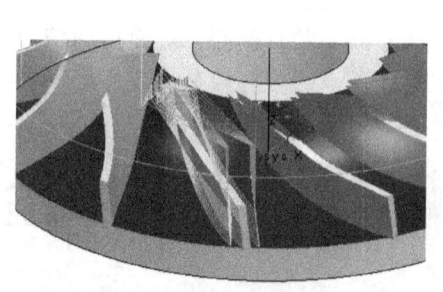

图 5-112 叶片侧面精加工轨迹

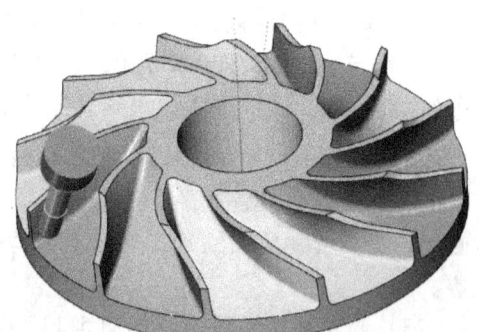

图 5-113 叶轮加工实体仿真

任务八　吊钩模型的五轴加工编程

◎**任务背景**

五轴参数线精加工是加工复杂曲面最有效的加工功能之一，但如何控制好加工过程中刀具轴线的方向，避免产生干涉现象，是一个难点问题。通过本例吊钩模型的多轴加工编程，学习五轴参数线精加工功能的参数设置及操作方法。

◎**任务要求**

吊钩模型来自 CAXA 制造工程师软件的安装目录下"sample"文件夹，如图 5-114 所示，完成吊钩模型的加工轨迹的生成。

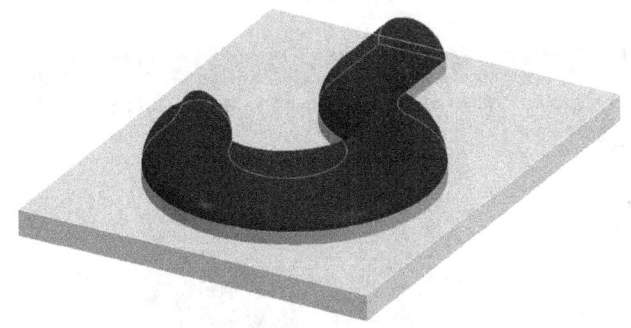

图 5-114　吊钩模型

◎**任务解析**

（1）对模型曲面进行处理：将吊钩上主曲面缝合成一张曲面，侧面（铅垂面）缝合成一张曲面，注意：均不包括吊顶钩端平面。

（2）使用等高线粗加工方法生成粗加工轨迹，去除余量。

（3）使用五轴参数线精加工方法生成吊钩主曲面精加工轨迹。

（4）使用平面区域粗加工方法生成吊钩侧面和平台表面精加工轨迹。

☆**本案例的重点、难点**

（1）曲面缝合功能的应用。

（2）五轴参数线精加工功能的应用技巧。

（3）平面区域粗加工生成平面轮廓区域精加工轨迹的方法。

【操作步骤详解】

模型曲面处理

（1）单击曲面缝合" "按钮，将吊钩上主曲面缝合成一张曲面，侧面（铅垂面）缝合成一张曲面，注意：均不包括吊顶钩端平面，如图 5-115 所示。注意：曲面缝合工具不支持裁剪曲面，所以须要把吊钩主曲面柄部柱面换成直纹面。

生成粗加工轨迹

（2）按参照模型方式生成毛坯，单击等高线粗加工" "按钮，加工参数设置如图

5-116所示。

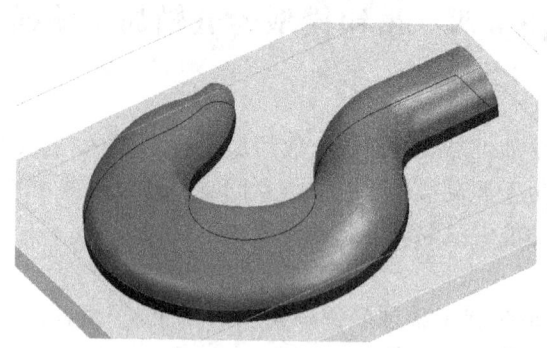

图 5-115　曲面缝合操作

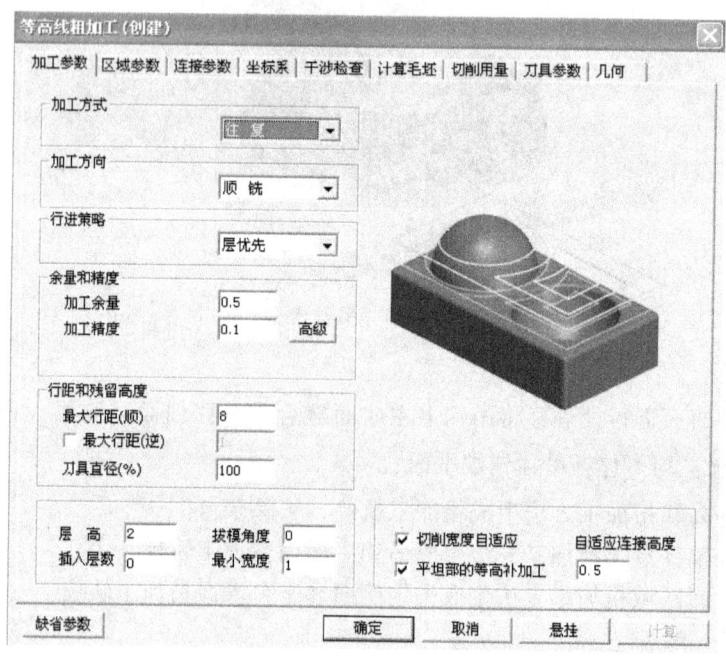

图 5-116　加工参数设置

（3）刀具选择直径为 16 的立铣刀，刀杆长为 100，刃长为 60，切削用量参数适当设置，其余参数默认，单击确定后，框选所有曲面，单击鼠标右键确认，经过计算后得到等高线粗加工轨迹，如图 5-117 所示。粗加工实体仿真结果如图 5-118 所示。

生成主曲面精加工轨迹

（4）单击五轴参数线精加工 " " 按钮，加工参数设置如图 5-119 所示。注意：刀轴方向控制选择 "通过曲线"，"指向曲线方式"。

（5）刀具选择直径为 20 的球头铣刀，刀杆长为 120，刃长为 60，切削用量适当设置，其他参数默认，单击确定后，选择加工曲面为吊钩主曲面，方向向上，单击吊钩顶部上方为进刀点，加工方向为吊钩纵向，选择刀轴控制曲线为吊钩轮廓线的等距线，距离为 720，等距方向为 Z 向，如图 5-120 所示。生成吊钩主曲面五轴参数线精加工轨迹如图 5-121 所示。

模块五 数控加工自动编程   191

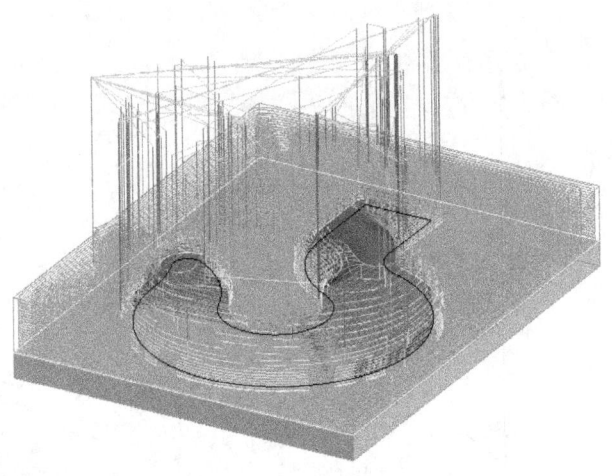

图 5-117 等高线粗加工轨迹生成

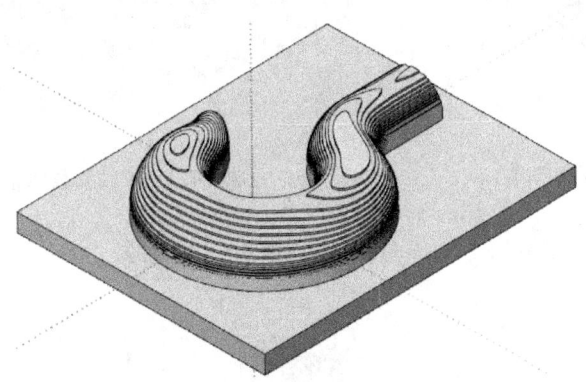

图 5-118 粗加工实体仿真

图 5-119 加工参数设置

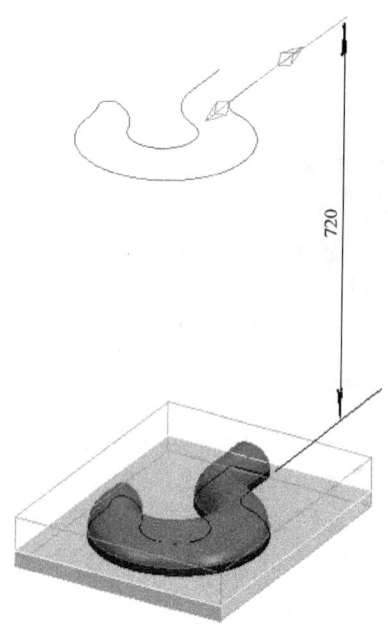
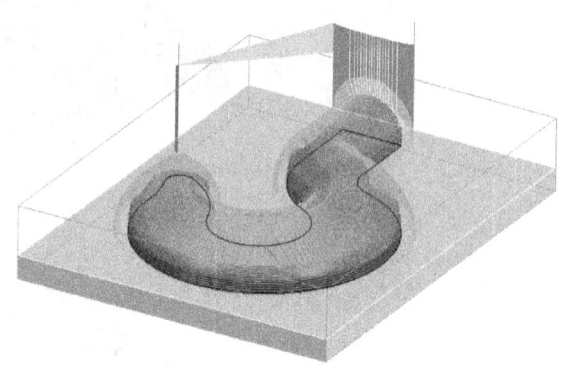

图 5-120　刀轴控制曲线　　　　图 5-121　五轴参数线精加工轨迹生成

（6）五轴参数线精加工轨迹实体仿真如图 5-122 所示。

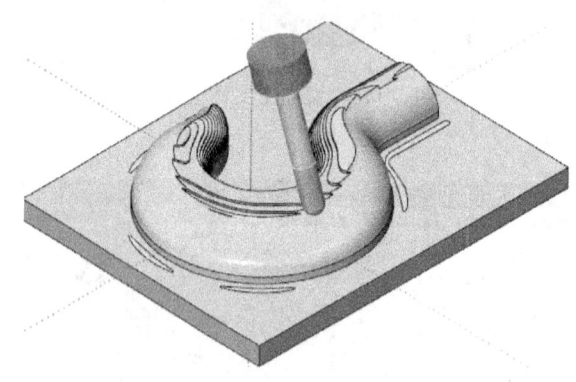

图 5-122　五轴参数线精加工实体仿真

生成吊钩侧面、平台表面精加工轨迹

（7）单击平面区域粗加工"□"按钮，加工参数设置如图 5-123 所示。

（8）设置清根参数如图 5-124 所示。

（9）刀具选择直径为 20 的立铣刀，刀杆长为 100，刃长为 60，切削用量适当设置，其他选默认，单击确认后，选择平台边界线为轮廓线，选择吊钩轮廓线为岛屿，单击鼠标右键确认，生成平面、侧面精加工轨迹如图 5-125 所示。

模块五 数控加工自动编程

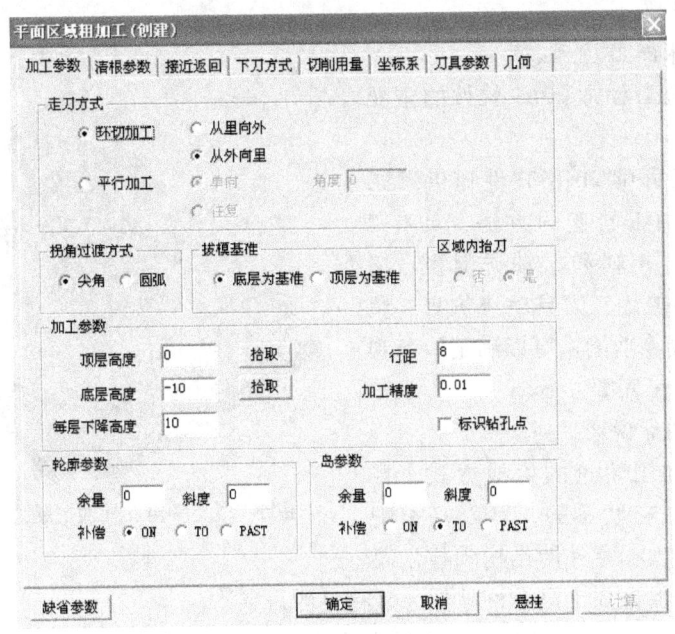

图 5-123 加工参数设置

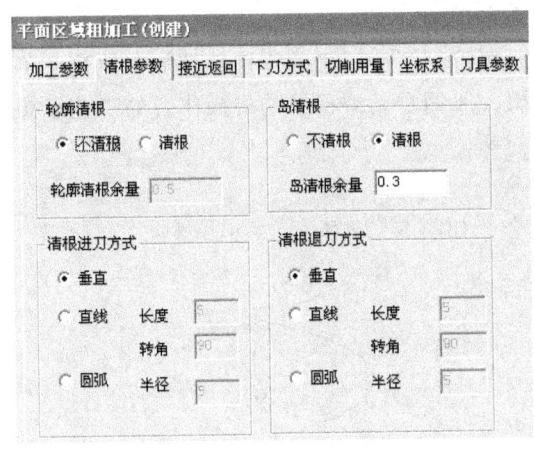

图 5-124 清根参数设置

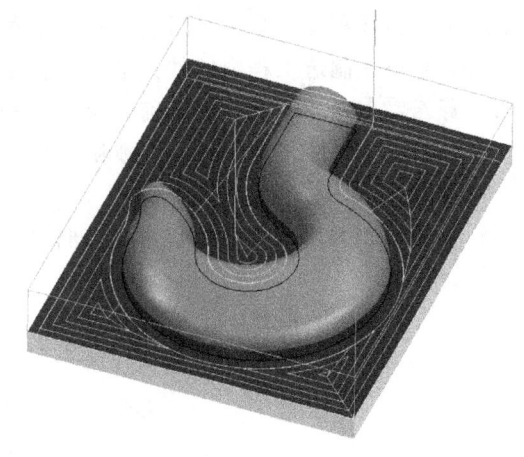

图 5-125 吊钩侧面、平台上表面精加工轨迹

所有加工轨迹实体仿真结果如图 5-126 所示。

知识点拓展

一、数控加工自动编程概述

1. 数控加工自动编程工作内容

（1）对图样进行分析，确定需要数控加工的部分。

（2）利用图形软件对需要数控加工的部分造型。

（3）根据加工条件，选择合适的加工参数，生成加工轨迹（包括粗加工、半精加工、精加工轨迹）。

（4）轨迹的仿真检验。

（5）生成 G 代码。

（6）传给机床加工。

2．CAXA 制造工程师 2013 软件的主要加工功能

CAXA 制造工程师 2013 软件提供了二十几种生成数控加工轨迹的方法，具有 2 轴、2.5 轴、3 轴、4 轴和 5 轴铣削粗、精加工功能，以及数控加工刀具轨迹仿真、编辑和 G 代码的生成等功能。可以满足平面和各种复杂曲面的加工需要。

3．软件应用几点说明

（1）每一种加工轨迹的生成方式，并不是孤立的，而是有联系的，可以互相配合，互相补充，要根据零件的结构和技术要求，综合考虑，以保证加工出合格零件为最终目的。

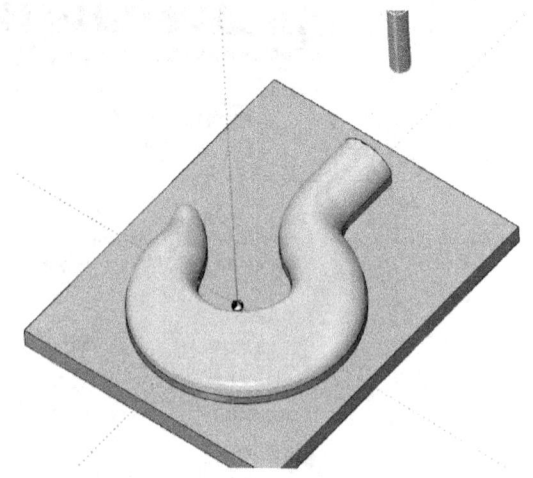

图 5-126　吊钩五轴加工轨迹实体仿真结果

（2）所谓粗加工功能和精加工功能，仅仅指生成的轨迹是单层的还是多层的，比如，用平面区域粗加工功能，完全可以生成某个零件平面区域的粗加工轨迹，也可以生成精加工轨迹，加工精度和加工余量是通过设置加工参数来实现的。

（3）CAXA 制造工程师软件只是一个工具，要想得到一个正确的零件数控加工轨迹和 G 代码，首先要求操作者有一个正确的加工工艺思想，所谓自动编程就是将操作者的工艺思想通过 CAD/CAM 软件转换成加工轨迹和 G 代码的过程。

4．常用名词术语

（1）轮廓：轮廓是一系列首尾相接曲线的集合，如图 5-127 所示。

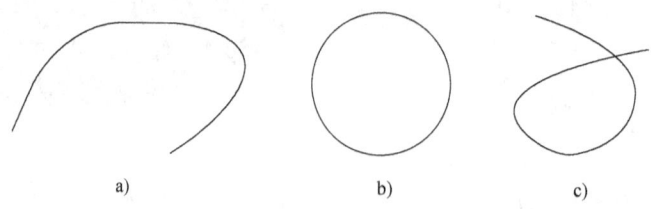

图 5-127　轮廓示例

a）开轮廓　b）闭轮廓　c）有自交点的轮廓

在进行数控编程，交互指定待加工图形时，常常需要用户指定图形的轮廓，用来界定被加工的区域或被加工的图形本身。如果轮廓是用来界定被加工区域的，则要求指定的轮廓是闭合的；如果加工的是轮廓本身，则轮廓也可以不闭合。

组成轮廓的曲线可以是空间曲线，但要求指定的轮廓不应有自交点。

（2）区域和岛：区域指由一个闭合轮廓围成的内部空间，其内部可以有"岛"。岛也是由闭合轮廓界定的。

区域指外轮廓和岛之间的部分。由外轮廓和岛共同指定待加工的区域，外轮廓用来界定加工区域的外部边界，岛用来屏蔽其内部不需加工或需保护的部分，如图 5-128 所示。

（3）刀具轨迹和刀位点：刀具轨迹是系统按给定工艺要求生成的对给定加工图形进行切削时刀具行进的路线，如图 5-129 所示。系统以图形方式显示。刀具轨迹由一系列有序的刀位点和连接这些刀位点的直线（直线插补）或圆弧（圆弧插补）组成。

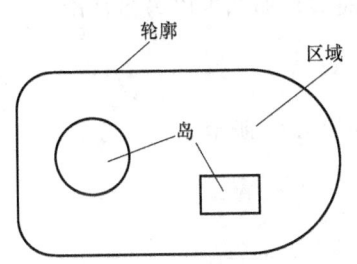

图 5-128 轮廓与岛的关系

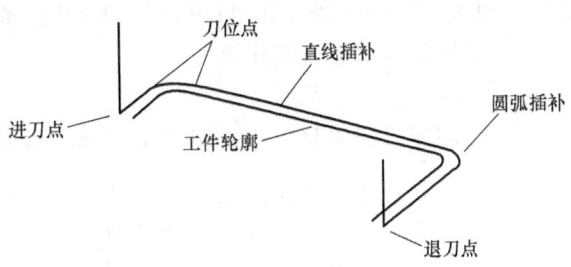

图 5-129 刀具轨迹和刀位点

【注意】

本系统的刀具轨迹是按刀尖位置来计算和显示的。

（4）干涉：在切削被加工表面时，如果刀具切到了不应该切的部分，则称为出现干涉现象，或者叫做过切。

在 CAXA-ME 系统中，干涉分为以下两种情况：

1）自身干涉：指被加工表面中存在刀具切削不到的部分时存在的过切现象，如图 5-130 所示。

2）面间干涉：指在加工一个或一系列表面时，可能会对其他表面产生过切的现象，如图 5-131 所示。

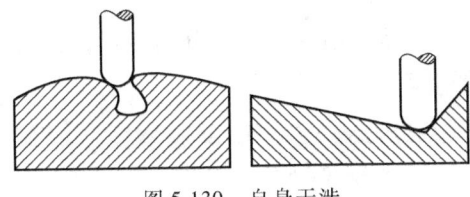

图 5-130 自身干涉

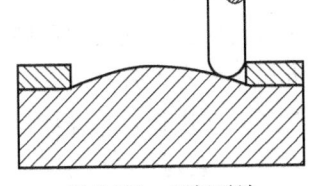

图 5-131 面间干涉

（5）几何精度：在造型时，模型的曲面是光滑连续（法矢连续）的，如：球面是一个理想光滑连续的面。这样的理想的模型，称为几何模型。但在实际加工时，是不可能完成这样一个理想的几何模型的。所以，一般地，我们会把一张曲面离散成一系列的三角片。由这一系列三角片所构成的模型，称为加工模型。加工模型与几何模型之间的误差，称为几何精度。顺便提一下，加工精度是按轨迹加工出来的零件与加工模型之间的误差，当加工精度趋近于 0 时，轨迹对应的加工件的形状就是加工模型了（忽略残留量），如图 5-132 所示。

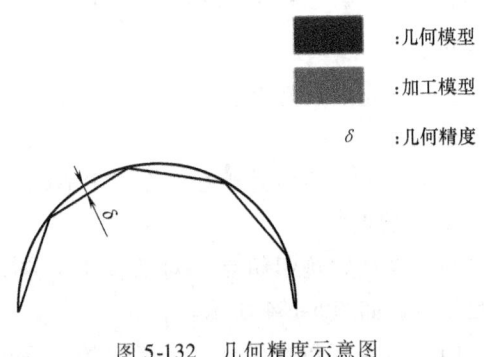

图 5-132 几何精度示意图

（6）注意事项：由于系统中所有曲面及

实体（隐藏或显示）的总和为模型，所以用户在增删曲面时，一定要小心，因为删除曲面或增加实体元素都意味着对模型的修改，这样的话，已生成的轨迹可能会不再适用于新的模型了，严重的话会导致过切。

强烈建议用户使用加工模块过程中不要增删曲面，如果一定要这样做的话，请重置（重新）计算所有的轨迹。如果仅仅用于 CAD 造型中的增删曲面，那么可以另当别论。

二、通用参数设置功能介绍

1. 毛坯

在"毛坯定义"对话框中，可定义待加工模型毛坯，如图 5-133 所示。

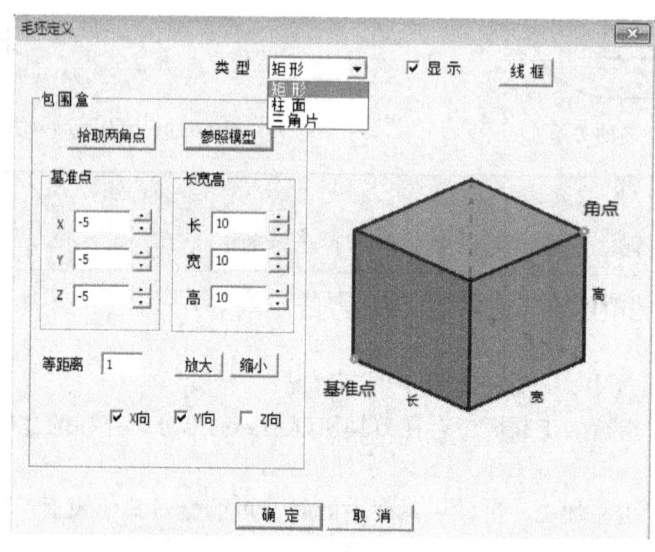

图 5-133 "毛坯定义"对话框

（1）类型：使用户能够根据所要加工工件的形状选择毛坯的形状，分为矩形，柱面和三角片三种毛坯类型，其中三角片方式为自定义毛坯方式。

（2）包围盒：系统提供了三种毛坯定义的方式。

1）拾取两角点：通过拾取毛坯的两个角点（与顺序，位置无关）来定义毛坯。

2）参照模型：系统自动计算模型的包围盒，以此作为毛坯。

3）基准点：毛坯在世界坐标系（.sys.）中的左下角点。

长度、宽度、高度是毛坯在 X 方向，Y 方向，Z 方向的尺寸。

（3）显示：设定是否在工作区中显示毛坯。

2. 起始点

在"全局轨迹起始点"对话框中可定义全局加工起始点，如图 5-134 所示。

（1）全局起始点坐标：是指起始点在的加工坐

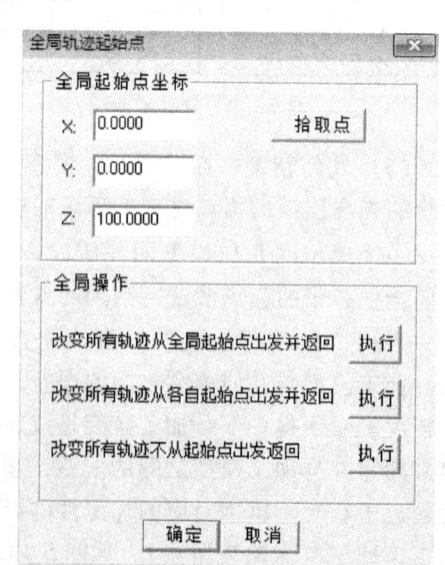

图 5-134 刀具起始点对话框

标系中的位置。

（2）设置全局起始点坐标：用户可以通过输入或者单击拾取点按钮来设定刀具起始点。

（3）注意事项：

1）计算轨迹时默认以全局刀具起始点作为刀具起始点，计算完毕后，用户可以对该轨迹的刀具起始点进行修改。

2）全局起始点按钮此处不可用。

3. 刀具库

在"刀具库"对话框中，可定义、确定刀具的有关数据，可使用户从刀具库中调用信息和对刀具库进行维护。双击加工轨迹树的"刀具库"图标，弹出"刀具库"设置对话框，如图 5-135 所示。

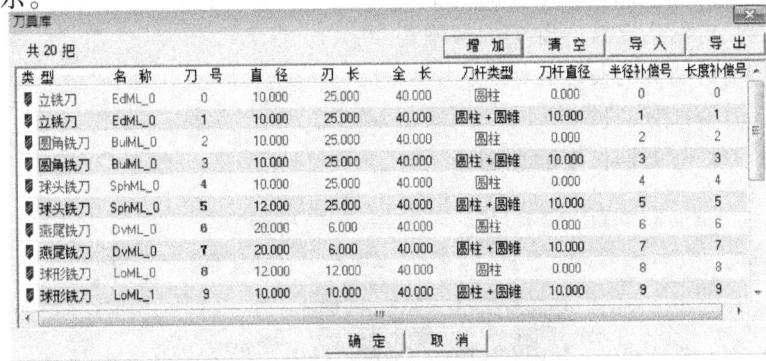

图 5-135　刀具库设置对话框

【相关说明】

（1）选择编辑刀具库：选择某机床的刀具库，然后可以对其进行增加刀具，清空刀库等编辑操作。

① 增加刀具：增加新的刀具到编辑刀具库。

② 清空刀库：删除编辑刀具库中的所有刀具。

③ 导入：导入已经保存好的刀具表。

④ 导出：导出所有刀具。

（2）刀具列表：显示编辑刀具库中的所有刀具及其相关主要参数。

（3）一般操作：对编辑刀具库中的所有刀具进行拷贝、剪切、粘贴、排序等操作。

（4）刀具示意：示意显示选中的刀具。

【注意】

刀具编辑不能取消，所以在做删除刀具，删除刀库等操作时一定要小心。

4. 刀具参数

在每一个加工功能的参数表中，都有刀具参数设置，如图 5-136 所示。

【相关参数说明】

刀具库中能存放用户定义的不同的刀具，包括钻头，铣刀等，使用中用户可以很方便地从刀具库中取出所需的刀具。

刀具类型、刀具名称、刀具号、刀具半径 R、圆角半径 r/a、切削刃长 1、刀具库中会显示这些刀具的主要参数的值。

刀具参数：刀具主要由切削刃、刀杆、刀柄三部分组成。

刀具类型：铣刀或钻头。

刀具名：刀具的名称。

刀具号：刀具在加工中心里的位置编号，便于加工过程中换刀。

刀具补偿号：刀具半径补偿值对应的编号。

刀具半径：切削刃部分最大截面圆的半径大小。

刀角半径：切削刃部分球形轮廓区域半径的大小，只对铣刀有效。

刀柄半径：刀柄部分截面圆半径的大小。

刀尖角度：只对钻头有效，钻尖的圆锥角。

刃长度：切削刃部分的长度。

刀柄长度：刀柄部分的长度。

刀具全长：刀杆与刀柄长度的总和。

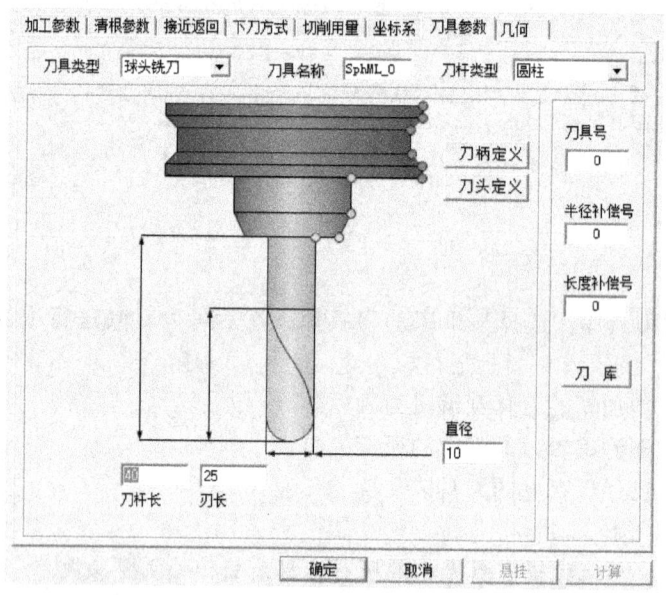

图 5-136 刀具参数对话框

5. 几何

在每一个加工功能中参数表中，都有几何设置。根据不同加工，选项内容不同，操作界面如图 5-137 所示。用于拾取和删除在加工中所有需要选择的曲线和曲面以及加工方向和进退刀点等参数。

6. 切削用量

在每一个加工功能的参数表中，都有切削用量设置，主要设定轨迹各位置的相关进给速度及主轴转速。

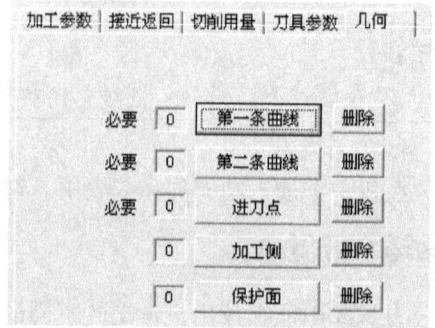

图 5-137 几何参数项对话框

主轴转速：设定主轴转速的大小，单位为 r/min（转/分）。

慢速下刀速度（F0）：设定慢速下刀轨迹段的进给速度的大小，单位为 mm/min。

切入切出连接速度（F1）：设定切入轨迹段、切出轨迹段、连接轨迹段、接近轨迹段、返回轨迹段的进给速度的大小，单位为 mm/min。

切削速度（F2）：设定切削轨迹段的进给速度的大小，单位为 mm/min。

退刀速度（F3）：设定退刀轨迹段的进给速度的大小，单位为 mm/min，如图 5-138 所示。

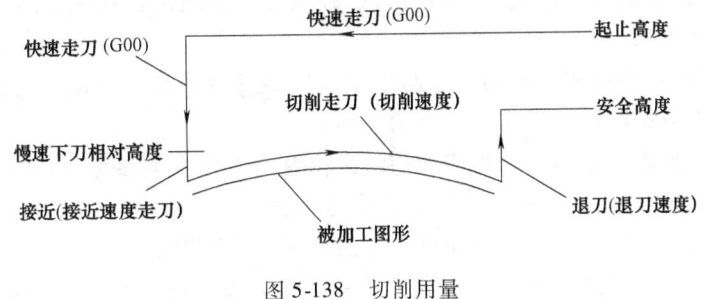

图 5-138 切削用量

三、加工功能介绍

（一）常用加工

1. 平面区域粗加工

平面区域粗加工用于生成具有多个岛的平面区域的刀具轨迹。适合 2/2.5 轴粗加工，与区域式粗加工类似，所不同的是该功能支持轮廓和岛屿的分别清根设置，可以单独设置各自的余量、补偿及上下刀信息。最明显的就是该功能轨迹生成速度较快。

（1）加工参数　每种加工方式的对话框中都有"确定"、"取消"、"悬挂"三个按钮，按确定按钮确认加工参数，开始随后的交互过程；按取消按钮取消当前的命令操作；按悬挂按钮表示加工轨迹并不马上生成，交互结束后并不计算加工轨迹，而是在执行轨迹生成批处理命令时才开始计算，这样就可以将很多计算复杂、耗时的轨迹生成任务准备好，直到空闲的时间，比如夜晚才开始真正计算，大大提高了工作效率。

1）走刀方式：分平行加工和环节加工两种。

① 平行加工：刀具以平行走刀方式切削工件。可改变生成的刀位行与 X 轴的夹角，如图 5-139 所示。平行加工包括单向方式和往复方式。

a. 单向：刀具以单一的顺铣或逆铣方式加工工件。

b. 往复：刀具以顺逆混合方式加工工件。

② 环切加工：刀具以环状走刀方式切削工件。可选择从里向外还是从外向里的方式，如图 5-140 所示。

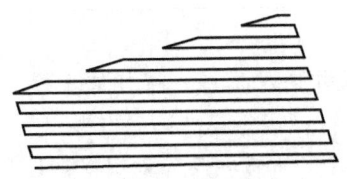

图 5-139 平行走刀

图 5-140 环切加工

2）标识钻孔点：选择该项自动显示出下刀打孔的点。

（2）清根参数

1）轮廓清根：沿轮廓线清根。轮廓清根余量是指清根之前所剩的量。

2）岛清根：沿岛曲线清根。岛清根余量是指清根之前所剩的量。

3）清根进退刀方式：分为垂直、直线、圆弧三种方式。

（3）接近返回参数

1）沿接近方式：分为不设定、直线方式、圆弧方式和强制在某一点的方式。

2）沿返回方式：分为不设定、直线方式、圆弧方式和强制在某一点的方式。

（4）下刀方式参数

1）安全高度：刀具快速移动而不会与毛坯或模型发生干涉的高度，有相对与绝对两种模式，单击相对或绝对按钮可以实现二者的互换。

相对：以切入或切出或切削开始或切削结束位置的刀位点为参考点。

绝对：以当前加工坐标系的 XOY 平面为参考平面。

拾取：单击后可以从工作区选择安全高度的绝对位置高度点。

2）慢速下刀距离：在切入或切削开始前的一段刀位轨迹的位置长度，这段轨迹以慢速下刀速度垂直向下进给。有相对与绝对两种模式，单击相对或绝对按钮可以实现二者的互换。

相对：以切入或切削开始位置的刀位点为参考点。

绝对：以当前加工坐标系的 XOY 平面为参考平面。

拾取：单击后可以从工作区选择慢速下刀距离的绝对位置高度点。

3）退刀距离：在切出或切削结束后的一段刀位轨迹的位置长度，这段轨迹以退刀速度垂直向上进给。有相对与绝对两种模式，单击相对或绝对按钮可以实现二者的互换。

相对：以切出或切削结束位置的刀位点为参考点。

绝对：以当前加工坐标系的 XOY 平面为参考平面。

拾取：单击后可以从工作区选择退刀距离的绝对位置高度点。

4）切入方式：此处提供了四种通用的切入方式，几乎适用于所有的铣削加工策略，其中的一些切削加工策略有其特殊的切入切出方式（可在切入切出属性界面中设定）。如果在切入切出属性界面里设定了特殊的切入切出方式后，此处的通用的切入方式将不会起作用。

垂直：刀具沿垂直方向切入。

螺旋：刀具螺旋方式切入。

倾斜：刀具以与切削方向相反的倾斜线方向切入。

渐切：刀具沿加工切削轨迹切入。

长度：切入轨迹段的长度，以切削开始位置的刀位点为参考点。

节距：螺旋和倾斜切入时走刀的高度。

角度：渐切和倾斜线走刀方向与 XOY 平面的夹角。

【注意】

（1）轮廓与岛应在同一平面内，最好应按它所在实际高度来画，这样便于检查刀具轨迹，减少错误的产生。

（2）CAXA 制造工程师软件不支持平面区域加工时岛中岛的加工。如图 5-141 所示为轮廓线与岛示意图。

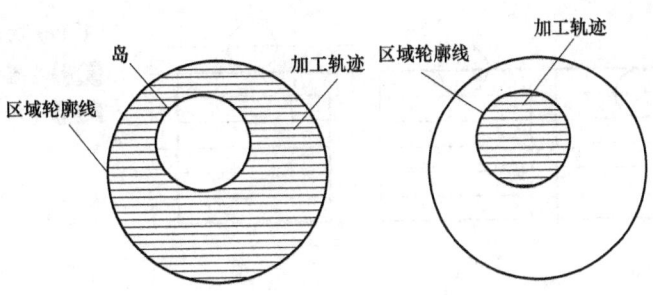

图 5-141　轮廓线与岛示意图

2. 等高线粗加工

"等高线粗加工"用于生成分层等高式粗加工轨迹。

（1）加工参数

1）加工顺序：加工顺序设定有两种选择：区域优先和深度优先。

2）层高和行距：

层高：Z 向每加工层的切削深度。

行距：输入 XY 方向的切入量

插入层数：两层之间插入轨迹。

拔模角度：加工轨迹会出现角度。

平坦部的等高补加工：对平坦部位进行两次补充加工。

切削宽度自适应：自动内部计算切削宽度。

3）加工精度：输入模型的加工精度。计算模型的加工轨迹的误差小于此值。加工精度越大，模型形状的误差也增大，模型表面越粗糙。加工精度越小，模型形状的误差也减小，模型表面越光滑，但是，轨迹段的数目增多，轨迹数据量变大。

4）加工余量：输入相对加工区域的残余量，可以输入正值，也可以输入负值，加工余量的含义如图 5-142 所示。

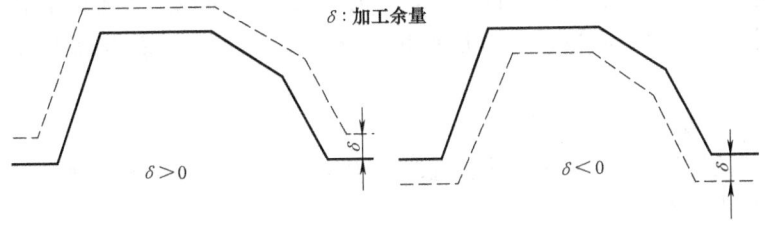

图 5-142　加工余量示意图

（2）区域参数

1）加工边界参数：选择使用可以拾取已有的边界曲线。

刀具中心位于加工边界分三种情况，如图 5-143 所示。

① 重合：刀具位于边界上。

② 内侧：刀具位于边界的内侧。

③ 外侧：刀具位于边界的外侧。

2）工件边界：选择使用后以工件本身为边界。

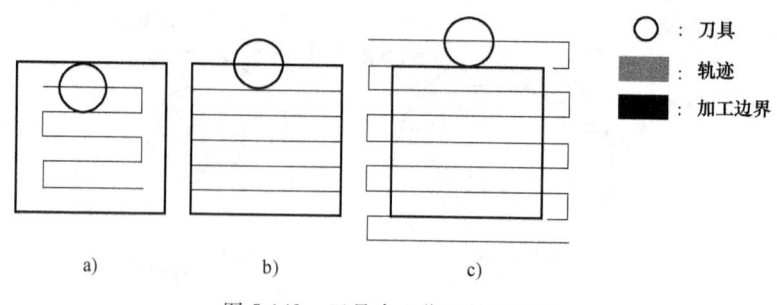

图 5-143 刀具中心位于加工边界
a) 内侧 b) 重合 c) 外侧

工件边界定义有以下几种情况：
① 工件的轮廓：刀心位于工件轮廓上。
② 工件底端的轮廓：刀尖位于工件底端轮廓
③ 刀触点和工件确定的轮廓：刀接触点位于轮廓上。
3) 高度范围：
① 自动设定：以给定毛坯高度自动设定 Z 方向的范围。
② 用户设定：用户自定义 Z 方向的起始高度和终止高度。
4) 补加工参数：选择使用可以自动计算前一把刀加工后的剩余量进行补加工。
① 填写前一把刀的直径。
② 填写前一把刀的刀角半径。
③ 填写粗加工的余量。
(3) 连接参数
1) 接近/返回：从设定的高度接近工件和从工件返回到设定高度。选择"加下刀"后可以加入所选定的下刀方式。
2) 行间连接：每行轨迹间的连接。选择"加下刀"后可以加入所选定的下刀方式。
3) 层间连接：每层轨迹间的连接。选择"加下刀"后可以加入所选定的下刀方式。
4) 区域间连接：两个区域间的轨迹连接。选择"加下刀"后可以加入所选定的下刀方式。
(4) 下/抬刀参数
1) 中心可切削刀具：可选择自动、直线、螺旋、往复、沿轮廓五种下刀方式。倾斜角和斜面长度前面已介绍。
2) 预钻孔点：标示需要钻孔的点。
(5) 光滑参数
1) 光滑设置：将拐角或轮廓进行光滑处理。
2) 删除微小面积：删除面积大于刀具直径百分比面积的曲面的轨迹。
3) 消除内拐角剩余：删除在拐角部的剩余余量。

3. 平面轮廓精加工

平面轮廓精加工属于二轴加工方式，由于它可以指定拔模斜度，所以也可以做 2.5 轴加工。它主要用于加工封闭的和不封闭的轮廓，适合 2/2.5 轴精加工，支持具有一定拔模斜度的轮廓轨迹生成，可以为生成的每一层轨迹定义不同的余量，生成轨迹速度较快。

（1）切削用量　切削用量包括一些参考平面的高度参数（高度指 Z 向的坐标值），当需要进行一定的锥度加工时，还需要给定拔模角度和每层下降高度。

1）当前高度：被加工工件的最高高度，切削第一层时，下降一个每层下降高度。

2）底面高度：加工的最后一层所在高度。

3）每层下降高度：每层之间的间隔高度。

4）拔模斜度：加工完成后，轮廓所具有的倾斜度。

（2）切削参数

1）行距：每一行刀位之间的距离。

2）刀次：生成的刀位的行数。

3）轮廓加工余量：给轮廓留出的预留量。

4）加工误差：对由样条曲线组成的轮廓系统，将按给定的误差把样条转化成直线段，用户可按需要来控制加工的精度。

（3）拔模基准　当加工的工件带有拔模斜度时，工件顶层轮廓与底层轮廓的大小不一样。用"平面轮廓"功能生成加工轨迹时，只需画出工件顶层或底层的一个轮廓形状即可，无需画出两个轮廓。"拔模基准"用来确定轮廓是工件的顶层轮廓或是底层轮廓。

1）底层为基准：加工中所选的轮廓是工件底层的轮廓。

2）顶层为基准：加工中所选的轮廓是工件顶层的轮廓。

（4）轮廓补偿

1）ON：刀心轨迹与轮廓重合。

2）TO：刀心轨迹未到轮廓一个刀具半径。

3）PAST：刀心轨迹超过轮廓一个刀具半径。

【注意】
　　补偿是左偏还是右偏取决于加工的是内轮廓还是外轮廓，如图 5-144 所示。

（5）机床自动补偿（G41/G42）　选择该项机床自动偏置刀具半径，那么在输出的代码中会自动加上 G41/G42（左偏/右偏）、G40（取消补偿）。输出代码中是自动加 G41 还是 G42，与拾取轮廓时的方向有关系。自动加上 G41/G42 以后的 G 代码格式是否正确，请看机床说明书中有关刀具半径补偿部分的叙述。

4. 轮廓导动精加工

平面轮廓法平面内的截面线沿平面轮廓线导动生成加工轨迹，如图 5-145 所示。也可以理解为平面轮廓的等截面导动加工。

【特点】

（1）造型时，只作平面轮廓线和截面线，不用作曲面，简化了造型。

（2）作加工轨迹时，因为它的每层轨迹都是

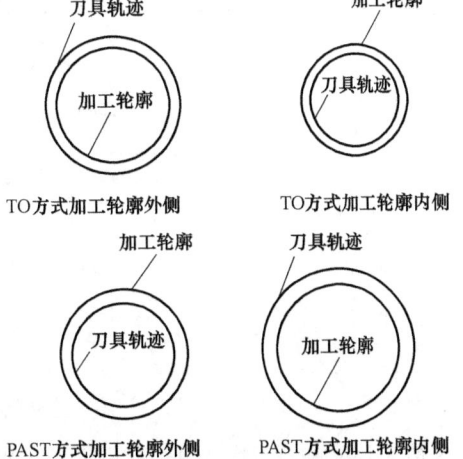

图 5-144　轮廓补偿示意图

用二维的方法来处理的，所以拐角处如果是圆弧，那么它生成的 G 代码中就是 G02 或 G03，充分利用了机床的圆弧插补功能。因此它生成的代码最短，但加工效果最好。比如加工一个半球，用导动加工生成的代码长度是用其他方式（如参数线）加工半球生成的代码长度的几十分之一到上百分之一。

（3）采用轮廓导动精加工方式生成轨迹的速度非常快。

（4）能够自动消除加工的刀具干涉现象。无论是自身干涉还是面干涉，都可以自动消除，因为它的每一层轨迹都是按二维平面轮廓加工来处理的。

（5）加工效果最好。由于使用圆弧插补，而且刀具轨迹沿截面线按等弧长分布，所以可以达到很好的加工效果。

（6）适用于立铣刀、圆角铣刀和球头铣刀。

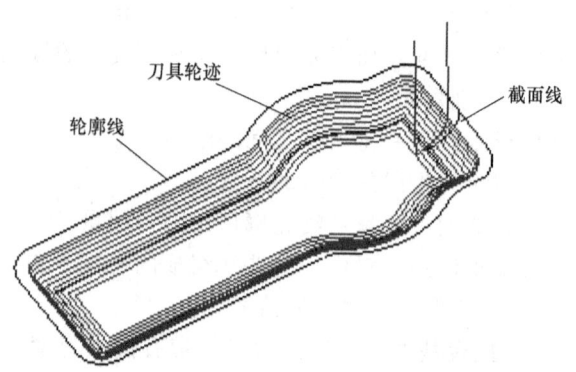

图 5-145 导动面加工

（7）截面线由多段曲线组合，可以分段来加工。

（8）沿截面线由下往上还是由上往下加工，可以根据需要任意选择。

【注意】
截面线必须在轮廓线的法平面内且与轮廓线相交于轮廓的端点。

5. 曲面轮廓精加工

"曲面轮廓精加工"用于生成沿一个轮廓线加工曲面的刀具轨迹。

【注意】
在其他的加工方式里，刀次和行距是单选的，最后生成的刀具轨迹只使用其中的一个参数，而在曲面轮廓加工里刀次和轮廓是关联的，生成的刀具轨迹由刀次和行距两个参数决定，如图 5-146 所示。

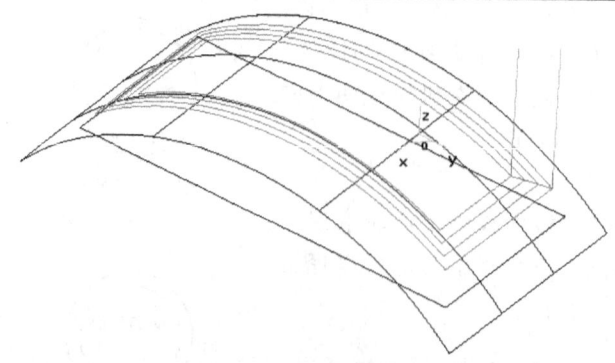

图 5-146 刀具轨迹 1

图 5-146 中，刀次为 4，行距为 5，如果想将轮廓内的曲面全部加工，又无法给出合适的刀次数，可以给一个大的刀次数，系统会自动计算并将多余的刀次删除。如图 5-147 所示

的刀具轨迹，刀次数为 100，但实际刀具轨迹的刀次数为 9。

6. 曲面区域精加工

曲面区域精加工用于生成加工曲面上的封闭区域的刀具轨迹。给出封闭轮廓后，拾取岛，得到刀具轨迹如图 5-148 所示。

7. 参数线精加工

参数线精加工可针对曲面生成沿参数线加工轨迹。

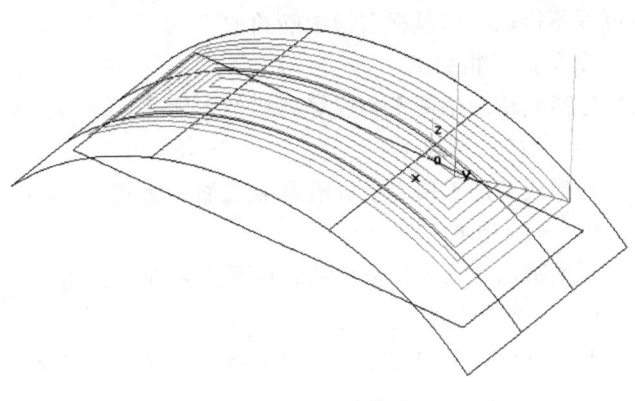

图 5-147　刀具轨迹 2

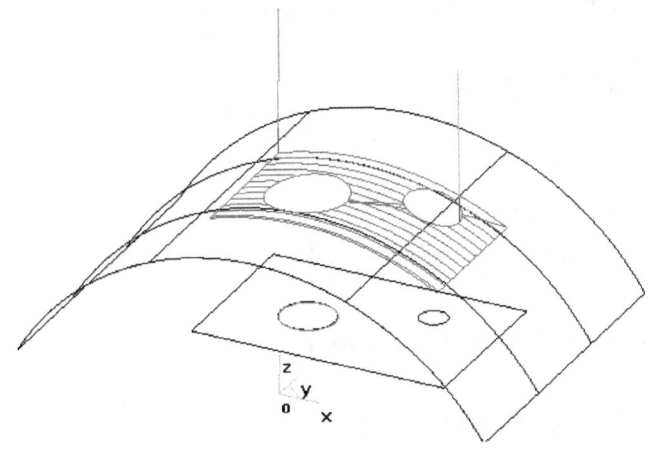

图 5-148　曲面区域精加工轨迹

【注意】

（1）加工参数。

1）设定是否使用第一或第二系列限制面在重置时不能使用。

2）加工轨迹树窗口中的几何元素编辑框不能使用，双击几何元素时，系统提示重新拾取几何元素。

（2）下刀方式　切入方式不使用。

（3）接近返回　在切入切出后的轨迹上添加接近返回的切入切出。

8. 投影线精加工

投影线精加工是将已有的刀具轨迹投影到曲面上而生成刀具轨迹，如图 5-149 所示。

【操作说明】

（1）拾取刀具轨迹：一次只能拾取一个刀具轨迹。拾取的轨迹可以使 2D 轨迹，也可以是 3D 轨迹。

（2）拾取加工面：允许多个曲面。

（3）拾取干涉曲面：干涉曲面也允许多个，

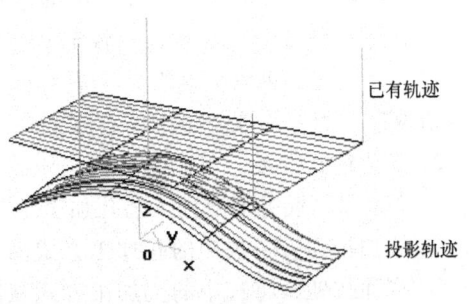

图 5-149　投影线加工轨迹

也可以不拾取。用鼠标右键中断拾取。

9. 等高线精加工

等高线精加工用于生成等高线加工轨迹。

10. 扫描线精加工

扫描线精加工用于生成沿参数线加工轨迹。

11. 平面精加工

平面精加工用于在平坦部生成平面精加工轨迹。

12. 曲线投影加工

曲线投影加工的功能是拾取平面上的曲线，在模型某一区域内投影生成加工轨迹。

13. 轮廓偏置加工

轮廓偏置加工可根据模型轮廓形状生成加工轨迹。

14. 投影加工

投影加工用于生成投影加工轨迹。

（1）投影方式

沿直线：沿直线方向投影。

绕直线：环绕直线方向投影。

（2）加工角度　加工角度设定为两种：与 X 轴夹角和与 Y 轴夹角。

15. 笔式清根加工

笔式清根加工用于生成笔式清根加工轨迹。

16. 三维偏置加工

三维偏置加工用于生成三维偏置加工轨迹。

（二）其他加工

1. 孔加工

孔加工用于生成钻孔加工轨迹。

（1）参数

钻孔速度：钻孔刀具的进给速度。

钻孔深度：孔的加工深度。

安全间隙：钻孔时，钻头快速下刀到达的位置，即距离工件表面的距离，由这一点开始按钻孔进给速度进行钻孔。

暂停时间：攻螺纹时刀在工件底部的停留时间。

下刀增量：钻孔时每次钻孔深度的增量值。

（2）钻孔位置定义　钻孔位置定义有以下两种选择方式。

输入点位置：可以根据需要，输入点的坐标，确定孔的位置。

拾取存在点：拾取屏幕上的存在点，确定孔的位置。

2. 工艺钻孔设置

工艺钻孔设置用于设置工艺孔加工工艺。

» 添加按钮：将选中的孔加工方式添加到工艺孔加工设置文件中。

» 删除按钮：将选中的孔加工方式从工艺孔加工设置文件中删除。

增加孔类型：设置新工艺孔加工设置文件名。

删除当前孔：删除当前工艺孔加工设置文件。

关闭：保存当前工艺孔加工设置文件，并退出。

3. 工艺钻孔加工

工艺钻孔加工是根据设置的工艺孔加工工艺加工孔。

（1）孔定位方式　提供三种孔定位方式

1）输入点：客户可以根据需要，输入点的坐标，确定孔的位置。

2）拾取点：客户通过拾取屏幕上的存在点，确定孔的位置。

3）拾取圆：客户通过拾取屏幕上的圆，确定孔的位置。

（2）路径优化

1）缺省情况：不进行路径优化。

2）最短路径：依据拾取点间距离和的最小值进行优化。

3）规则情况：该方式主要用于矩形阵列情况，有两种方式，如图5-150所示。

① X优先：依据各点X坐标值的大小排列。

② Y优先：依据各点Y坐标值的大小排列。

（三）轨迹编辑

轨迹编辑可编辑生成的加工轨迹。

（1）轨迹裁剪：用曲线（称为剪刀曲线）对刀具轨迹进行裁剪。

1）在曲线上：轨迹裁剪后，临界刀位点在剪刀曲线上。

2）不过曲线：轨迹裁剪后，临界刀位点未到剪刀曲线，投影距离为一个刀具半径。

3）超过曲线：轨迹裁剪后，临界刀位点超过裁剪线，投影距离为一个刀具半径。

以上三种轨迹裁剪方式，如图5-151所示。

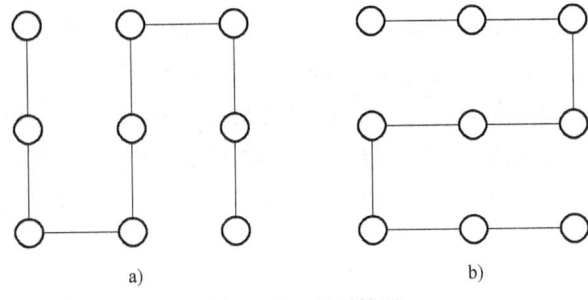

图5-150　规则情况

a）X优先　b）Y优先

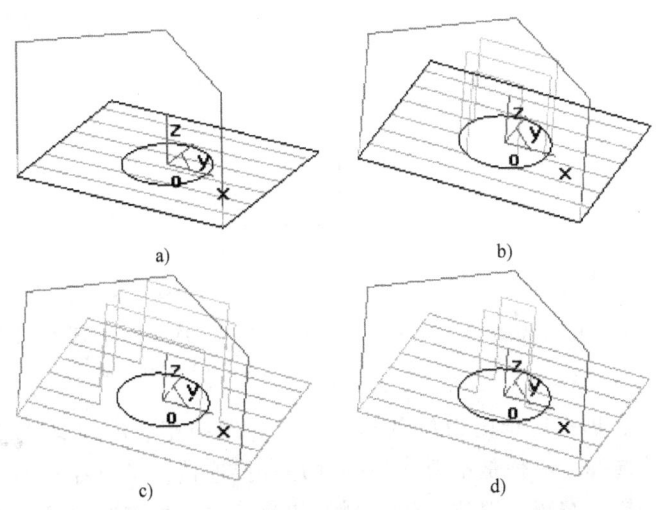

图5-151　裁剪边界

a）原始刀具轨迹　b）裁剪后在曲线上　c）裁剪后超过曲线　d）裁剪后不过曲线

【说明】

　　a. 剪刀曲线可以是封闭的，也可以是不封闭的。对于不封闭的剪刀曲线，系统自动将其卷成封闭曲线。卷动的原则是沿不封闭的曲线两端切矢各延长100单位，再沿裁剪方向垂直延长1000单位，然后将其封闭，如图5-152所示。

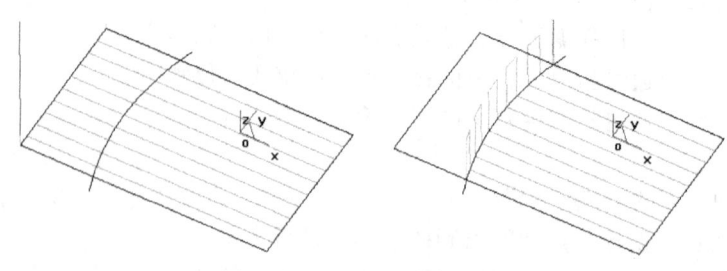

图5-152　不封闭的剪刀曲线

　　b. 裁剪精度由立即菜单给出，表示当剪刀曲线为圆弧和样条时，用此裁剪精度离散该剪刀曲线。

　　(2) 轨迹反向：对刀具轨迹进行反向处理。按照提示拾取刀具轨迹后，刀具轨迹的方向为原来刀具轨迹的反方向，如图5-153所示。

　　(3) 插入刀位点：在刀具轨迹上插入一个刀位点，使轨迹发生变化。其有两种方式，一种是在拾取轨迹的刀位点前插入新的刀位点，另一种是在拾取轨迹的刀位点后插入新的刀位点。可以在立即菜单中选择"前"还是"后"来决定新的刀位点的位置，如图5-154所示。

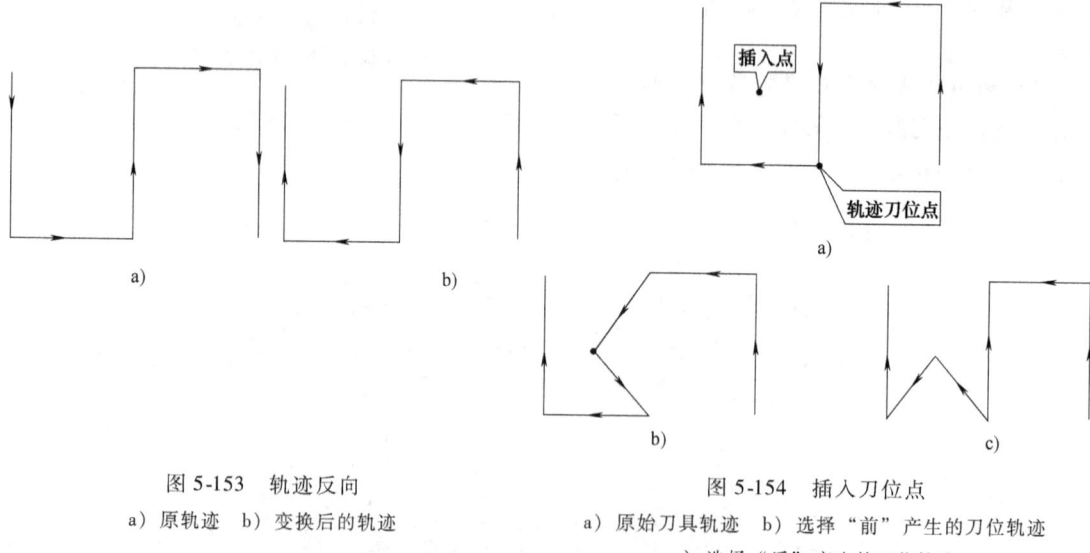

图5-153　轨迹反向　　　　　　　　　图5-154　插入刀位点
a) 原轨迹　b) 变换后的轨迹　　　　a) 原始刀具轨迹　b) 选择"前"产生的刀位轨迹
　　　　　　　　　　　　　　　　　　　　c) 选择"后"产生的刀位轨迹

　　(4) 删除刀位点：即把所选的刀位点删除掉，并改动相应的刀具轨迹。删除刀位点后改动刀具轨迹有两种选择，一种是抬刀，另一种是直接连接。可以在立即菜单中来选择用哪种方式来删除刀位。抬刀在删除刀位点后，删除和此刀位点相连的刀具轨迹，刀具轨迹在此刀位点的上一个刀位点切出，并在此刀位点的下一个刀位点切入。

直接连接在删除刀位点后，刀具轨迹将直接连接此刀位点的上一个刀位点和下一个刀位点，如图 5-155 所示。

（5）两刀位点间抬刀：选中刀具轨迹，然后再按照提示先后拾取两个刀位点，则删除这两个刀位点之间的刀具轨迹，并按照刀位点的先后顺序分别成为切出起始点和切入结束点，如图 5-156 所示。

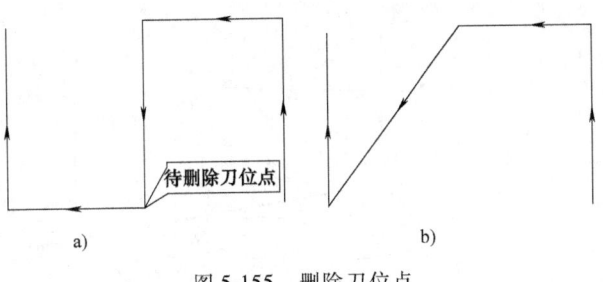

图 5-155　删除刀位点
a）原始刀具轨迹　b）选择直接连接后的刀具轨迹

【注意】　不能够把切入起始点，切入结束点和切出结束点作为要拾取的刀位点。

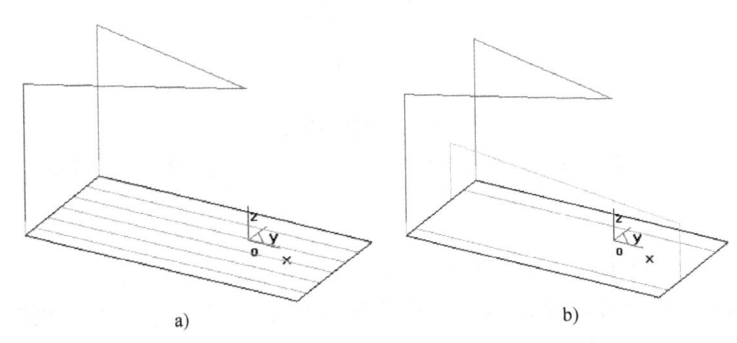

图 5-156　两刀位点之间的抬刀
a）抬刀前　b）抬刀后

（6）清除抬刀：此轨迹编辑命令有两种选择，在立即菜单中选择。

① 全部删除：当选择此命令时，再根据提示选择刀具轨迹，则所有的快速移动线被删除，切入起始点和上一条刀具轨迹线直接相连。

② 指定删除：当选择此命令时，再根据提示选择刀具轨迹，然后再拾取轨迹的刀位点，则经过此刀位点的快速移动线被删除，经过此点的下一条刀具轨迹线将直接和下一个刀位点相连，如图 5-157 所示。

【注意】　当选择指定删除时，不能拾取切入结束点作为要抬刀的刀位点。

（7）轨迹打断：在被拾取的刀位点处把刀具轨迹分为两个部分。首先拾取刀具轨迹，然后再拾取轨迹要被打断的刀位点。

（8）轨迹连接：就是把两条不相干的刀具轨迹连接成一条刀具轨迹。按照提示要拾取刀具轨迹。轨迹连接的方式有两种选择。

① 抬刀连接：第一条刀具轨迹结束后，首先抬刀，然后再和第二条刀具轨迹的接近轨迹连接。其余的刀具轨迹不发生变化。

② 直接连接：第一条刀具轨迹结束后，不抬刀就和第二条刀具轨迹的接近轨迹连接。其余的刀具轨迹不发生变化。因为不抬刀，很容易发生过切。

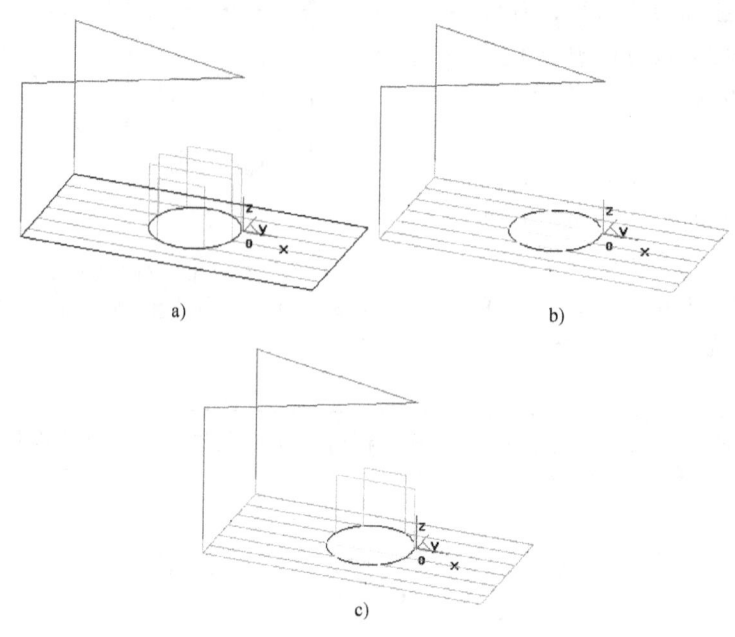

图 5-157 清除抬刀
a) 原始刀具轨迹   b) 全部删除后的刀具轨迹   c) 指定删除后的刀具轨迹

(四) 后置处理

后置处理就是结合特定机床把系统生成的 2 轴或 3 轴刀具轨迹转化成机床能够识别的 G 代码指令，生成的 G 指令可以直接输入数控机床中用于加工，这是本系统的最终目的。考虑到生成程序的通用性，本软件针对不同的机床，可以设置不同的机床参数和特定的数控代码程序格式，同时还可以对生成的机床代码的正确性进行校核。

后置处理模块包括后置设置、生成 G 代码、校核 G 代码和生成工序卡功能。

(1) 后置设置：设置生成程序代码文件的保存路径、数控系统、机床类型、指令定义、程序格式等。

(2) 生成 G 代码：生成 G 代码就是按照当前机床类型的配置要求，把已经生成的刀具轨迹转化生成 G 代码数据文件，即数控程序，后置生成的数控程序是三维造型的最终结果，有了数控程序就可以直接将其输入机床中进行数控加工。

(3) 校核 G 代码：校核 G 代码就是把生成的 G 代码文件反读进来，生成刀具轨迹，以检查生成的 G 代码的正确性。如果反读的刀位文件中包含圆弧插补，需用户指定相应的圆弧插补格式。否则可能得到错误的结果。若后置文件中的坐标输出格式为整数，且机床分辨率不为 1 时，反读的结果是不对的。亦即系统不能读取坐标格式为整数且分辨率为非 1 的情况。

四、多轴加工

单击"加工"下拉菜单，如图 5-158 所示多轴加工有如下的 23 项，再加上"五轴定向加工"共 24 项功能。

(一) 四轴加工

1. 四轴柱面曲线加工

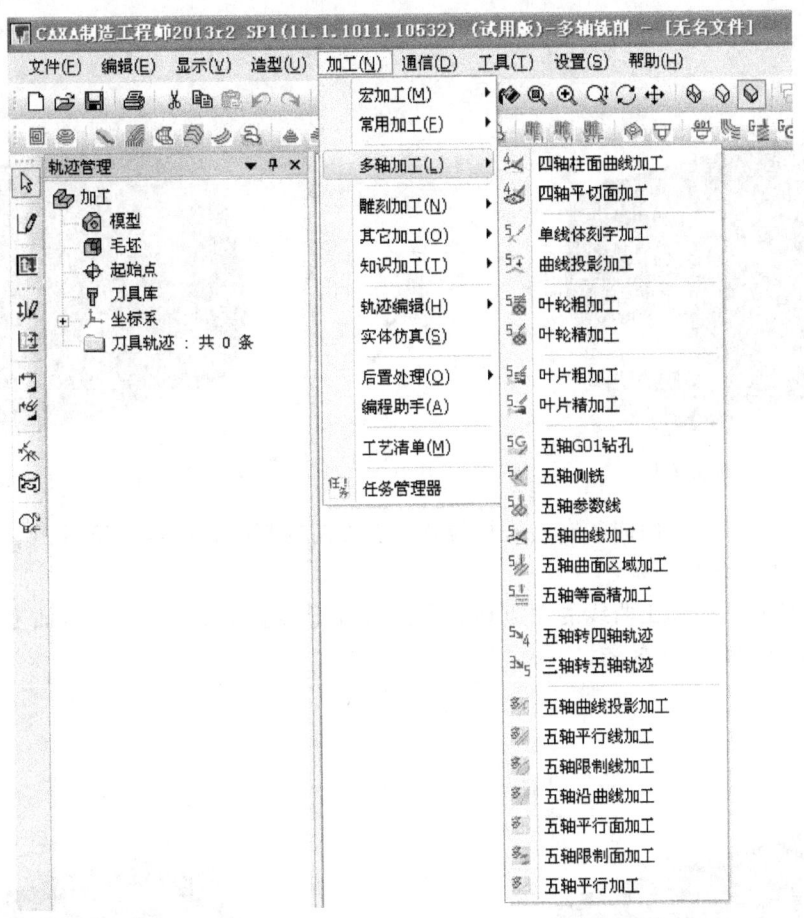

图 5-158 多轴加工功能菜单

根据给定的曲线，生成四轴加工轨迹。多用于回转体上加工槽。铣刀刀轴的方向始终垂直于第四轴的旋转轴。

【参数说明】

（1）旋转轴

X 轴：机床的第四轴绕 X 轴旋转，生成加工代码时角度地址为 A。

Y 轴：机床的第四轴绕 Y 轴旋转，生成加工代码时角度地址为 B。

（2）加工方向：生成四轴加工轨迹时，下刀点与拾取曲线的位置有关，在曲线的哪一端拾取，就会在曲线的哪一端点下刀。生成轨迹后如想改变下刀点，则可以不用重新生成轨迹，而只需双击轨迹树中的加工参数，在加工方向中的"顺时针"和"逆时针"二项之间进行切换即可改变下刀点。

（3）偏置选项：用四轴柱面曲线方式加工槽时，有时也需要像在平面上加工槽那样，对槽宽做一些调整，以达到图样所要求的尺寸。这样我们可以通过偏置选项来达到目的。

1）曲线上：铣刀的中心沿曲线加工，不进行偏置，如图 5-159 所示。

2）左偏：向被加工曲线的左边进行偏置。左方向的判断方法与 G41 相同，即刀具加工方向的左边，如图 5-160 所示。

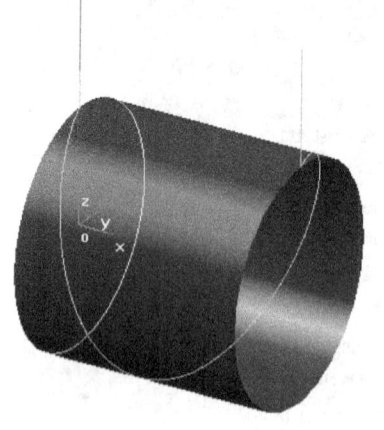

图 5-159 在曲线上

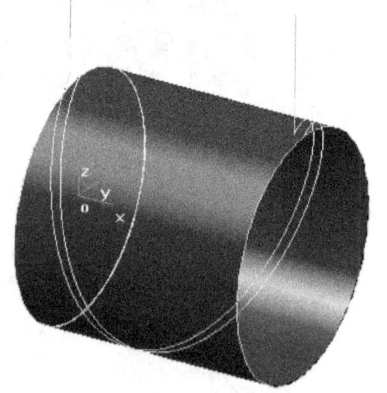

图 5-160 左偏

3）右偏：向被加工曲线的右边进行偏置。右方向的判断方法与 G42 相同，即刀具加工方向的右边，如图 5-161 所示。

4）左右偏：向被加工曲线的左边和右边同时进行偏置。图 5-162 为当加工方式为 " 单向 " 时左右偏置时的加工轨迹。

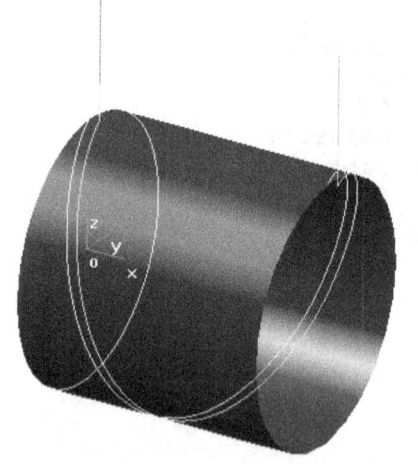

图 5-161 右偏

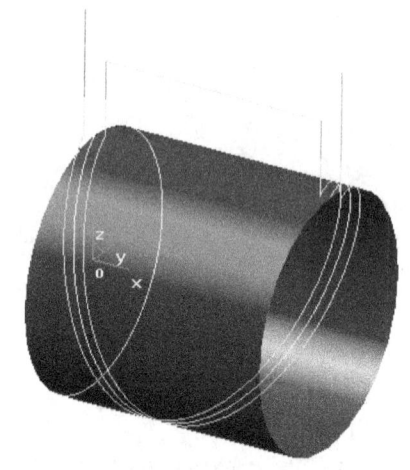

图 5-162 左右偏

5）偏置距离：将偏置的距离的数值输入后确定。

6）刀次：当需要进行多刀加工时，在这里给定刀次。给定刀次后总偏置距离 = 偏置距离 × 刀次。图 5-163 为偏置距离为 1 刀次为 4 时的单向加工刀具轨迹。

（4）加工深度：从曲线当前所在的位置向下要加工的深度。

（5）进给量：为了达到给定的加工深度，需要在深度方向多次进刀时的每刀进给量。

（6）起止高度：刀具初始位置。起止高度通常大于或等于安全高度。

（7）安全高度：刀具在此高度以上任何位置，均不会碰伤工件和夹具。

（8）下刀相对高度：在切入或切削开始前的一段刀位轨迹的长度，这段轨迹以慢速下刀速度垂直向下进给。

2. 四轴平切面加工

用一组垂直于旋转轴的平面与被加工曲面的等距面求交而生成四轴加工轨迹的方法叫做四轴平切面加工。多用于加工旋转体及上面的复杂曲面。铣刀刀轴的方向始终垂直于第四轴的旋转轴。

【参数说明】

（1）行距定义方式。

1）平行加工：用平行于旋转轴的方向生成加工轨迹。

2）角度增量：平行加工时，用角度的增量来定义两平行轨迹之间的距离。

3）环切加工：沿环绕旋转轴的方向生成加工轨迹。

（2）边界保护：

1）保护：在边界处生成保护边界的轨迹，如图 5-164 所示。

2）不保护：到边界处停止，不生成轨迹，如图 5-165 所示。

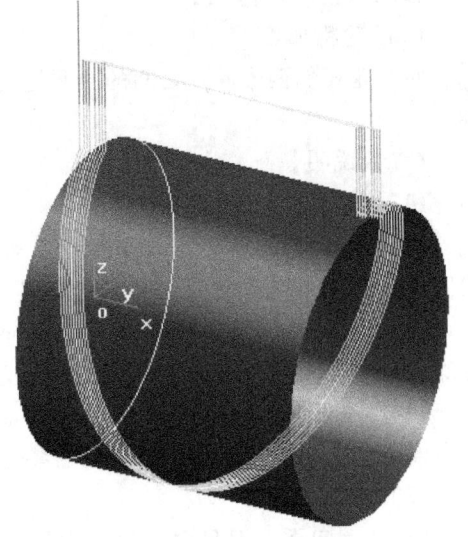

图 5-163 刀次

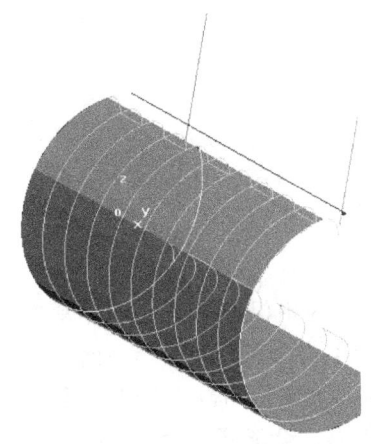

图 5-164 边界保护

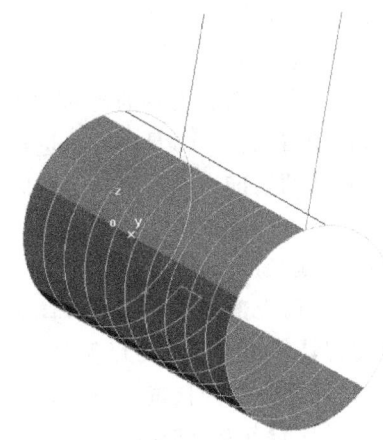

图 5-165 边界不保护

（3）优化：

1）最小刀轴转角：刀轴转角指的是相邻两个刀轴间的夹角。最小刀轴转角限制的是两个相邻刀位点之间刀轴转角必须大于此数值，如果小了，就会忽略掉。图 5-166a 为没有添加此限制，图 5-166b 为添加了此限制，且最小刀轴转角为 10。

2）最小刀具步长：指的是相邻两个刀位点之间的直线距离必须大于此数值，若小于此数值，可忽略不要。效果与设置了最小刀具步长类似。如果与最小刀轴转角同时设置，则两个条件哪个满足哪个起作用。

（4）用直线约束刀轴方向：用直线来控制刀轴的矢量方向。刀尖点与直线上对应一点的直线方向为刀轴的矢量方向。

(二)叶轮叶片加工

1. 叶轮粗加工

对叶轮相邻两个叶片之间的余量进行分层粗加工。

【参数说明】

(1) 叶轮装夹方位:

1) X 轴正向:叶轮轴线平行于 X 轴,从叶轮底面指向顶面同 X 轴正向同向的安装方式。

2) Y 轴正向:叶轮轴线平行于 Y 轴,从叶轮底面指向顶面同 Y 轴正向同向的安装方式。

3) Z 轴正向:叶轮轴线平行于 Z 轴,从叶轮底面指向顶面同 Z 轴正向同向的安装方式。

(2) 走刀方向:

1) 从上向下:刀具由叶轮顶面切入从叶轮底面切出,单向走刀。

2) 从下向上:刀具由叶轮底面切入从叶轮顶面切出,单向走刀。

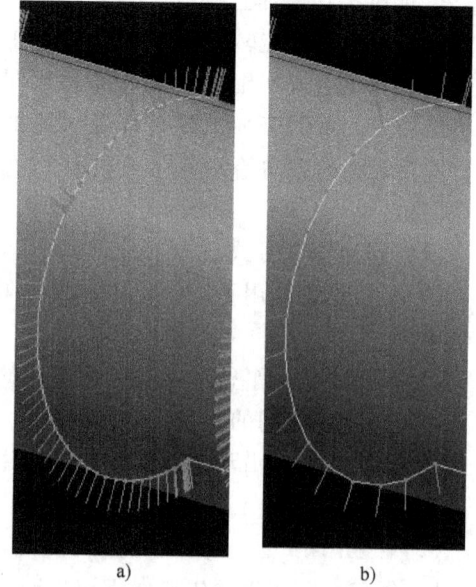

图 5-166 刀轴转角示例图

3) 往复:在以上两种情况下,一行走刀完后,不抬刀而是切削移动到下一行,反向走刀完成下一行的切削加工。

(3) 进给方向:

1) 从左向右:刀具的行间进给方向是从左向右。

2) 从右向左:刀具的行间进给方向是从右向左。

3) 从两边向中间:刀具的行间进给方向是从两边向中间。

4) 从中间向两边:刀具的行间进给方向是从中间向两边。

(4) 延长:

1) 底面上部延长量:当刀具从叶轮上底面切入或切出时,为确保刀具不与工件发生碰撞,将刀具的走刀或进给行程向上延长一段距离,以使刀具能够完全离开叶轮上底面。

2) 底面下部延长量:当刀具从叶轮下底面切入或切出时,为确保刀具不与工件发生碰撞,将刀具的走刀或进给行程向下延长一段距离,以使刀具能够完全离开叶轮下底面。

(5) 步长和行距:

1) 最大步长:刀具走刀的最大步长,大于"最大步长"的走刀步将被分成两步。

2) 最小步长:刀具走刀的最小步长,小于"最小步长"的走刀步将被合并。

3) 行距:走刀行间的距离,以半径最大处的行距为计算行距。

4) 每层切深:在叶轮旋转面上刀触点的法线方向上的层间距离。

5) 切深层数:加工叶轮流道所需要的层数。叶轮流道深度 = 每层切深 × 切深层数。

(6) 加工余量和精度:

1) 叶轮底面加工余量:粗加工结束后,叶轮底面(即旋转面)上留下的材料厚度,也是下道精加工工序的加工工作量。

2) 叶轮底面加工精度:加工精度越大,叶轮底面模型形状的误差也增大,模型表面越粗糙。加工精度越小，模型形状的误差也减小，模型表面越光滑，但是，轨迹段的数目增多，轨迹数据量变大。

3）叶面加工余量：叶轮槽的左右两个叶片侧面上留下的下道工序的加工材料厚度。

（7）第一刀切削速度：第一刀进刀切削时，按一定的百分比速度进刀。

2. 叶轮精加工

对叶轮每个单一叶片的两个侧面进行精加工。

【参数说明】

（1）加工顺序：

1）层优先：叶片两个侧面的精加工轨迹同一层的加工完成后再加工下一层。叶片两侧交替加工。

2）深度优先：叶片两个侧面的精加工轨迹同一侧的加工完成后再加工下一侧面。完成叶片的一个侧面后再加工另一个侧面。

（2）走刀方向

1）从上向下：叶片两侧面的每一条加工轨迹都是由上向下进行精加工。

2）从下向上：叶片两侧面的每一条加工轨迹都是由下向上进行精加工。

3）往复：叶片两侧面一面为由下向上精加工，另一面为由上向下精加工。

（3）延长：

1）叶片上部延长量：当刀具从叶轮上底面切入或切出时，为确保刀具不与工件发生碰撞，将刀具的走刀或进给行程向上延长一段距离，以使刀具能够完全离开叶轮上底面。

2）叶片下部延长量：当刀具从叶轮下底面切入或切出时，为确保刀具不与工件发生碰撞，将刀具的走刀或进给行程向下延长一段距离，以使刀具能够完全离开叶轮下底面

（4）层切入：

1）最大步长：刀具走刀的最大步长，大于"最大步长"的走刀步将被分成两步。

2）最小步长：刀具走刀的最小步长，小于"最小步长"的走刀步将被合并。

（5）深度切入：

加工层数：同一层轨迹沿着叶片表面的走刀次数。

（6）加工余量和精度

1）叶面加工余量：叶片表面加工结束后所保留的余量。

2）叶面加工精度：加工精度越大，叶轮底面模型形状的误差也增大，模型表面越粗糙。加工精度越小，模型形状的误差也减小，模型表面越光滑，但是，轨迹段的数目增多，轨迹数据量变大。

（7）叶轮底面让刀量：加工结束后，叶轮底面（即旋转面）上留下的材料厚度。

（8）起止高度：刀具初始位置。起止高度通常大于或等于安全高度。

（9）安全高度：刀具在此高度以上任何位置，均不会碰伤工件和夹具。

（10）下刀相对高度：在切入或切削开始前的一段刀位轨迹的长度，这段轨迹以慢速下刀速度垂直向下进给。

3. 叶片粗加工

对单一叶片类造型进行整体粗加工，如图 5-167 所示。

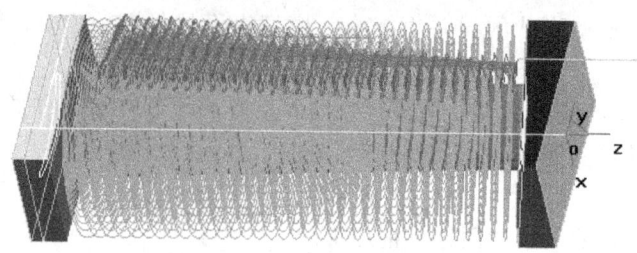

图 5-167 叶片粗加工轨迹

【参数说明】

(1) 在毛坯定义选项中提供了两种毛坯的选择：一种是方形毛坯，一种是圆形毛坯。

1) 方形毛坯：所要加工的叶片为方形毛坯。

① 基准点：拾取一个点，以此点为基准。

② 大小：毛坯的大小，以长、宽、高的形式表示。

2) 圆形毛坯：所要加工的叶片为圆形毛坯。

① 底面中心点：毛坯的底面中心点。

② 大小：毛坯的大小，以半径和高度的形式表示。

(2) 切入切出点：

拾取：拾取空间中任意一点作为切入切出点

(3) 切入切出参数：

1) 圆弧：以圆弧的形式进行切入切出。

2) 切线：沿切线的方向切入切出。

3) 无切入切出：不进行切入切出。

(4) 余量与精度：

1) 端面加工余量：端面在加工结束后所残留的余量。

2) 叶片加工余量：叶片在加工结束后所残留的余量。

3) 加工精度：即输入模型的加工误差。计算模型的轨迹的误差小于此值。加工误差越大，模型形状的误差也增大，模型表面越粗糙。加工精度越小，模型形状的误差也减小，模型表面越光滑，但是，轨迹段的数目增多，轨迹数据量变大。

(5) 其他：

1) 前倾角：刀具轴向加工前进方向倾斜的角度

2) 安全高度：系统认为刀具在此高度以上任何位置，均不会碰伤工件和夹具。

3) 回退最大距离：加工一刀结束后沿轴向回退的最大距离。

4. 叶片精加工

对单一叶片类造型进行整体精加工。如图 5-168 所示。

【参数说明】

螺旋方向：

1) 左旋：向左方向旋转。

2) 右旋：向右方向旋转。

(三) 五轴加工

1. 五轴 G01 钻孔

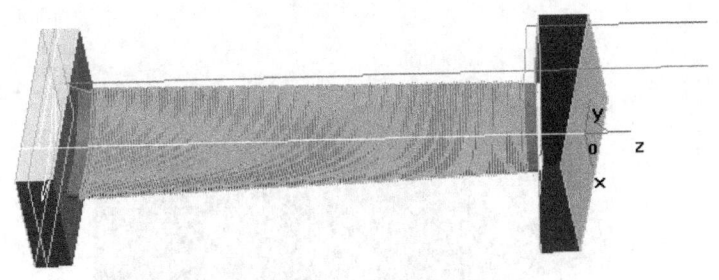

图 5-168　叶片精加工轨迹

按曲面的法矢方向或给定的直线方向用 G01 直线插补的方式进行空间任意方向的五轴钻孔。

【参数说明】

(1) 安全高度（绝对）：系统认为刀具在此高度以上任何位置，均不会碰伤工件和夹具，所以应该把此高度设置高一些。

(2) 主轴转速：机床主轴的转速。

(3) 钻孔速度：钻孔时刀具的切削进给速度。

(4) 接近速度：刀具切入工件前慢下刀速度。

(5) 回退速度：钻孔后刀具回退的速度。

(6) 安全间隙：钻孔时，钻头快速下刀到达的位置，即距离工件表面的距离，俗称 R 平面高度，由这一点开始按钻孔进给速度进行钻孔加工。

(7) 钻孔深度：孔的加工深度，即进给速度段的长度。

(8) 回退最大距离：每次回退到在钻孔方向上高出钻孔点的最大距离。

(9) 钻孔方式：

1）下刀次数：当孔较深使用啄式钻孔时，以下刀的次数完成所要求的孔深。

2）每次深度：当孔较深使用啄式钻孔时，以每次钻孔深度完成所要求的孔深。

(10) 拾取方式：

1）输入点：可以输入数值和任何可以捕捉到的点来确定孔位。

2）拾取存在点：拾取用作点工具生成的点来确定孔位。

3）拾取圆：拾取圆来确定孔位。

(11) 刀轴控制

1）曲面法矢：用钻孔点所在曲面上的法线方向确定钻孔方向。

2）直线方向：用孔的轴线方向确定钻孔方向。

3）直线长度决定钻孔深度：用所画直线的长度来表示所要钻孔的深度。

(12) 抬刀选项：当相邻的两个投影角度超过所给定的最大角度时，将进行抬刀操作。

2. 五轴侧铣加工

用两条曲线来构建所要加工的面，并且可以利用铣刀的侧刃来进行加工，如图 5-169 所示。

【参数说明】

(1) 刀具摆角：在这一刀位点上应该具有的刀轴矢量的基础上，在轨迹的加工方向上再增加的刀具摆角。

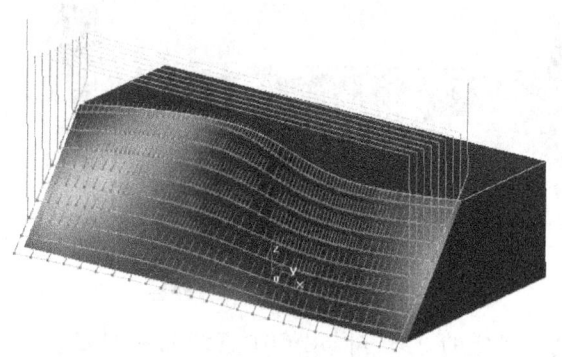

图 5-169 五轴侧铣示例

(2) 最大步长：在满足加工误差的情况下，为了使曲率变化较小的部分不至于生成的刀位点过少，用这一项参数来增加刀位，使相邻两个刀位点之间的距离不大于此值。

(3) 切削行数：用此值确定加工轨迹的行数。

(4) 刀具角度：当刀具为锥形铣刀时，在这里输入锥刀的角度，支持用锥刀进行五轴侧铣加工。

(5) 相邻刀轴最大夹角：生成五轴侧铣轨迹时，相邻两个刀位点之间的刀轴矢量夹角不大于此值，否则将在两个刀位之间插值新的刀位点，用以避免两个相邻刀位点之间的角度变化过大。

(6) 保护面干涉余量：对于保护面所留的余量。

(7) 扩展方式：

1) 进刀扩展：给定在进刀的位置向外扩展距离，以实现零件外进刀。

2) 退刀扩展：给定在退刀的位置向外延伸距离，以实现完全走出零件外再抬刀。

(8) 刀具角度修正：此选项在该版本中已经不起作用。

(9) 偏置方式：

1) 刀轴偏置：加工时刀轴向曲面外偏置。

2) 刀轴过面：加工时刀轴不向曲面外偏置，刀轴通过曲面。

(10) 进给速度：此选项在该版本中已经不起作用。

(11) C 轴初始转动方向：此选项在该版本中已经不起作用。

3. 五轴参数线加工

用曲面参数线的方式来建立五轴加工轨迹，每一点的刀轴方向为曲面的法向，并可根据加工的需要增刀具倾角。

【参数说明】

(1) 行距定义方式：

1) 刀次：以给定加工的次数来确定走刀的次数。

2) 行距：以给定行距来确定轨迹行间的距离。

(2) 刀轴方向控制：

1) 刀具前倾角：刀具轴向加工前进方向倾斜的角度。

2) 通过曲线：通过刀尖一点与对应的曲线上一点的所连成的直线方向来确定刀轴的方向。

3）通过点：通过刀尖一点与所给定的一点所连成的直线方向来确定刀轴的方向。
（3）通过点：
点坐标：可以手工输入空间中任意点的坐标或拾取空间中任意存在点。

4. 五轴曲线加工
用五轴的方式加工空间曲线，刀轴的方向自动由被拾取的曲面的法向进行控制。
【参数说明】
（1）切深定义：
1）顶层高度：加工时第一刀能切削到的高度值。
2）底层高度：加工时最后一刀能切削到的高度值。
3）每层下降：单层下降的高度，也可以称之为层高。
此三个值决定切削的刀次。
（2）走刀顺序：
1）深度优先顺序：先按深度方向加工，再加工平面方向。
2）曲线优先顺序：先按曲线的顺序加工，加工完这一层后再加工下一层，即深度方向。
（3）层间走刀方式：
1）单向：沿曲线加工完后抬刀，回到起始下刀切削处，再次加工。
2）往复：加工完后不抬刀，直接进行下次加工。

5. 五轴曲面区域加工
生成曲面的五轴精加工轨迹，刀轴的方向由导向曲面控制。导向曲面只支持一张曲面的情况。
【参数说明】
（1）加工余量：加工后工件表面所保留的余量。
（2）轮廓余量：加工后对于加工轮廓保留的余量。
（3）岛余量：加工后对于岛所保留的余量。
（4）干涉余量：加工后对于干涉面所保留的余量。
（5）轮廓精度：对于加工范围的轮廓的加工精度。
（6）行距：平行轨迹的行间距离。
（7）拐角过渡方式：
1）尖角：刀具从轮廓的一边到另一边的过程中，以两条边延长后相交的方式连接。
2）圆角：刀具从轮廓的一边到另一边的过程中，以圆弧的方式过渡。
（8）轮廓补偿：
1）ON：刀心线与轮廓重合。
2）TO：刀心线未到轮廓一个刀具半径。
3）PAST：刀心线超过轮廓一个刀具半径。
（9）轮廓清根：
1）清根：进行轮廓清根加工。
2）不清根：不进行轮廓清根加工。
（10）岛补偿：

1) ON：刀心线与轮廓重合。
2) TO：刀心线未到轮廓一个刀具半径。
3) PAST：刀心线超过轮廓一个刀具半径。
（11）岛清根：
1) 清根：进行轮廓清根加工。
2) 不清根：不进行轮廓清根加工。

6. 五轴转四轴加工

把五轴加工轨迹转为四轴加工轨迹，使一部分可用五轴加工也可用四轴方式进行加工的零件，先用五轴生成轨迹，再转为四轴轨迹进行四轴加工。

【参数说明】

旋转轴：
1) X轴：机床第四轴绕X轴旋转，生成加工代码角度地址为A
2) Y轴：机床第四轴绕Y轴旋转，生成加工代码角度地址为B

五轴轨迹转为四轴轨迹后，刀轴方向发生了改变。由两个摆角变为一个摆角，相应轨迹形状也发生了改变。

7. 三轴转五轴轨迹

把三轴加工轨迹转为五轴加工轨迹，只可用五轴加工方式进行加工的零件，先用三轴生成轨迹，再转为五轴轨迹进行五轴加工。

【参数说明】

（1）刀轴矢量规划方式
1) 固定侧倾角：以固定的侧倾角度来确定刀轴矢量的方向。
2) 通过点：通过空间中一点与刀尖点的连线方向来确定刀轴矢量的方向。
（2）固定侧倾角：侧倾角度是指侧倾角的度数。
（3）通过点：输入点的坐标或直接拾取空间点，来确定这个点的坐标。

8. 五轴定向加工

首先在所要加工的方向上建立加工坐标系，用坐标系确定要进行加工的刀轴方向。在这个坐标中，可以使用三轴加工中的所有加工功能。

【操作说明】

（1）生成加工轨迹请自由地使用3轴加工的所有加工功能。
（2）生成加工代码时，请注意"生成后置代码"对话中的"五轴定向铣选项"按图5-170所示进行设置。
（3）请注意：图5-170中"抬刀绝对高度（装夹坐标系）"中数值的设置一定要比工件的最高点还要高，以便在一个方向加工完成后切换到另一个加工方向可能会跨越工件时，刀其不会与工件发生碰撞。

9. 五轴限制线加工

用五轴添加限制线的方式加工曲面。

【参数说明】

（1）加工方向：
1) 顺时针：刀具沿顺时针方向移动加工。

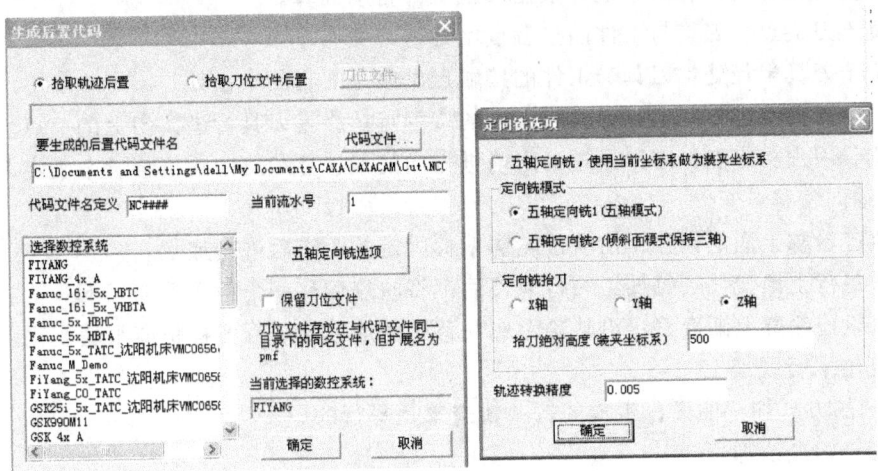

图 5-170　定向铣选项

2）逆时针：刀具沿逆时针方向移动加工。
3）顺铣：刀具沿顺时针方向旋转加工。
4）逆铣：刀具沿逆时针方向旋转加工。
（2）行进策略：
1）行优先：生成优先加工每一行的轨迹。
2）区域优先：生成优先加工每一个区域的轨迹。
（3）加工顺序：
1）标准：生成标准的由工件一侧向另一侧加工的轨迹。
2）从里向外：环切加工轨迹由里向外加工。
3）从外向里：环切加工轨迹由外向里加工。
（4）加工余量：加工后工件表面所保留的余量。
（5）控制策略：
1）刀轴不倾斜，同曲面法矢方向：刀轴始终与曲面法矢方向保持一致。
2）基于走刀方向的刀轴倾斜：刀轴沿走刀方向倾斜一个固定角度。
前倾角：曲面的法矢方向与走刀方向的夹角。
侧倾角：曲面的法矢方向与所选定的侧倾之间的夹角。
3）相对于轴有倾斜角：刀轴与机床主轴的倾斜角。
4）刀轴通过点：通过刀尖一点与所给定的一点所连成的直线方向来确定刀轴的方向。
5）绕轴旋转：刀轴沿机床主轴旋转一个角度来确定刀轴方向。
6）刀轴通过直线：用一条直线来确定刀轴方向。
7）刀轴通过曲线：通过刀尖一点与对应的曲线上一点的所连成的直线方向来确定刀轴的方向。
（6）摆角限制：用来限制刀轴在某一平面内的角度范围。
（7）刀触点的位置：

1）系统自动确定：有的系统可根据加工工件自动计算。
2）位于刀尖点：刀具与工件的接触点始终是刀尖点。
3）位于刀具半径处：刀具与工件的接触点始终是刀具的半径处。
4）位于刀具前进方向上：刀具与工件的接触点始终是刀具行进方向上的一点。
5）位于用户指定点：用户通过给定前进方向的偏移量和侧向的偏移量来确定刀触点。
（8）轴向偏移：
1）轨迹轮廓上固定偏移：沿轨迹轮廓偏移固定的距离后进行加工。
2）从每行上渐变偏：每加工一行轨迹后都将轨迹偏移一个距离后加工下一行。
3）从轨迹轮廓上渐变偏：沿轨迹轮廓偏移，随加工的进行偏移距离跟随变化。
10. 五轴平行线加工
用五轴的方式加工曲面，生成的每条轨迹都是平行的。
11. 五轴沿曲线加工
用五轴的方式加工曲面，生成的每条轨迹都是沿给定曲线的法线方向。
12. 五轴曲线投影加工
用五轴的投影方式加工曲面。
【参数说明】
（1）最大步距：生成加工轨迹的刀位点沿曲线按弧长均匀分布的最大距离。当曲线的曲率变化较大时，不能保证每一点的加工误差都相同
（2）用户定义：拾取用户自己定义的曲线去进行投影加工。
（3）中心点：放射曲线的中心点。
1）半径：放射曲线的放射半径。
2）角度：放射曲线的放射角度。
（4）螺旋方向：
1）顺时针：沿顺时针方向螺旋加工。
2）逆时针：沿逆时针方向螺旋加工。
（5）轮廓：拾取用户自定义轮廓进行偏置。
（6）行距和残留高度：
1）行距：轨迹的行间距离。
2）残留高度：工件上残留的余量。
13. 五轴限制面加工
用五轴添加限制面的方式加工曲面。
14. 五轴平行面加工
用五轴添加限制面方式加工曲面，生成的每条轨迹都是平行的。
15. 五轴平行加工
生成五轴平切面加工轨迹。
【参数说明】
加工角度
1）与 Y 轴夹角：刀轴在 XOY 平面内与 Y 的角度。
2）与 XOY 平面夹角：刀轴与 XOY 平面的角度。

思考与练习题

5-1 填空题

(1) 毛坯的定义有三种类型，分别是：_____、_____和_____。

(2) 平面区域粗加工不用创建_____模型，直接用二维轮廓线就可以满足加工所需。

(3) 环切加工：刀具以环状走刀方式切削工件，可以选择_____或_____方式。

(4) 安全高度是刀具快速移动而不会与_____或_____发生干涉的高度。

(5) 平面区域粗加工具有_____和_____的分别清根设置，可以单独设置各自的余量、补偿信息，其余量是指清根前余量。

(6) _____加工功能是用来生成模型平坦区域精加工轨迹的。

(7) 根据给定的曲线，生成回转体上四轴加工轨迹，铣刀刀轴的方向始终垂直于第四轴的旋转轴，称为_____加工。主要用于加工_____。

(8) 叶轮槽及底面粗、精加工使用_____加工。

(9) 首先在所要加工的方向上建立加工坐标系，用坐标系确定要进行加工的刀轴方向。在这个坐标中可以使用三轴加工功能生成加工轨迹，通过"生成后置代码"设置来生成五轴加工代码，这种加工叫做_____。

(10) 用两条曲线来构建所要加工的面，并且可以利用铣刀的侧刃来进行多轴加工的是_____。

5-2 根据图 5-171 所给的尺寸，完成十字凸台零件的实体建模与加工编程。

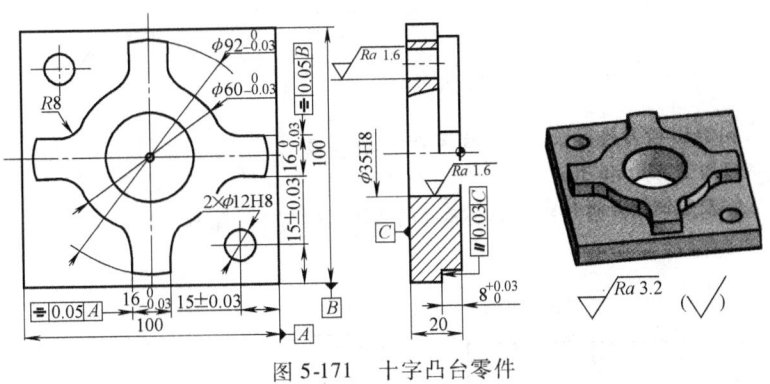

图 5-171 十字凸台零件

5-3 根据图 5-172 所给的尺寸，完成底板零件的实体建模与加工编程。

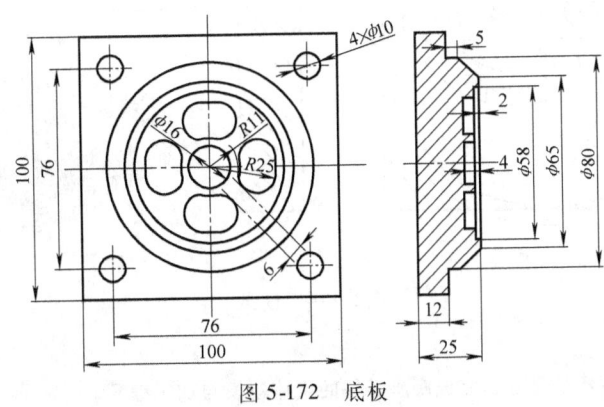

图 5-172 底板

5-4 根据图 5-173 所给的尺寸，完成转接盘零件的实体建模与加工编程。

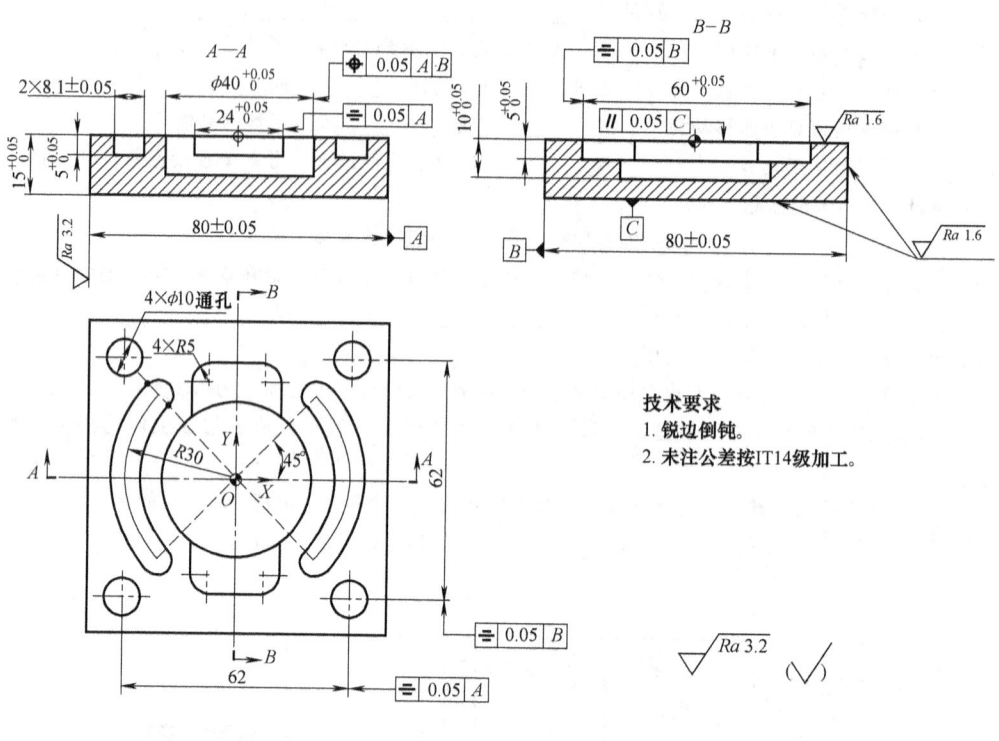

图 5-173 转接盘

5-5 根据图 5-174 所给的尺寸，完成槽盘零件的实体建模与加工编程。

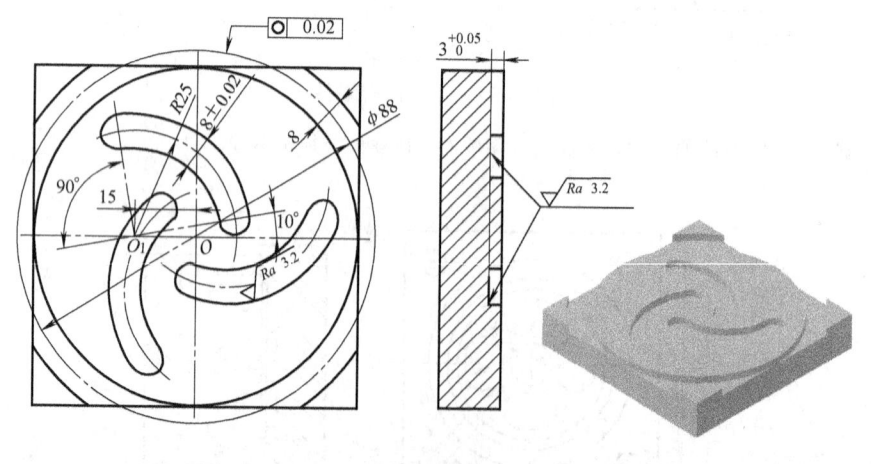

图 5-174 槽盘

5-6 根据图 5-175 所给的尺寸，完成底座零件的实体建模与加工编程。

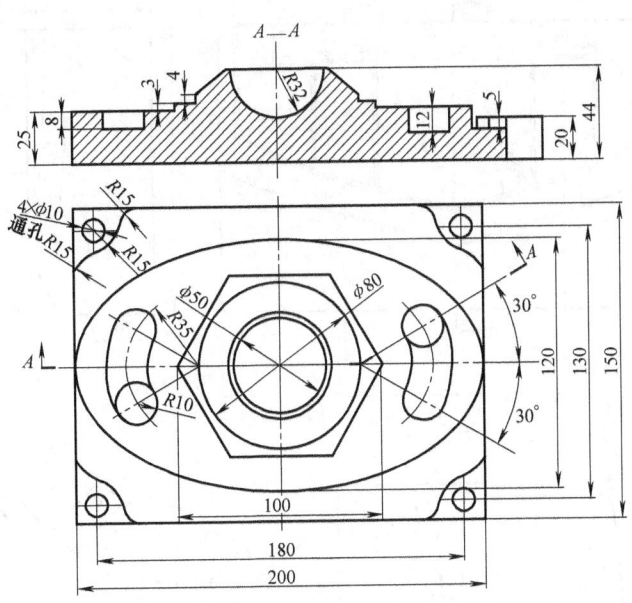

图 5-175 底座

5-7 完成可乐瓶底模型（图 5-176）的加工编程，模型来自 CAXA 制造工程师软件的安装目录下"sample"文件夹。

图 5-176 可乐瓶底模型

5-8 根据图 5-177 所给的尺寸，完成零件造型并生成刀具加工轨迹（分粗、精加工），生成 FANUC 系统 G 代码，并保存造型和轨迹文件。已知零件毛坯尺寸为 $150 \times 90 \times 40$。

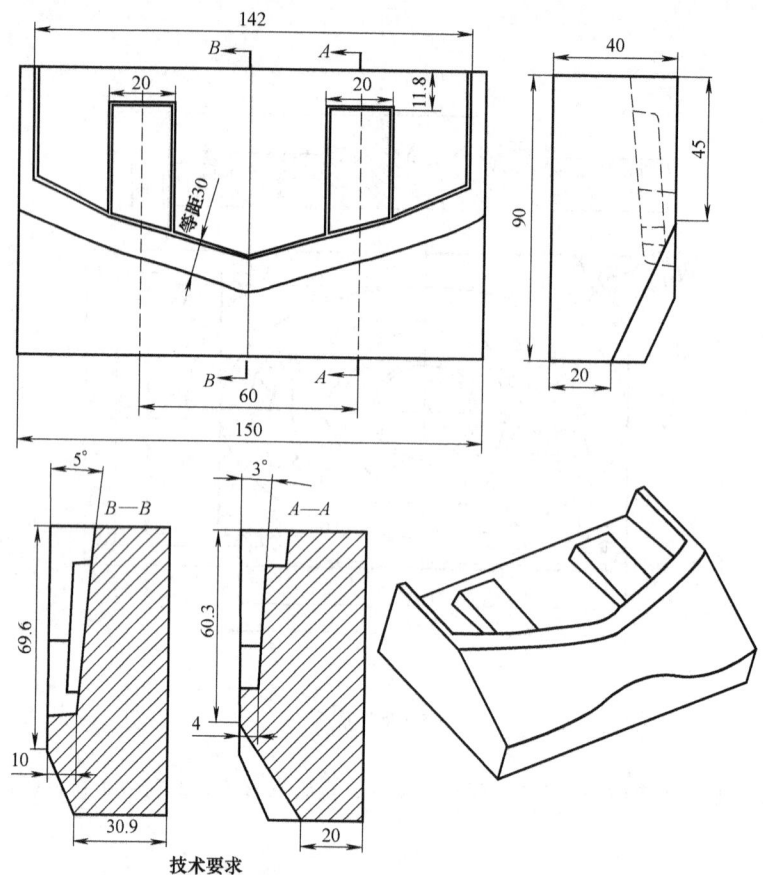

技术要求
注：1.凹槽及凸台(岛)的拔模斜度为5°。
2.凹槽内角允许R2圆角过渡。

图 5-177　曲面凹槽零件

参 考 文 献

[1] 关雄飞. CAXA制造工程师应用技术 [M]. 北京：机械工业出版社，2008.
[2] 杨伟群. 加工中心操作 [M]. 2版. 北京：中国劳动社会保障出版社，2008.
[3] 邓爱国，李海霞. 数控工艺员考试指南 [M]. 北京：清华大学出版社，2008.
[4] 关雄飞. 数控加工工艺与编程 [M]. 北京：机械工业出版社，2011.